칼 융의
만다라 이미지와 알아차림춤

임용자 저

학지사

머리말

현대사회에서 어떤 이들에게 춤은 절박한 삶의 현장에서 필요치 않은, 잊힌 신화로 여겨질지도 모른다. 그러나 현대 심리치료자 중에는 내담자가 찾아왔을 때 "당신은 언제부터 춤추고 노래하는 걸 그만두셨습니까?"라고 묻는 경우가 있다. 그렇다면 심신 건강을 위한 실용적 관점에서 춤 예술에 타당한 이론적 바탕이 있는 것인가, 문화적 관점에서 오락과 놀이로 즐겁기만 하면 되는 것이 아닌가라는 오랜 고민과 탐구가 있었다.

그러나 세계적 심리치료계의 현실은 오래전 서양으로 건너간 동양 종교의 명상방법에 열광하여 아예 동양 수도자들의 알아차림(awareness) 및 마음챙김(minfullness) 방법이 서양인의 심신통합 치유방법과 목적으로 깊숙이 교배되어 있는 실정이다. 그래서 저자는 동양의 깊은 명상과 춤 예술이 문화적 차원을 넘어, 보다 심층적 인간 변형 및 성숙을 지향하여 스트레스에 시달리는 현대 한국인에게 기여해야 한다는 강박적 생각에 몰두하였다. 외부 정복적 사고를 가진 서양인이 구조화한 알아차림과 마음챙김의 명상심리치료를 역수입한 작금의 한국의 학문적 풍토 속에서 우리 심리치료사 및 예술치료자들은 이제 우리가 무엇을 할 차례인가에 대해 고민해야 한다.

이 책이 나오기까지 저자는 심리상담 전문가로서 융의 '만다라 이미지 걷기춤' 또는 '만다라 형태 걷기춤'이라는 별칭을 가진 춤을 추면서 언어적 상담 심리치료의 한계를 넘어서 심신 치유의 바람을 가지고 오랜 시일에 걸쳐 상담이라는 언어적 방법과 발동작춤의 통합을 위해 이중적 전문가의 혼란스러운 길을 걸어왔다. 이 혼돈의 과정은 무대예술을 위한 춤 예술의 기술을 습득하는 것만을 목표로 한 시간이 아니라 어떤 철학 및 심리이론들의 지지를 받아야만 머리/발 또는 인지/몸동작의 통합치유춤의 타당성을 얻을지에 대한 도전과 탐색의 세월이었다.

춤수련을 실천하면서 심리상담을 하는 심리치료자들은 춤을 통해 단순히 우리 삶의 에너지 소진을 해결하거나 또는 그에 대한 보상으로서의 놀이동기를 성취하는 것뿐만 아니라 그 이상의 깊은 삶의 통찰이 필요했다. 언어적 방법에 의존하는 교육이나 치료의 허구와 병리적 현상을 극복하고 만다라 이미지를 적용한 알아차림춤이 체화적 지성과 정서를 발달시켰음을 우리의 경험적 몸이 알아차렸기 때문이었다. 더욱이 춤이라는 예술은 궁극적으로 중력과 하늘의 부력 사이에 균형을 찾아가면서 영적 자아를 바로 세우는 일을 지향하기 때문에 춤의 정향성이 잘못된다면 신비적 춤놀이에 빠져들게 되거나 범신론적 자아팽창을 할 우려가 있음을 고백하지 않을 수 없다. 오직 심신의 건강한 성장을 향한 치유예술을 위해 좀 더 건강하고 분명한 의식의 확대와 초자아적인 성장이 필요했으므로 과감히 융의 상상심리학과 게슈탈트 심리학, 슈타이너 동작예술 그리고 언어의 메타표현들을 구조적으로 교배한 통합치유예술의 이론적 개념화가 필요했다. 이 과정에서 물리학 공부에 심취하여 도전과 비판을 받기도 하였다. 몸과 마음의 일원론적 통합을 위해 학제적 접근을 해야 했으므로 학문적 구획주의자들의 비난을 감수해야 했다. 보이는 춤을 보이지 않는 정신세계에 연결하는 데는 과학적이고 이성적인 방법이 아니라 상징적 이미지의 은유와 비유를 사용해야 했다. 말하자면 과학적 심리학이 아니라 상상기능을 이용한 예술의 스토리텔링의 심리학이기 때문이었다. 궁극적으로 보이지 않는 인간의 정신세계를 춤, 그림 그리고 글이라는 예술매체들과 특히 물리과학과 생명과학 현상까지도 이용해 상징적 은유로 의사소통해야 했다.

그래서 이 책에서 눈에 보이지 않는, 형태가 없는 심층심리학과 영성심리학을 통합하여 치유동작예술의 원리를 도출하려는 데 상당한 어려움이 있었다. 그것은 통합학문을 실천하는 사람들이 겪어야 하는 것으로 심리상담사와 춤 심리치료자로서의 이중적 진로를 개척하는 일이었다. 때로는 학문적 소외감을 견뎌야 했고 나아가서 학문적 비판의 대상이 되어야 했다. 그 과정에서 전통적 학문 분야들의 경계를 허물고 이 전통적 학문 분야들을 서로 섞어서 샐러드식 통합 또는 용광로식 변형을 감행해야 했기 때문이다. 여기에 의료적 치료가 아닌 인문적이고 인간학적인 치료로 자각, 알아차림, 마음챙김, 통찰, 직관, 깨달음 같은 방법으로 말해야 하는 어려움이 있었다.

다만 이 책이 20여 년간의 융의 만다라 이미지 걷기춤 또는 만다라 형태 걷기춤 연구와 실천을 타당화하기 위해 심리치료 이론과 원리들을 통합하여 후속연구의 징검다리가 될 것을 기대한다.

이 책의 구성을 살펴보면, 제1부에서는 만다라 이미지를 융의 원형 및 영성이론과 예술치료의 실천적 원리와 연결시키고자 하였다. 제2부의 제5장에서는 움직임과 동작들이 교육 및 치유에 통합된 실제들을 제시했고, 제6장에서는 각 개인의 춤동작에 대한 직접적인 알아차림과 그 알아차림이 삶에 어떤 의미를 주는지에 대해 언어적 표현을 통한 의식적 통합이 필요했으므로, 게슈탈트의 알아차림 기법과 신경언어 프로그래밍(NLP)의 언어메타기법을 소개하였다. 제7장에서는 만다라 알아차림춤을 창안한 후 이를 예술심리치료와 통합하는 과정 및 통합의 구조를 설명하였다. 제8장에서는 만다라 알아차림춤을 적용한 상담작업에서 나왔던 개인 사례를 일부 제시하였다.

이 책이 몸으로만 추는 춤을 마음만을 치유하는 심리치료와 온전히 통합하여 심신 치유의 길잡이가 되는 영혼 통합의 춤이 되게 함으로써 예술치료자 및 심리치료 전공자들과 그들의 내담자들을 도울 수 있게 되기를 기도한다.

2019년 10월

저자 임용자

감사의 글

우선 한국에서는 낯설었던 만다라 형태 그리기를 적용하는 독일의 발도로프 교육예술들을 한국에 전해 주었던 독일 선생님들께 감사드린다. 특히 독일의 유리드미(eurythmy) 동작예술가이신 Rudolf Heymann 선생님, 런던 유리드미 학교의 Hajo Dekker 교수님 그리고 한국의 유리드미스트 한주미 선생님께 감사드린다. Dekker 교수님이 한주미 선생님과 함께 한국의 상담자들을 위해 2003년도부터 한국에서 여러 차례 워크숍을 갖고 손수 유리드미 춤을 가르쳐 주어 최초로 한국의 상담전공자들이 춤을 출 수 있도록 해 주신 데 대해 특히 감사드린다.

Dekker 교수님께 함께 배우면서 상담전문가 집단을 이끌어 왔던 유계식 소장님은 지금까지도 한국상담심리학회 게슈탈트 표현예술상담 분과위원회 회원들과 한결같이 함께 춤수련과 표현예술치료 연구를 계속하는 데 큰 힘이 되어 주시고 계시다. 어려운 여건 가운데 서울 옥수동 종합복지관에서 매주 일요일 만다라 알아차림춤 수련을 계속하시는 상담전공자들과 그에 동참하

시는 일반 회원님들의 수고와 인내에 힘입어 이 책을 저술하고자 하는 동기가 촉진되었음을 밝힌다.

한국표현예술치료학회 표현예술심리상담 전문가들의 동작중심의 통합예술치료를 위한 헌신과 노력에 힘입은 바를 잊지 않고 감사드린다. 수년간 융 표현예술치료를 연구하시며 상주에서 한국표현예술치료학회 표현예술심리상담사들과 함께 이 춤을 한결같이 수련하고 계신 학회의 강승희 감사님과 학회 표현예술심리상담사로서 상담전공자 및 소매틱 수련자들과 함께 집단을 이끌고 계신 광주의 이현복 선생님께 감사드린다. 이 책의 마지막 부분에 만다라 알아차림춤의 귀한 경험 사례를 공개해 주시어 이 책을 빛내 주신 서현령, 이미향 두 선생님께 감사드린다. 또한 이 책 마지막 즈음에 190명의 가톨릭 상담심리학회 전문가가 함께 춤출 수 있도록 안내하고 시연해 주신 춤추는 상담심리전문가들께 감사드린다.

이와 같이 한국의 상담전문가들과 표현예술심리상담사들이 수년간 함께 정기적으로 춤수련을 해 오면서 심신치유의 영감과 연구 동기를 촉진시켜 주지 않았다면 이 책의 시작조차 어려웠을 것임을 고백한다. 앞으로 표현예술과 심리상담의 통합을 위해 잠재적 전문가들이 동료가 되어 함께 이 길을 가기를 기원하면서 이 책이 후속연구를 위한 머릿돌이 되기를 간절히 바란다.

끝으로 이 책이 학부생을 위한 교과서나 일반인을 위한 교양서라기보다 심리상담과 각종 예술치료를 공부하는 특수 분야 전공인들의 연구서임에도 불구하고 흔쾌히 연구를 지원하는 마음을 내어 주신 학지사의 김진환 사장님과 정승철 이사님께 무한한 감사를 드린다. 책을 펴낼 때마다 매번 느끼는 바와 같이 이번에도 이 책이 독자들과 소통할 수 있도록 한 글자 한 글자 정성 들여 교정과 편집을 하신 박지영 대리님께 특히 감사드린다.

차례

제1부

만다라 이미지의 이론적 배경

제1장

만다라의 의미

1. 어원적 의미

이 책의 저술 의도는 융의 만다라 이미지 걷기를 적용한 치유춤에 타당한 배경 이론을 형성하고 그 실천원리를 연구하려는 것이다. 그 시작의 출발점에서 우선 만다라의 어원적 의미가 무엇인지 간단히 살펴보고자 한다.

만다라(mandala)라는 말은 우리말이 아닌 외래어지만 그에 해당하는 우리말을 딱히 찾을 수 없는 이유로 인해 그 외래어를 그대로 사용하고 있는 것이 보편적 추세이다. 사전적 의미로 만다라는 우주를 상징하는 여러 가지 기하학적 형태를 만드는 행위라고 설명할 수 있다. 상징의 형태로 설명하는 이유는 만다라의 실체가 언어로 표현할 수 없는 어려운 인간심층의 정신자료를 관념의 수준으로 설명하기 위함이다.

어원상으로 만다라라는 말은 인도의 고대어인 산스크리트어에서 유래되었다. 어원상의 의미를 살펴보면 마음의 본질이라는 '만다(manda)'라는 말과 소유 및 성취를 의미하는 '라(la)'의 합성어로서 마음의 본질을 소유하거나 성취한다는 뜻을 가지고 있다(정인석, 1998). 만다라라는 말의 의미를 우리가 눈으로 보는 시각적 형태로 한정하여 해석하면 보편적으로 '마술적 원(magic circle)'을 의미하며 이 역시 산스크리트어의 의미로 만다라는 기본적으로 원(circle)을 뜻하기도 한다(Fincher, 2009, 오현주 역, 2011).

고대문화에서 발견되는 만다라의 형태는 돌에 새겨진 암각화부터 동서고금을 막론하고 여러 문화권에서 고루 발견되어 왔다. 가장 오래된 만다라로 알려진 것은 석기시대에 그려진 암각화로 남아프리카에서 스칸디나비아 반도, 미국 남서부, 호주에 이르기까지 광범위하게 흩어져 있다. 티베트의 만다라 전통은 정신적 깨달음을 위한 명상적 방법으로 만다라를 제작하는 것이라고 한다. 현대문화 속에서도 만다라가 성스러움의 보편적 이미지로서 생활문화의 장식 형태로 유행하고 있다. 뿐만 아니라 문화적 이미지와 상징으로서 종교 및 미술 분야에서도 큰 관심을 가지고 신비한 종교 상징으로 애용하고 있다.

한편, 현대에 이르러서는 심리치료 및 각종 예술치료의 발달로 인해 만다라를 이용한 예술치료와 심리치료가 실천되면서 인간성 치유와 발달의 중요 수단으로 사용되고 있다. 융은 『황금꽃의 비밀』(Jung & Wilhelm, 1981, 이유경 역, 2014)이라는 저서에서 인간의 정신과정은 만다라 상징으로 표현된다 하였다. 그는 정신과 의사로서 그의 정신질환자들과 만다라에 대해 전혀 아는 바가 없는 사람들이 만다라 그림을 그렸음을 경험하였다. 그가 최초로 발견한 환자의 만다라 그림은 1916년도에 그려진 것이다. 그의 저서에서는 수많은 만다라 상징을 이용해서 인간의 정신과정을 그림을 활용한 신화적 이미지로 표현하였다. 그러므로 만다라 예술을 눈으로 보이는 문화적 형태 및 생활미술의 그림 형태로만 이해하는 데 그칠 수 없고, 만다라 형태의 상징이 주는 정신적 의미는 은유적으로 우리 삶에 어떤 메시지를 주는지와 관련하여 인간정신의 심층적 마음의 본질에 대해 깊은 연구를 할 필요가 있다.

2. 종교상징적 의미

만다라 상징은 우주 생명력을 가진 우주에너지 또는 우주운동의 작용으로 나타난다는 동양적인 해석이 있다(정인석, 1998). 동양적 사고에 의한 해석은 우주에너지 또는 우주의 기(氣)라고 말하는 동양종교의 비과학적이고 추상적인 신비한 관념을 갖게 한다. 그러므로 어원상으로나 사전적 의미로 인간의 정신과정을 만다라 상징으로 의미를 담아 전하는 방법은 심리학적인 동시에 과학적인 차원에서 풀어야 할 과제를 가지게 된다.

『종교학대사전』(1998)에 의하면 상징이란 그리스 어원의 명사 'symbolon'에서 나온 말로, 인간이 시청각적으로 지각할 수 없는 어떤 것의 의미와 가치를 다른 어떤 것과의 유사성을 형성하여 구체적 형상으로 구상화하는 것이라 했다. 한편, 상징은 사회적으로 승인된 일정한 약속으로서 반드시 유사성의 비유에 의한 대응 관계를 갖지 않는 순수 기호도 포함된다. 이 경우의 상징은 단순히 어떤 것을 지시하는 기호가 된다. 사회적 관습, 종교 및 제도적으로 여러 가지 상징이 체계를 이루고 있고, 특히 종교에서는 정신적으로 초월경험의 실재나 숭배 대상을 상징으로 체계화하기 때문에 상징의 연구는 인간정신과 사상 연구에서 중심 과제가 되었다.

불교 관점에서 정의한 사전적 설명에 의하면 만다라는 불법의 모든 덕을 두루 갖춘 경지의 상징을 영상화해서 나타내는 그림이나 기호이다. 이러한 동양적 해석에 의하면 동양적 만다라는 관념적이면서 전통적으로 안정된 조화와 완전한 심상에 도달해 있는 것이 특징이다. 만다라가 정신과정을 나타내는 상징과는 달리 우주생명력을 가진 우주에너지의 작용 또는 우주생명력을 가진 우주운동의 작용이라는 해석이 있는데, 이 해석은 인간의 근원적 생명력에 관하여 설명하고 있다. 그러나 서양의 학문적 도구를 사용해서는 비밀스러운 동양적 지혜를 이해하지 못하기 때문에 미신의 영역으로 추방해 버리는 경향이 있다(Jung & Wilhelm, 1981, 이유경 역, 2014).

서양 종교의 상징에서도 만다라는 신비한 이미지로 설명된다. Edinger(1972, 장미경 역, 2016)는 둥근 원 모양으로 그려진 에덴동산은 그곳으로부터 흐르는 네 개의 강과 중심의 생명나무로 인해서 만다라 이미지의 특성을 갖고 있다고 하였다. 에덴동산은 그리스 신화나 플라톤이 말한 것과 같이 근원적으로 둥근 형태의 인간 생명에 견줄 만하다고 하였다. 또 기독교의 십자가 상징(Fincher, 1991, 김진숙 역, 1998)은 희생을 통하여 영원한 생명을 얻게 된다는 생명의 나무(tree of life)의 의미를 가지고 있다. 그래서 일반적으로 만다라 이미지는 특정 시공간을 초월하여 신비로움과 성스러움을 표현하는 형태로서 종교적 상징으로 통용되고 있다.

만다라를 이런 신비한 종교상징으로 여기는 생각에는 만다라를 신비한 진리의 움직임으로 간주하는 우주의 움직임이 인간 내의 생명력과도 관계되어 인간 역시 역동적으로 움직이는 소우주라 여기는 사고가 들어 있다. 즉, 만다라의 언어적 정의에는 만다라에 마음의 본질이 시각상의 형태로 나타난다는 생각과 동시에 어떤 우주적 움직임과 인간 내의 소우주적 움직임을 포함한다는 생각이 통합되어 있다. 그래서 인간은 우주를 이해함에 있어서 움직이는 우주 또는 우주 움직임의 순환이 시간의 순환 및 반복적 리듬의 순환이라고 동일시하여 생각하였다. 고대문화에서도 만다라에는 공전하는 우주가 나타내는 완전한 시간상의 순환의 의미가 포함되어 있다고 여겼다. 그러한 생각의 대표적인 예가 별자리에 따라 1년을 열두 부분으로 나누는 12궁도의 표시로서 태양년의 반복적 순환과 관련시킨 것이다(Fincher, 2009, 오연주 역, 2011).

Fincher(1991, 김진숙 역, 1998)는 만다라가 그림으로 나타나는 형태를 분석하였다. 만다라에서는 전통적으로 인간의 감정과 이미지가 배제된 기호로서의 숫자를 상징으로 사용하였다. 이렇게 만다라에 나타나는 형태와 숫자의 의미를 이해할 수 있게 된 것은 인간의 끊임없는 노력과 경험의 결과이다. 숫자상징의 다른 예를 들면, 12라는 숫자는 열두 개의 별자리 궁도와 1년 동안의 시간을 열두 달로 나눈 숫자로서 어떤 주기의 완성, 우주적 질서, 구원 등을 의미한다. 그래서 12라는 숫자는 그리스 신화에 압도적으로 많이 나타나고 유대교, 기독교, 불교의 전통에서도 중요한 상징으로 사용된다. 그 예로, 이스라엘 민족은 열두 개의 부족으로 형성되어 있고 그들의 조상을 야곱의 열두 아들로 여긴다. 예수의 제자도 열두 명이었기 때문에 12라는 숫자는 믿음을 가진 사람의 상징으로 사용되었다. 그리고 불교에서는 열두 개의 꽃잎을 가진 연꽃이 믿음의 상징이다. 민담의 예로는 「잠자는 미녀」에서 열두 명의 요정이 나온다. 특히 만다라 미술치료를 처음으로 시작한 융의 내담자 X 부인이 그린 열두 개의 만다라 그림 시리즈는 "성장과정의 절정 또는 전환기"(Jung, 1973, p. 22: Fincher, 1991, 김진숙 역, 1998, p. 172에서 재인용)를 내포하고 있다고 언급되었다. 이 12이라는 숫자상징을 적용하여 만다라 미술치료를 실시할 경우, 특히 융의 개성화과정을 12회기로 구성하여 심리치료 및 예술치료를 실천한다. 이렇게 상징의 형태로 외현화된 그림이나 숫자이미지는 인간 내면의 필요성"(Tucchi, 1961, p. 27: Fincher, 1991, 김진숙 역, 1998에서 재인용)에 따라 그려진다. 이렇게 이해하기 힘든 인간의 깊은 내면의 자료와 끝없이 확산된 의식 차원에서 그림 및 숫자 상징의 외현화 사이에 어떤 논리와 합리적 연결고리를 찾는 것이 연구과제이다.

3. 우주물리학적 의미

인간의 의식이 대우주를 보는 큰 관점에서 인간존재를 대우주와 일원적으로 일치하는 소우주로 보는 견해는 신비한 의미로 간주하기보다는 우주물리학적 관점에서 과학적 사실을 비유적으로 적용하여 인간의 정신현상을 설명하는 것이다. 심리치료에 적용하는 은유방법에 대해서는 제2부에서 더 자세히 설명할 것이다. 과학은 가시적 물질을 다루지만 인간정신이라는 비가시적이고 비물질적인 현상을 이해하기 위한 상징은유적 방법론을 사용할 필요가 있기 때문이다. 이 책의 주요 주제인 만다라라는 신비한 형태상징은 인간정신의 깊은 심층 내면의 무의식 차원을 이해하기 위해서, 또 한편으로는 최고로 높아서 보편적 인간의 눈으로 볼 수 없는 초의식 상태의 우주움직임을 이해하기 위해서 두 방향의 관계를 양극적으로 이해한 후 두 양극이 합일한 존재가 인간정신의 원형이라고 인간존재를 이해하려는 우리의 의식적 활동이다.

Monges(1979)는 우주운행 시간을 리듬으로 파악하고 우주운행의 리듬과 인간의 생명리듬을 관련시켰으므로 해, 달, 별의 우주적 상호작용으로 인해 인간의 생명리듬과 생명움직임이 발생한다고 하였다. 이것은 우주물리학적 관점에서 본 비유적 사고로서 우주의 운행리듬과 인간 내면의 생물학적 현상을 서로 같은 움직임의 리듬으로 설명한 것이다. 더 구체적으로 설명하면, 평균적으로 인간의 호흡(1분에 평균 18번)과 맥박(1분에 평균 72번)은 1:4 리듬의 규칙성을 가지며 이 1:4 규칙에 의해 환산된 개인의 하루 호흡 횟수는 18×60×24=25920번이 된다. 이 호흡 횟수는 태양의 춘분 지점이 12궁도(zodiac)를 거쳐 한 번 움직이는 데 걸리는 리듬을 숫자상징으로 표현한 것이다. 다시 말하면, 태양의 리듬체계에 묶여 있는 소우주로서의 인간존재 속에는 태양리듬이 인간 내면에 자기목적적으로 각인되어 있다고 설명한다. 그러므로 인간자아(ego)의 리듬은 24시간의 하루 리듬을, 인간의 정서리듬은 일곱 행성의 일주일 리듬을, 인간의 생체대사와 관련된 생명리듬은 달의 28일 리듬을 그리고 물질신체의 몸리듬은 1년 리듬을 가지고 있다. 그래서 우주의 시간리듬에 적응하면서 거치는 긴 시간의 인간의 진화과정 및 발달과정에서는 우주운행의 시간적 리듬이 인간의 생리적 현상에 상호 침투되어 있다고 한다.

그러나 현대인의 호흡과 맥박이 태양의 자기목적적 각인과 동떨어진 현대문명의 속도와 스트레스에 의해 우주의 생명리듬과 불일치하는 불건강한 리듬과 기계문명의 속도로 살아가기 때문에 현대인은 자연생명력을 잃어버리고 있다고 한다. 이런 설명은 무의식/의식, 신체/정신, 의식/초의식, 과학/정신, 몸/마음 등의 이원화가 만연된 현대의 삶을 말해 준다. 지난 500여 년의 역사에서 그리고 지금까지도 막강한 영향력을 발휘하는 Descartes의 이성 중심 이원주의로 인간정신은 몸의 생명력과 멀어져 있다. 물리학 분야에서 Albert Einstein이 우주의 신비를 드러내려 하였던 상대성이론은 연구 의도와는 다르게 제1차, 제2차 세계대전에서 원자폭탄에 의해 인류 대량 살상에 사용되었다. 그의 상대성이론이 잘못 사용되었기 때문에 만년에 그의 삶은 불우하였다. Bentov(1981, 류시화, 이상무 공역, 1987)도 우주모형에 의한 인간관은 인간정신을 알기 위해 정신현상을 폭넓게 이해하는 정신과학이라 설명하였다. 즉, Newton의 역학과 상대성이론은 모두 물질과 정신현상을 이해하는 틀로서 지식의 나선형적 팽창과 확대를 통해 메타인지를 이루어야 한다고 역설하였다.

인간중심 표현예술치료의 선구자인 Natalie Rogers(1993, 이정명, 전미향, 전태옥 공역, 2007)는 인간정신의 핵심인 창조성이 다양한 예술형태의 활동에 직접적인 영향을 주어 우주에너지의 근원으로 가는 길을 열어 주고 우리에게 생명력과 하나가 되는 느낌을 준다고 하였다.

[그림 1-1]에서는 인간정신의 근본적인 창조력의 특성이 통합예술치료 활동들을 가능케 하여 궁극적으로는 높은 의식활동을 통해 우주의 근원적 에너지와 연결되는 모델을 제시하였다. 간단히 말하면, 이것은 상호 연결된 다양한 예술활동이 인간의 생명력인 창조력과의 연결을 거친 후 의식 차원의 자기이해와 통찰을 통해서 우주 에너지의 근원과 연결됨을 쉬운 도해로 나타낸 것이다. Natalie Rogers(1993, 이정명 외 공역, 2007)는 이 모든 과정을 창조적 연결(creative connection)이라고 이름 짓고 미술(색채), 음악(소리), 글쓰기, 동작 등의 통합표현예술치료인 인간중심 표현예술치료의 대명사로 사용했다. 이와 같이 예술매체를 통한 표현활동이 물질 또는 물질신체와 우주의 창조적 에너지 사이에 매개기능을 한다는 예술의 양극성 통합과정은 인간의 교육 및 치유에서 중요시된다.

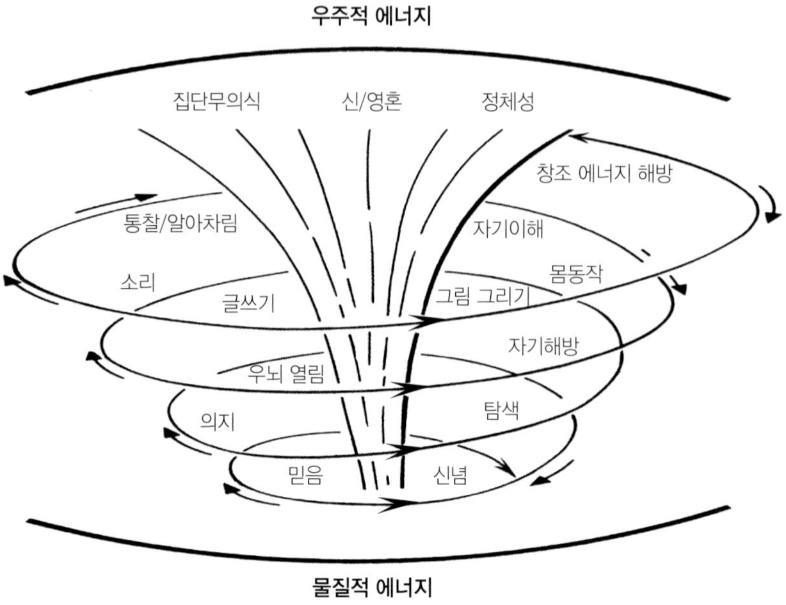

[그림 1-1] 표현예술을 통한 창조적 연결과정

Capra(1975)는 물리학 지식이 과학적 지식 획득의 3단계를 완성하지 못하고 2단계에서 과학적 검증의 한계 속에 갇혔기 때문에 정신/과학이 분리되어 이원화를 심화시킨다고 비판하였다. 즉, 물리학적 지식이나 정신과학적 지식은 모두 다 지식획득의 첫째 단계인 의식적 차원에서 면밀한 실험과 관찰에 의해 이루어진다. 둘째 단계에서는 과학적 실험과 관찰에 의한 결과를 상징의 하나인 수학적 도식과 기호로 추상적으로 개념화한다. 이 두 단계를 거쳐서 획득한 지식의 개념적 지도를 형성하지만 의식적 언어로 명확히 규정하지 못하는 직관적 통찰단계에 머물러 고도로 압축된 추상적 언어와 숫자로 부호화한다. 이런 이유로 현실과 의사소통이 이루어지지 못하고 인간의 정신현상이나 현실과 괴리되어 버렸다고 설명한다. 그렇다면 셋째 단계에 와서는 정신과학을 위한 의식 수준에서 의사소통할 수 있는 언어화하는 단계가 이루어져야 한다. 그러나 인간의 언어 역시 수학적 공식과 기호적 상징과 마찬가지로 인지적 지도가 실제의 영토가 아닌 추상적 상징에 머물기 때문에 과학적 틀의 한계에 갇히고 만다.

우리 인간이 마지막 배움으로 이해해야 할 대상은 인간학을 통한 인간세계이다. Bentov(1981, 류시화, 이상무 공역, 1987)는 인간세계를 광물, 식물, 동물의 3차원과 관련하여 논할 때 우리의 척추 신경계통의 발달이 가장 낮은 광물의 차원에서 가장 높은 영적 차원까지 그 어떤 수준의 실체와 동일하게 최고도로 개발될 수 있는 것이 인간이라 하였다. 쉽게 말하면, 우리 인간의 실체는 광물(물질)적 · 식물적 · 동물적 · 영적 각각의 차원에서 최고도의 발달이 가능하다는 것이다. 그래서 어떤 사람은 가장 영적 인간 또는 가장 물질적 인간, 가장 동물적 인간 등이 될 수 있다. 이런 인간존재의 구성요소의 스펙트럼상에서 영적 차원을 발달시키려면 인간 최고 상태의 의식 확대가 있어야 한다는 말이다. 이와 동일한 견해를 가진 인간 신체 속에 깃든 의식의 스펙트럼에 대해 Steiner의 인간 구성체 연구는 인간 이해의 방법론으로서 물질신체(광물질), 에테르체(물의 대사에 의한 생명체), 아스랄체(공기호흡에 의한 감정체), 영성체(의식의 최고 상태)로 구분해 보았다. Schiller(2003)에 의한 Steiner의 3원적 인간관은 제3장에서 더 자세히 설명할 것이다.

한편, 원자보다 더 미시 차원의 아원자(subatom)물리학의 연구 결과는 물질 존재의 이중성으로 물질이 입자와 파동이라는 두 가지 특성을 동시에 갖고 있다고 한다. 즉, 물질의 본질은 빈 공간에 채워진 빛이며, 빛은 입자이며 파동이라는 존재 본질의 입자/파동의 이중성(duality)을 검증하였다. 이 이중적 물질존재관은 인간관과 세상관에 큰 영향을 주었는데, 보이는 것은 물질 입자이며 보이지 않는 것은 빛의 파장이라는 것이다. 재미있게 말하면, 어떤 한 대상이 눈으로 보면 물체이고 보지 않으면 파동이라는 이중성을 가진다는 것이다(Bentov, 1981, 류시화, 이상무 공역, 1987; Mindel, 2000, 양명숙, 이규환 공역, 2011).

한편, Capra(1975)는 우주물리학 지식의 한계에 대해 말한다. 과학적 지식의 획득에 있어서 인간지성의 의식적 관찰이라는 방법 없이는 양자물리학의 법칙의 검증 자체가 불가능하다고 했다. 더욱이 Mindel(2000, 양명숙, 이규환 공역, 2011)은 실험적 검증과 분석과 계산의 노예상태에 있는 것이 물리학이라 혹평하였다. 그래서 과학적 연구는 일상적 의식의 상태를 넘어선 비일상적 의식의 확대상태에서 관찰된 지식에 대하여는 아무 말도 못하고 입을 다문다고 하였다. 그래서 과학적 검증을 거치지 않는 사실은 비객관적이라고 부인하며 의사소통을 단절한다. 비일상적 의식 수준의 도교(道敎)적 의식관찰인 명상은 신비한 환상이라며 입을 다물게 한 반면에 과학적 지식은 의식확대의 통찰이나 직관의 단계로 나아가지 못한다. 그리하여 과학적 지식의 획득과 직관적 통찰이 두 가지 분야에서 모두 의식확대 선상에서 획득한 지식에 대해 침묵하고, 의사소통하지 않고 서로의 지식에 대해 부인하고 있는 셈이다.

Capra(1975)는 "알고 있는 자는 말이 없고, 말하는 자는 모르고 있다." (p. 301)라는 노자의 말을 인용하여 동양의 도(道)와 물리학의 도(道)가 다 같이 현실적으로 의사소통하지 못함을 풍자적으로 언급하였다. 그러므로 물리학 연구의 속성과 인간심리 연구의 속성에 모두 의식확대 개념을 사용하여 인간이라는 존재는 물질 입자인 동시에 그 내적 공간에 빛도 소유하고 있음을 유추적으로 알 수 있다. Gunnison(2003, 설기문 역, 2009)은 일부 물리학자들이 관찰자의 직관적 의식과 상관없이 객관적 실제의 세계가 존재한다고 믿지만 그것은 불가능한 일이라고 주장하였다. 다만 심리학이 철학의 원리를 빌려 쓰는 대신에 물리학적 지식을 메타포어로 사용해서 신비하고 복잡한 인간이해와 문제해결에 큰 의미를 주는 기회로 삼고 있다고 하였다. 따라서 입자/파동의 이중적 존재라는 인간 속에서 되풀이되고 있는 우주의 움직임인 파동의 속성을 이해하는 일이 우리 인류의 마지막 과제이며 심리학의 숙제라고 여긴다.

물리학자이며 융 심리학자인 Mindel(2000, 양명숙, 이규환 공역, 2011)은 일상적 의식을 넘어선 의식확대의 비일상적 의식연구를 통해 물리학과 심리학의 관계를 연구하기에 이른다. 그는 직접적 인과관계의 검증이 없는 그리고 정지가 없는 절대 공간/시간상에서의 비일상적 의식의 관찰방법은 양자물리학과 심리학 모두의 공통적 연구방법이라고 하였다. 융의 동시성이론과 우주와 인간의 경계를 없애고 빛의 속도와 함께 시간개념이 추가된 4차원의 물리학 분야에서는 모두 인간의 내적 신성, 즉 영성이 포함된 인간정신(psyche)이 내적 경험과 외적 경험이 장소/시간의 국소성을 넘어 모든 차원에 존재할 수 있음을 인정하였다. 즉, Mindel(2000, 양명숙, 이규환 공역, 2011)은 Einstein의 "상대성의 의미"(p. 41)는 인간의 개념적 사고 및 개념 체계의 복잡성을 나타내는 의미가 아니라면 아무 타당성이나 실용성이 없다고 하였다. 만약 물리학에서 표면적 지각상 관찰한 과학적 사실이 상대적으로 인간이 추구하는 의미의 타당성을 얻으려면 과학적 관찰지각 이전에 직관적 통찰 수준의 알아차림이 선행되어야 비로소 과학적 관찰이 타당해진다는 말이다. 다시 말하면, 의식적으로 알아차린 것만큼만 지각하는 통찰에 의해 과학적 지각의 지식획득이 일어난다는 말이다. 그러므로 융의 동시성 개념과 같이 장소/시간상으로 멀고, 간접적이고, 복잡한 원인과 결과에 대한 직관적 통찰에 의한 심리학적 차원의 지식이 물리학에 수용되고 의사소통되어 인간의 삶에 적용되어야 한다.

의사소통을 위해 언어의 한계를 극복하고 감각경험에 연결하기 위한 도전적 연구들은 제6장에서 다룰 것이다. 궁극적으로 과학적 지식의 획득방법은 인간정신의 신비한 직관적 경험이 그 본질이므로 현실적으로 과학적 지식이 의사소통되지 못하는 과학적 언어표현의 한계를 밝혔다. 반면에 원자 수준보다 더 미세한 연구인 미시물리학의 아원자(subatom) 세계에서는 우주만물의 실체가 가시적 질량의 물체와 비가시적 정신이 모두 리듬, 움직임 및 변화라는 일원론적 단일체임을 밝혔다. 이러한 과학/정신의 일원적인 통합적 관점에서는 리듬 및 파장의 공명현상이 가능하므로 리듬 및 파장에 의한 공명현상은 인간의 치유, 변화 및 성장 연구에 매우 효과적임을 시사하였다.

과학/정신의 통합연구의 발자취에는 19세기 서양으로 건너간 동양의 직관적 사고에 의한 동양철학 및 동양종교의 영향이 있었다. 서양 물리학의 상대성이론이 물질과 정신현상 모두를 설명하는 과학적 견해와 결합하여 동양의 도교 사상에 조화롭게 통합되었다(Bentov, 1981, 류시화, 이상무 공역, 1987; Capra, 1975). 이미 Capra(1975)는 물리학과 동양의 명상적 방법이 둘 다 철저한 관찰에 의한 과학적 경험에서 나온 것이라 인정하였다. 즉, 물리학과 동양 신비학 두 분야의 연구 모두에서 우주만물의 요소를 단일요소로 인정하여 물질과 정신이 통합된 단일체로 보았다. 특히 심신통합체인 인간을 관찰의 대상으로 했을 때 마음의 발현으로 여겨지는 물질신체와 의식의 여러 차원이 인간 신체 내에서 분리되지 않았음과 또한 우주 전체에 대한 알아차림으로 인해 과학자의 관찰대상인 물질과 관찰의식을 가진 인간은 우주통합체의 일부라는 통찰을 얻었다. 이런 결론은 직관적 방법에 의한 명상적 관찰이나 뉴턴의 고전 물리학의 방법인 일상적 감각 어느 하나만으로는 접근이 불가능한 지식이다. 현대 물리학에서는 물질의 기본 요소를 원자보다 훨씬 미시적이고 깊은 차원인 아원자(subatomic) 상태의 상호작용이라 밝혔고, 이들의 상호작용을 과학적 공식으로 얻어냈다.

현대 물리학의 관점에서 Capra(1975)는 아원자 수준의 미시적 원자들에서 양자, 중성자, 전자 등의 구성요소들 간의 역동적 상호작용을 리듬과 움직임의 변화의 장(field)으로 간주하여 우주의 춤이라 불렀다. 이 우주의 춤과정에서 나타나는 분명한 특정 패턴의 움직임이 출현하여 물질의 구조가 형성된다. 특정 물질구조의 원자 궤도 안에서의 움직임 가운데 형성된 전기파장의 진동패턴이 양자 상태를 결정한다. 만약 두 개의 원자 사이의 진동과정에서 진동패턴이 같다면 공명(resonance)현상이 일어난다. 이 과학적 지식과 통찰은 인간을 위한 심신통합치유 분야에서 획기적인 관심과 함께 도입되었다. 이 같은 심신일원론적 예술치료 및 심리치료의 실천에서는 심리치료학이 심리학 이외의 여러 인접학문의 연구에 힘입은 바가 크다.

끝으로 만다라 형태의 상징에 관한 의식화에 대해서는 제2장에서 설명하겠지만 이 부분에서 물질의 파동 및 움직임과 관련된 과학적 사실을 간단히 말해 두고 싶다. 우주의 진동이나 움직임을 우주의 춤이라고 은유적으로 표현했다 하더라도 물질구성의 최소 단위인 입자의 파동적 속성에 의해 설명하고자 하나의 원자를 예를 들어 그 아원자 세계의 전자의 움직임을 살펴보고자 한다. 전자는 원자핵을 중심으로 빠른 속도로 궤도운동을 하면서 동시에 자신의 축을 중심으로 회전한다. 마치 태양을 중심으로 돌고 있는 지구의 자전 및 공전과 같다. 그런데 입자들마다 고유의 다양한 성질이 있고 원자들 간의 상호작용과 그 파동과 움직임선의 겹침 등으로 인해 복잡한 외계의 움직임을 시각적 형태를 파악하기가 간단치 않다. 그러나 확실한 과학적 사실은 과학자들이 이 세상의 모든 움직임 형태를 대뇌 신경 차원에서 점과 직선으로만 파악한다는 것이다. 곡선의 움직임과 그 겹침을 단지 하나의 점(0차원)과 두 개의 점 사이의 직선(1차원)으로 환원하여 마치 모스 부호와 같이 디지털 부호로 전환하여 대뇌에 입력한다. 여기에 외부 복잡한 객관적 정보가 부호화될 때 세상에 대한 지각은 어떻게, 얼마나 사정없이 걸러지는지 상상해 보시라.

심리학이 철학의 시녀로서 인간의 관념주의 존재로부터 시작한 연구가 현상학적 존재 실현의 방법에 이르기까지 몰두해 온 인간학 연구의 끝자락에 와 있다. 이 시점에서 인간의 정신과학 연구를 위해 매달려야 할 과학적 방법은 우주물리학적 관계와의 총체적 장(field)의 관점에서 볼 것을 권하고 싶다. 물론 일부 과학자들이 물리학적 지혜를 인간학 연구에 적용함을 부인하거나 침묵한다 할지라도 심리치료학의 제3세대 연구자들은 자아초월적 관점을 적용하여 의식을 확대시키려 한다. 초월의식을 자아의식의 확대선상에서 하나임(oneness) 염두에 두고 인간존재가 흙에서 태어나 흙으로 돌아가는 부분이 있다면 하늘에서 내려와 하늘로 돌아가는 부분이 있음을 부인하지 못할 것이다.

Dilts와 DeLozier(2010)는 물리학의 장(field)이론을 마음의 장(field of mind)

에 적용하였다. 그는 중력(또는 전자기)의 장, 에너지(또는 움직임) 장이 세상 공간 전체에 광범위하게 작용함을 강조하였다. 특히 모든 움직임은 힘을 가진 모든 형태의 직곡선들이 모든 방향으로 작용한다 하여 분자 수준의 입자 개념과 대조적으로 만져지거나 보이지 않더라도 총체적 장 에너지는 인간의 모든 행동과 행위에 영향을 준다고 하였다. 여기서 인간존재의 이중성도 물리학의 개념을 직간접적 그리고 은유적으로 심리치료에 적용된다고 제시하였다. 그러므로 그는 제3세대 심리치료 분야에서 흐름/스타카토/혼돈/서정/정지의 5리듬의 적용과 함께 강한 힘/부드러움의 춤 그리고 이 둘의 혼합의 움직임을 적용하였다.

우리 인간은 자신의 총체적 존재를 깨닫고 어디서부터 와서 어디로 가는가를 가늠하기 위해 적어도 그림자/빛, 무거움/가벼움, 흙/바람, 중력/부력, 땅/하늘 등 우리에게 보이지 않는 모든 이중적 모순을 춤추어야 온전한 생명의 춤이 될 것이다.

Dilts(1994)는 Einstein의 천재성에 관한 연구에서 Einstein의 상대성 이론

〈표 1-1〉 상대성 이론의 객관성에 관한 결론

개념	Einstein의 결론
운동(motion)	절대적 '운동'은 없다. 공간 내 다른 대상과의 상대적 운동만이 있을 뿐이다.
공간(space)	절대적 '공간'은 없다. 무한한 수효의 공간들이 서로 각각 상대적으로 움직이고 있다.
동시성(simultaneity)	절대적 '동시성'은 없다. 관찰자의 상대적인 동시성이 있을 뿐이다.
객관적 사건(objective events)	'객관적 사건'은 없다. 타인들의 지각에 일치하는 사건 지각을 말한다.
시간(time)	절대적 '시간'은 없다. 각각의 참조체마다 자신의 특유한 시간이 있다.
물질적 대상(material objects)	영원한 '물질적 대상'은 없다. 물질이란 빛(전자기 에너지)의 변형이다.

(The Theory of Relativity) 뒤에 전재된 객관성(objectivity)에 대한 가정들에 대해 〈표 1-1〉과 같은 결론들을 밝혔다.

Einstein의 과학연구 결론은 우리가 인간학 연구를 철학과 과학에서 경험 심리학으로 조각을 냈다가 다시 어떻게 인간 전체성을 찾을 수 있을까에 대해 더 자유로운 도전을 하도록 용기를 준다.

4. 예술치료에의 적용

아원자물리학 관점을 적용한 리듬공명 현상은 심리치료 및 예술치료 분야에서 모두 크게 각광받는 원리이다. Anna Halprin(2000, 임용자, 김용량 공역, 2002)은 치유가 인간 내면의 생명리듬적인 존재 안에서 일어나기 때문에 그녀의 동작중심 표현예술치료는 각 개인의 내면자료 그리고 춤동작 및 신체리듬을 외부로 드러내는 일을 우선한다 하였다. 그러므로 동작중심 표현예술치료과정에서 생명 자체의 자율구조를 가진 호흡리듬, 심장박동 및 맥박을 알아차리고 그 신체 내적 움직임과 흐름을 관련시키는 호흡춤, 맥박춤 및 리듬춤 등을 이용하여 치유춤 작업에 접근하였다. 인본주의 춤동작치료의 선구자로 알려진 Marian Chace(1896~1970)는 참가자들의 치료를 지지하고 촉진시키기 위해 조직적이고 통제된 방법으로 집단리듬동작을 하여 집단리듬의 일치를 경험하게 하였다(임용자, 2008). 음악중심 표현예술치료자로 알려진 Kossak(2015, 2016)은 도 치유리듬의 조율은 개인 혼자서 할 수 없다고 하면서 집단리듬 흐름 속에서 몸리듬을 공감하고 체화시키는 작업을 중요시하였다. 그도 Huyugens(1965: Kossak, 2016에서 재인용)의 리듬공명실험에서 리듬공명의 원리를 도출하였다. 물리학의 공명실험에서는 각각 다른 속도와 리듬으로 움직이는 두 개의 추시계가 처음에는 각각의 리듬으로 흔드는 왕복움직임을 계속하다가 나중에는 일치된 리듬의 왕복운동을 한다고 밝혔다.

또 다른 추시계 실험(Capra, 1975)에서는 인간의 착시작용 때문에 추시계의 곡선적 왕복운동을 모스 부호같이 두 지점 사이의 직선운동으로 파악하여 대뇌 지각상에서 디지털 부호화하는 것이 생리신경작용이며 대뇌 지각의 특성이라고 설명하였다. 증명된 이 과학적 사실은 인간이 우주 및 물질 생성의 곡선적 움직임 가운데의 존재를 시각과 대뇌적 지각으로 인해 직선으로 지각하고 체화시킨다는 놀라운 통찰을 가져다준다. 같은 맥락으로 융 학파 춤동작치료자들은 개인의 의도적이고 실용적인 움직임이 아닌 심층무의식 차원, 즉 원시적 생명 차원에서 나오는 진정한 움직임(authentic movement)만이 개인을 치유하고 생명을 살리는 유일한 방법임을 체험적으로 연구하였다.

몸의 리듬이나 박자(beat)를 이용하여 춤동작치료를 실천하였던 융 학파 춤동작치료자들 역시 진정한 동작이란 몸의 중심에서 나오는 무의식적 자료가 신체적 에너지와 신체적 형태로 나타나는 것이라 하면서 움직임만이 인간의 생명을 살리는 유일한 방법이라 강조하였다. 이 같은 춤이론은 융 심리학의 지평에서 확대된 것으로, 신체동작을 인간의 정신/신체의 일원적 센터에 접근할 수 있는 정신동작의 아날로그로 여겼다(Whitehous, 1999a). 춤동작치료에서는 인간을 정신/신체적 전체성으로 보는 융의 인간관에 의거해 인간의 정신구조인 원형의 내용 중에서 이미지와 감정을 포함한 에너지의 역동성에 초점을 두고 춤동작을 실시했다. 원형의 대극성과 대극합일 사상 그리고 명상적 요소를 도입한 춤동작치료는 일찍이 동양의 도(道) 사상을 수용한 연구의 결과물이다.

현대 심리치료에서 만다라의 개념과 이미지가 예술치료로 애용되는 배경적 사상에서는 인간의 움직임이 단순히 신체동작 수준에서만 일어나는 것이 아니며 인간 의식 수준에서 잘 알려져 있지 않은 우주운동 및 우주 에너지와 관련된 초의식적이고 초개인적인 수준의 심리학과 관련이 있다고 제언한다. 현대 심리치료와 통합된 치유예술로서의 춤동작치료(dance movement therapy)는 그 시작이 현대무용의 발달에 의해 촉진되었다 할지라도 무용 분야에 속하기보다는 동양의 철학과 무예(martial arts)의 원리를 수용하고 있는데다 예술치료 및 초월심리학까지 확대된 심신통합심리치료이며 초월영성예술치료라는 것이다. 더욱이 춤동작치료는 공연예술의 목표와 기능과는 아주 다른 의도로 삶(life)의 치유 및 내적 생명의 치유가 그 목표이고 기능이다. 그러므로 춤치유과정에서 나오는 결과물들은 무대나 갤러리의 예술작품을 위한 예술이 아니라 과정중심 심리치료작업의 모든 수준이 통합된 과정임에 유의해야 한다.

제2장

원형과 만다라 이미지

1. 원형의 정의

만다라의 개념을 신비와 성스러움을 지닌 철학 및 종교적 개념에서 벗어나 현대 심리학적 관점, 특히 융의 원형(archetype)에 대한 심리학적 견해로 살펴보고자 한다.

융은 제1차 세계대전 중 영국지구 포로수용소의 군의대장이었을 시절에 자신의 꿈속에 나타난 만다라 이미지들을 매일 아침 작은 원의 그림으로 그렸다. 그 당시 아직 이 둥근 원 이미지가 그의 모든 연구의 핵심적 관심사가 될 것임을 알지 못했다. 그 후 그 둥근 형태가 자신의 객관적 심적 상태를 반영하는 것 같은 자신의 상태에 관한 암호문이었다고 하였다. 연구 초기에는 둥근 원의 이미지를 단순히 신격이나 우주의 상징으로 여겼으나, 결국 참자기(Self)라는 인격의 전체성 및 조화로움의 정신적 원형과 결부시켰다(von Franz, 1972, 이부영 역, 2016).

융 심리학에서 말하는 원형에 대해 Daria Halprin(2003)은 인간의 정신구조인 원형을 그리스의 철학자인 플라톤이 말하는 인간의 관념(idea)의 특성과 대등한 의미로 보았다. 이와 똑같이 Brown(2004)의 정신통합(psychosynthesis)연구에서도 정신을 마음의 그림인 이미지로 나타나는 관념으로 보았다. 즉, 인간의 정신구조를 원형이라는 매우 애매모호하고 비가시적이며 우리의 의식과 감각으로 지각되지 않는 특징을 가진 초월적이고 추상적인 관념으로 설명하였다. 인간의 정신구조가 이같이 추상적인 서구의 관념론과 이성주의 철학적 사고로 설명되었던 영향으로 인해 현대인이 몸과 마음이 분리된 심신이원화의 병리를 극복해야 하는 어려운 과제에 당면한 것은 어제 오늘의 문제가 아니었다. 그동안 심신이원화의 문제를 극복하고 현대인의 심신건강을 되찾기 위해 심신일원적 통합을 하기 위한 여러 시도와 도전이 끊임없이 추구되어 왔다.

서구 철학의 심신이원적인 관념론과 같은 전제로 현대 심리학의 인간정신 연구에서의 출발점도 여전히 우리 인간의 정신구조를 원형이라는 개념으로 삼고 있으므로 인간정신에 대한 이해와 사고의 혼돈이 다시 시작되지 않을 수 없다. 그러나 융 심리학파의 연구에서는 인간의 심층 무의식 속의 원형이라 일컫는 인간의 정신구조는 그 이미지의 표상 이전의 모티브로서 그것이 전개될 어떤 잠재성이나 진화될 성향이라고 말한다(Nelson-Jones, 2015, 김성본, 황혜리 공역, 2015). 그러므로 그 원형의 내용이 본질적으로 인간 의식에 보이고 알려지지 않은 본능적이고 원시적인 이미지의 특징이 있다고 전제한다. 융 심리학의 원형연구는 인간의 의식을 확대하여 무의식과 의식이 통합된 인간 전체성(wholeness)을 목표로 하는 자아초월적 존재를 지향하는 심리치료를 위하여 그 출발점이 되었다. 융이 그의 모든 연구 중 핵심 이론인 원형의 개념과 함께 만다라 이미지를 최초로 심리치료와 예술치료의 도구로 적용했다 할지라도 원형의 관념적이고 비가시적인 특성으로 인해 의식에 잘 알려지기 어려웠으므로 오랜 세월 후속 연구가 필요했다.

융 심리학이 비록 분석심리학(analytical psychology)이란 이름으로 불린다 할지라도 다른 사변적이고 이론적인 심리학과는 다르다. 그것이 유소년 시절의 독특한 내적 체험인 환상과 상상의 체험을 바탕으로 오랜 세월 경험하고 이해한 경험심리학이고 응용심리학이므로 융은 과학자로서의 명료한 개념을 가지고 그의 사상을 펴 나갔다. 한편, 그의 분석심리학이 가진 환상 및 상상 심리학이라는 특징으로 인해 때로는 신비주의 개념과 상징적 용어들을 사용했기에 그 자신의 설명들 사이에도 서로 모순적 견해가 나타나기도 한다. 이와 같이 융의 학설은 참으로 방대하고 난해하여 서구의 지식인들에게도 잘 알려져 있지 않았으며 서구의 일반 대중에게는 이해되기 어렵다고 여겨져 왔다. 융도 이같이 생각하여 그 자신마저도 그가 서거하기 2년 전 BBC 인터뷰에서 시청자를 위한 성공적인 대담을 끝낸 후 그의 학설을 대중화하기 위해 책을 출간하자는 제의에 '아니요'라고 대답하였다(Chodorow, 1997).

융의 사후 설립된 미국 휴스턴 융 교육센터의 창립자인 Ruth Thacker Fry 박사는 융의 후기 연구에서 예술심리치료의 문을 열게 하는 융 예술치료 기법의 핵심 기법인 적극적 상상(active imagination)에 대한 자료를 모조리 모아 놓았으나 출판하지 못하고 작고하였다. Fry 박사도 융과 마찬가지로 아직 세상의 관심과 이해가 충분하지 않기 때문에 미국에서도 여전히 출판계획이 없다고 말하였다. 다행히 Fry 박사의 이 자료는 J. Chodorow(1997)에 의하여 융의 사후 36년 만에 영문판으로 영국과 미국에서 동시에 출판되었다. 그녀는 이 일을 위해 여러 사람의 인내가 필요했다고 말했다. 그러므로 이 책에서는 후기 융 학파 연구자들의 주요 관심사인 적극적 상상의 예술치료 방법론을 통합한 심리치료 전개와 발전에 주목하고 있다.

융(1961, p. 257: Chodorow, 1991에서 재인용)은 적극적 상상이라는 심리기법을 적용하여 인간의 정신구조인 원형에 대한 연구를 계속하였다. 그가 내린 원형의 정의는 다음과 같다.

"원형이란 이미지이며 때로는 정서이다. 그러나 이미지와 정서라는 두 가지 측면이 일치할 때에만 어떤 특정한 하나의 원형이라 말할 수 있다. ……중략…… 원형이미지가 정신에너지로 충전된다면 신비적 역동성을 띠면서 어떤 행동적 결과를 만들어 낸다. 원형이란 이미지 그 이상이다. 원형은 에너지의 역동성 있는 정서라는 가교에 의해 개인 생명력과 이미지를 연결하는 생명의 한 부분이다."

이 정의에서 원형이란 이미지, 감정, 에너지가 역동적으로 뒤얽혀 있는 정신구조라고 말하고 있기 때문에 엄밀하게 말하면 원형과 원형이미지는 동일하지 않다. 그러나 표상이나 환상 및 마음의 그림인 게슈탈트를 형성하기 이전에는 원형의 본질이 의식에 잘 알려지지 않으므로 융 추종자들이나 융 자신마저도 원형과 원형이미지의 두 가지를 혼용하였다. 오히려 언어로 표현하기 불가능한 원형을 이미지 현상으로 파악하였기 때문에 원형을 예술 이미지화하여 의식화하는 적극적 상상기법을 사용하여 심리치료 및 만다라 미술치료를 시작한 선구자가 될 수 있었다.

이미지란 원형이 정신에 표상되는 본능적 형태이지만 인간의 지각과정 특성상 인간은 시각적 지각이 우세하기 때문에 그림처럼 시각적이고 구체적인 본능충동의 본성을 표현하는 이미지로 나타낼 수 있다. 또 원형이 인간정신의 무의식적이고 표상 불가능한 본능 구조의 요소들을 나타내기 때문에 인간정신을 표상할 수 있는 원형에 적합한 용어는 원형이미지(archetypal image)이라 함이 편리하면서도 실용적이다(Waker, 2002, 장미경 외, 2012). 후기 융학자인 고혜경(2018)은 "인간정신은 이미지이거나 이미지가 곧 정신이다(Psyche is image or image is psyche)."라고 하면서 정신의 본래 언어는 이미지라고 정리하였다. 융은 그의 저서 『레드 북(The Red Book)』에서 생전에 그렸던 그의 꿈, 환상, 상상의 신화적 그림이미지를 통해 우리에게 심층심리학을 전했고, 우리는 그의 그림에 나오는 상징적 이미지의 의미를 언어화하여 융의 심리학을 이해해야 하였다.

원형이란 원래 볼 수 없고 의식적으로 알 수 없다 하지만 인간의 지각능력

중 다른 감각기능들에 비해 상대적으로 훨씬 우세한 시각적 기능에 의해 원형이란 인간정신을 마음의 그림으로 표상하거나 상징화할 수 있다는 것이다. 종교학 대사전(1998)에서는 상징이란 다른 어떤 것을 지시하는 기호로서 상징되는 것과 상징하는 것의 유사성의 대응관계를 포함하는 것이라 정의했다. 그래서 인간의 정신인 무의식적이고 본능적인 원형의 내용이 구체적으로 무엇이냐가 의식적으로 이해되기 위해서는 마치 꿈이나 환상의 상태와 같이 다만 시각적 상징을 통한 이미지로 그 내용이 매우 부분적으로 그리고 파편화되어 나타난다고 표현되어야 한다. 사실상 원형의 내용과 그 의미를 알아차리기 힘들지만 만물의 영장인 인간만이 의식상에서 원형이미지를 지각할 수 있는 단서를 자발적으로 형성하여 자신의 정신구조를 파악한다. 그래서 시각이미지를 우선하여 원형을 이미지와 상호 교환적으로 사용하는 이유가 여기에 있다.

그러나 한편으로 원형의 내용은 단순한 이미지 단독으로 나타나는 것만이 아니라 감정이 포함된 이미지, 즉 동전의 양면과 같이 이미지/감정의 쌍으로 나타난다(Chodorow, 1991). 또한 이미지와 뒤얽혀 있는 감정이나 정서는 그것이 원형적이건 복합적이건 에너지 역동으로 뒤엉킨 한 덩어리임에 유의해야 한다.

더 발전된 원형정서의 연구에서 Stewart(1987)는 원형적 정서들(기쁨, 슬픔, 공포, 화, 거부, 놀람)이 내적으로 원시적 이미지, 즉 원형이미지와 함께 엉켜 있다가 외적인 어떤 삶의 경험적 단서에 의해 외적으로 투사된다고 하였다. 즉, 외적 대상이나 사물에 의해 촉발적 단추가 눌러졌을 때 해당하는 원형이미지가 내적 상징으로 떠올라서 매우 다양한 모습으로 표상화되어 가시적 형태로 나타난다는 것이다. 원초적 원형이미지들은 원형정서들과 함께 인간의 두뇌 속에 보편적 집단무의식 수준으로 생물학적 각인을 이루고 있는 선천적 구조라는 것이다.

집단무의식 차원에 각인된 원형이미지들은 인간의 진화과정과 함께 다양한 삶의 상황(출생/죽음, 부/모, 선/악, 남성/여성 등)과 관련된 경험들이 인류의 몸에 무의식적으로 각인되어 온 태곳적 자료들의 축적이다. Capra(1975)의 물리학적 설명에 의하면 인간 신체의 근육 형성과정에서는 원자들이 길게 나선형으로 꼬여진 묶음들인 분자들이 모여서 인간 유기체의 기본 단위인 세포들이 된다. 이 근육분자들이 규칙적 패턴으로 고도의 질서 잡힌 결정체가 되는데, 가장 정교한 유전적 정보들이 DNA 속에 고도의 결정체로 체화되어 유전된다. 그렇다면 근육분자들의 하위 요소인 원자핵의 차원에서 인간의 신체를 본다 해도 물질적 입자의 측면으로만 볼 수 없고 인간의 물질신체 안에 진동하는 빛에너지의 파동이 원천적으로 존재한다는 유추성에 의해 인간존재의 이중적 특성이 있음을 이미 제1장에서 설명하였다. 우리는 가시적 물질신체 이외에 인간의 정신존재인 에너지 파동을 어렴풋한 이미지나 상징으로 본다는 말이다. 이렇게 심층 어둠 속에 존재하는 원형이미지가 의식선상에 떠오를 때는 심층 어둠 속 이미지와 가시화된 외적 이미지, 이 두 가지 현상은 똑같은 하나의 상징 자극으로 내적 그리고 외적으로 경험되는 것이다. 즉, 가장 심층 내적 생명의 무의식 이미지와 가장 의식이 확대된 신화 차원의 이미지는 같은 원형의 대극적 현상임을 말한다.

원형적 차원에서 어둡고 모호했던 원형정서 및 원형이미지는 인간의 탄생 이후 개인의 초기발달과정에서 가정마다의 독특한 가족 분위기 내에서 형성된 개인무의식 차원의 콤플렉스 정서/이미지로 분화·발달된다. 융의 분석심리학 관점에서는 원형적 정서의 집단무의식 차원을 말하는 동시에 그 이후 가족 내에서 이루어지는 정서발달의 정교화가 개인무의식 차원에서 콤플렉스라는 외적 현실로 분화되고 의식화되고 나아가서 의식의 확대가 이루어지는 모든 과정은 원형의 발달이 무의식과 의식의 두 방향으로 양극적 작용을 하는 것임을 말한다. 후기 융 학파인 Samuels(1985, 김성민, 왕영희 공역, 2010)는 원형적인 것은 전체적이고 집단적인 차원에서 작용할 때에도 언제나 개인적으로 좀 더 의식 차원 가까이에서 콤플렉스처럼 부분적이고 개인적인 현상으로 나타난다고 설명했다. 그런 현상은 개인의 콤플렉스 경우에도 마찬가지로, Freud와 달리 융은 치료과정에서 언제나 집단무의식과 개인무의식을 연결해 주기 때문에 부분적으로 파편화된 콤플렉스는 원형의 분화 및 발달로 보아 개인무의식 현상으로만 볼 수 없고 집단무의식이 분화・발달된 현상이라고 보았다. 그러나 원형의 특성상 원형이 외적 현상화되기 이전에는 이미지로 볼 수도 의식화할 수도 없기 때문에 원형 본질로서의 내적 내용물은 이미지, 감정, 에너지이고 이들을 서로 분화되지 않고 역동적으로 뒤엉켜 있는 에너지 움직임으로 보아야 함을 강조한다.

2. 원형 의식화의 두 방향

융이 그의 생애의 특정 시기에 아침마다 만다라 그림을 그린 후 그것을 자신의 내면의 정신상황과 관련된 그림이라 여기고 이 그림을 통해 자신의 정신변화를 관찰하였다. 그 후 이 그림들이 참자기(Self)라는 인간 성격의 전체성 원형의 전개와 발달과정인 융 자신의 개성화과정임을 밝혔다(Jung & Jaffé, 1961, 조성기 역, 2007). 우주 전체의 궤도나 둥근 원을 상징하는 『아이온(Aion)』(Jung, 1950, 김세영, 정명진 공역, 2016)이라는 저서에서 융은 심리학적 원형들, 특히 참자기 원형을 제대로 의식화하고 평가하기 위해서는 고대신화를 이용하라 했다. 그러나 의식확대의 선상에서 참자기와 동일시되는 신의 특성은 내면의 어두운 그림자 영역이 제외된 긍정적 빛의 선한 원형의 한쪽 측면만 분화시켜 선과 악의 양극성으로 이해하게 된다. 그러므로 융의 분석심리학적 관점에서 최고로 확대된 의식인 신(神) 그리고 그 대극으로서의 어두운 무의식의 그림자 측면을 논의할 필요가 있다.

원형심리학이란 용어는 1970년에 Hillman이 처음으로 사용하였다. 그는 원형심리학이 "인간의 상상력을 상담실 밖의 넓은 문화로 연결하는 시도"

(Hillman, 1983, p. 1: Samuels, 1985, 김성민, 왕영희 공역, 2010에서 재인용)라고 말했다. 이 의미는 인간의 정신구조인 원형을 상상력의 구조로 본 후기 융 학파 학자 Corbin(1972: Samuels, 1985, 김성민, 왕영희 공역, 2010에서 재인용)과 철학자 Casey(1974: Samuels, 1985, 김성민, 왕영희 공역, 2010에서 재인용)의 연구에서 알 수 있다. 그들은 인간의 정신기능이 한쪽의 감각작용과 다른 한쪽의 인지작용 사이에 상상이라는 중간기능인 이미지 형성능력이 작용함을 강조했다. Daria Halprin(2003)이 표현예술치료의 실천을 위해 분류해 놓은 알아차림의 수준을 살펴보면 인간정신이 이미지를 생성시키는 상상기능이나 이미지 형성능력 자체를 궁극적으로 인지적 의식 수준으로 소속시켰다. 이렇게 상상기능을 이용하여야만 의식화되는 심층 무의식적 자료들을 인지 수준으로 끌어올려 놓지 않으면 우리의 자아는 심층자료를 의식하지 못하고 그것이 무의식 영역에 묻혀 버릴지 모르기 때문이다. 그래서 우리의 정신구조를 알아차리고 통찰하기 위해서 인간의 의식을 확대시키기 그리고 메타인지와 메타로고스를 향해서 확대시키기가 필요하다.

Hillman(1975)은 원형을 이해하기 위해 두 방향적 사고를 가지고 원형의

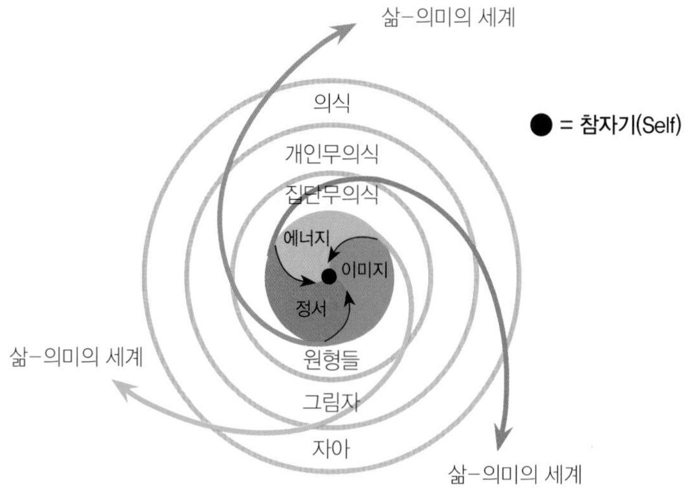

[그림 2-1] **원형 의식화의 두 방향**

의미를 두 가지로 정의하였다. 즉, 한편으로는 자기 자신의 내적 심층 내부로 향하는 내적 관점에서, 다른 한편으로는 상담실 외부 세상 밖으로 나가 확대된 의식선상 관점에서 원형을 파악하려 하였다. [그림 2-1]은 가장 심층 내부에 있는 참자기 원형과 집단무의식적 원형이 외부의 삶의 세계로 나가는 방향을 동심원으로 나타내 심층 내면과의 관련성을 스펙트럼으로 그려 본 것이다. 그림의 모형 이면에 인간의 직립적 존재를 하늘과 땅 사이에 위치시키면 밖으로 나간 의식의 확대의 선은 하늘 위를 향할 것이다. 하늘 위를 전제할 때 인간의 상상기능은 신화적 개념을 발생시킬 것이다. 제3장에서 신화치료와 관련하여 원형이미지를 더 자세히 논할 것이다.

Hillman(1975)의 연구에서는 원형이 자기 자신의 내부와 외부 세상를 향해 가지는 자명한 이미지라 했고, 또 원형이미지는 혼(soul) 기능의 원천이라 하여 이미지와 정서 사이의 밀접성을 강조하였다.

혼의 기능과 관련하여 Steiner도 혼은 영성(spirit)과 물질신체 사이에서 매개기능을 한다고 하여 혼의 기능을 중시하였다. 그래서 혼의 매개기능을 중시하는 Steiner의 3원적 인간관에 대해 Schiller(2003)는 영성/신체의 양극성, 머리(사고)/사지(의지)의 양극성, 의식/감각의 양극성 등 대극적 한 쌍을 이루는 관계에서 한 방향으로의 치우침이나 이원화를 막기 위해 조화로운 매개기능을 하는 감정(feeling)을 혼의 기능과 동일시하였다.

Roper와 Schaller(2013)는 심리(psyche)란 말은 혼을 의미하는 그리스어에서 따왔고 이로써 심리학(psychology)이란 용어를 만들었다고 하였다. 즉, 인간의 본질을 연구하는 심리학은 혼의 과학(science of soul)이라 하여 심리학은 정서나 감정을 연구하는 과학이라고 했다. Hillman(1975)도 일반심리학에서 의미하는 정서와 감정을 혼이라고 보았고, 이들이 원형이미지와 한 쌍으로 이루어졌다 하여 이미지에서 감정의 기능을 중시하였다.

이와 같이 이미지가 정서의 원천임을 말했지만, Stewart(1986: Chodorow, 1991에서 재인용)는 그 반대로 정서가 이미지와 의식의 원천임을 말했다. 그러나 중시할 것은 원형 속에 이미지와 상호 교환적으로 엉켜 있는 감정의 기능으로 인해 원형은 자기 내적 세계와 자기 외적 세계의 두 방향을 지각하는 역동적 정신활동 에너지의 역할을 하며, 이 두 방향의 분화 이전에는 우리 의식에 알려질 수 없는 모호한 원형의 특성을 지녔음이 재확인된다는 것이다. 인간은 내부 심층의 어두운 세상 속 그리고 외부의 빛의 세상 속 두 영역에서 인간의 잠재적 인식능력을 사용해서 이 두 방향에서 나타나는 원형의 모습의 상징적 이미지와 의미를 이해한다는 뜻이다. 만약 우리 인간의 내적 심리 기능에 의한 선천적인 이미지 형성능력이 없다면 눈을 가졌어도 우리 자신이나 외부 세상에 대해 아무것도 보지도 이해하지도 못한다는 인간 지각능력의 특

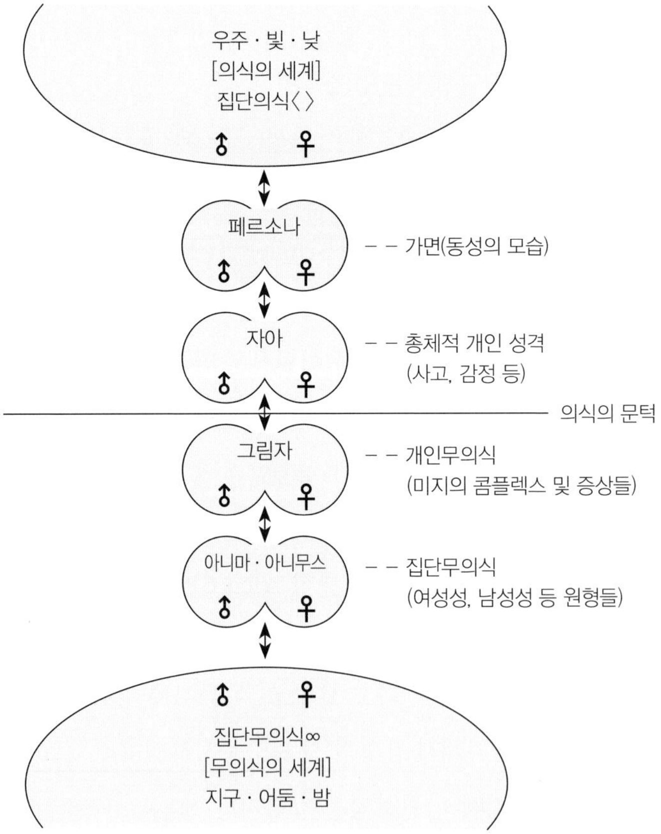

[그림 2-2] 융의 의식/무의식의 양극적 도해

징을 말해 주는 셈이다.

[그림 2-2]는 심층 하부의 원형이 들어 있는 그림자 세계에 숨겨진 집단무의식과 상층의 빛의 세계에 드러난 집단의식의 두 가지 방향을 위와 아래로 펼친 그림이다.

융(1951, 1961: Chodorow, 1991에서 재인용)은 정서를 신체와 정신 사이를 연결해 주는 가교로서 중요시하면서 정서가 가치의 원천, 이미지 원천 그리고 에너지 및 새로운 의식의 원천이라고 강조했다. 그러므로 원형이미지 단독으로만 원형의 내용을 설명할 수 없다고 말했기 때문에 Hillman(1975)의 정서기능 연구는 융의 후속연구로서 현대 심리치료 및 예술치료 분야에서 이미지와 한 쌍으로 된 정서를 치료적으로 매우 가치 있게 여긴다. 더 나아가서 원형이미지의 작용이 나타나는 두 가지 장소 중 하나는 자기 심층 내부에서 이미지를 형성하고, 다른 하나는 의식의 선상에서 외부 세상으로 나아가서 삶의 현실 속에서 원형이미지를 형성한다.

융이 의미하는 원형은 본능 및 에너지를 교환하는 상응관계의 원형으로서 "정신기능의 본능적 형태" "정신적으로 표현된 본능"(Walker, 2002, 장미경 외 공역, 2012, p. 141)이라고 원형의 생물학적 구조의 차원에서 정의한 것이다. 원형에 대한 융의 설명은 Hillman(1975)이 원형을 자기 내적 생명에 대한 이미지로 말한 것과 그 의미가 일치한다. 내적 생명현상의 이해를 위해 인간은 자발적으로 이미지를 형성하여 생명의 원형적 작용을 인식한다는 말이다. 그래서 원형이라는 인간정신의 특성은 본능이라는 원시성과 생물학적 생명 차원에서 선천적 집단무의식 속에 존재하므로 의식 차원에 잘 알려지지 않고 표상 불가능한 구조이지만 인간 스스로 내적 이미지를 형성함으로써 신비한 내적 생명현상을 파악할 수 있다는 것이다. 그렇기에 원형의 본능성이 Freud의 심리성욕설로 환원되는 것이 아니며 인간 자신의 정신구조를 파악하는 자발적 원형이미지의 기능은 태고의 원시성으로부터 유전된 지혜의 원천으로 보았다.

이와 같이 원형의 원시성과 본능성은 인간정신의 지혜의 원천으로 작용하기 때문에 의식의 확대를 통해 세상 밖으로 나가 버린 원형이미지의 의미를 파악하기 위해서 신 이미지의 상징화를 이용한 신화치료를 발달시켰다. 또 안으로 향한 생명현상에 대한 이해로 가장 심층 내부의 통합의 원형인 참자기를 가시적 그림인 만다라의 형태로 파악하기에 이르렀다. 그래서 신화를 이용하는 시문학치료 그리고 만다라를 이용하는 미술치료를 통해 더 치유력이 강력한 예술치료의 발달이 이루어져 왔다.

한편, 원형의 내용 중 에너지 요소는 융의 사후 이미지와 감정이라는 심리적 혼의 요소들을 신체동작들과 연결시키는 미국의 융 학파 춤동작치료자들의 연구를 통해 인간 생명력과 신체/정신 에너지를 살려 내는 신비한 춤동작치료를 실천하도록 이끌었다. 또한 융 학파 댄스치료자들에 의해 의식으로부터가 아니라 무의식 에너지로부터 나오는 진정한 동작연구로 이어져서 새로운 춤동작치료에 공헌하게 되었다. 진정한 동작 연구에서는 융의 정신/신체 일원론적 견해에 따라 정신과 신체는 하나의 통합체이나, 정신과 신체 하나의 두 가지 측면으로 경험된다. 즉, 원형의 이미지/감정의 실재를 신체에너지 측면으로 동일시하는 견해에 따라 융 학파의 새로운 유형의 진정한 춤동작치료를 가능하게 하였다. 제5장에서 예술치료의 통합적 실천에서는 심층 무의식의 원형적 자료들에 대해 신체/감정/이미지의 세 가지 수준의 알아차림과 언어화를 통해 구체적이고 명료하게 무의식의 의식화를 이루는 과정을 알 수 있게 된다. 이로써 인간정신의 알 수 없는 미지의 영역들은 심리치료와 예술치료의 발달을 거치면서 밝은 의식의 세계에 예술적으로 그 모습을 드러낸다.

3. 참자기의 이미지: 만다라 형태

원형이미지가 나타나는 두 방향 중에서 내적 생물학적 현상인 생명현상이 만다라라는 형태 이미지로 나타남을 이해하기 위해 융의 원형개념들 중에서 정향성(orientation) 및 의미(meaning)의 원형인 참자기와 관련시켜 설명해 보고자 한다.

무의식 영역에서 기능하는 생명 원형을 인정하기 때문에 의사들이 과학적 방법으로 영상을 찍어 보고 진단하는 신체치료가 의학적 영역으로 분리된 것이 의료적 현실이다. 한편, 심층심리학 영역에서는 앞의 [그림 2-1]에서 본 바와 같이 참자기가 여러 종류의 원형 중에서 가장 심층 내부의 중심(center)에 위치해 있으면서 동시에 하나의 전체성(wholeness) 이미지로서 생명에너지의 역동적 과정을 가지고 있다. 융(1951: Chodorow, 1991에서 재인용)은 참자기 원형도 추상적 관념 같아 보이지만 에너지의 역동성을 가진 전체성 이미지로서 원시적 무의식의 자발성에 의해 일어나는 상징이며 읽히는 그 의미는 역사적으로 그리고 현실 속에서 실제로 존재하고 있으므로 선험적인 것이 경험적으로 보이는 것이라고 했다. 덧붙여 설명한다면, 인간이 자기 자신의 내부와 바깥세상을 인식하기 위해 선천적이고 본능적인 상상기능을 사용하여 상징적 인상을 형성하는 경험을 말한다.

그런 상징 중에서 가장 심층의 내부 중심에 위치한 참자기 원형의 역동적 생명움직임이 시각적으로 의식 차원에 비쳐지는 것이 만다라 이미지이다. 그 형태적 구조는 하나의 중심선(위/아래)과 그 중심 주위에 동서남북의 4방 구조로 단순화되어 만다라 형태의 6방향성의 구조를 가진 이미지로 설명할 수 있다. 6방향은 평면상의 동서남북의 4방향과 그 중심 수직축의 위/아래의 2방향, 부력/중력의 2방향을 포함한 것이다. 6방향의 역동적 생명움직임은 원심화와 구심화 방향의 움직임이 나선형으로 나타난다. 쉬운 예를 들면, 싱크대 하수도 물이 땅속 중력을 향해 내려갈 때 시계방향(clock wise: CW)의 닫히는 나선형 움직임을 나타내는 것을 볼 수 있다. 그래서 병마개, 나사못, 수도꼭지의 닫힘은 시계방향이고 열림은 시계반대방향(counter clockwise: CCW)으로 돌린다. CW 방향은 CCW 방향의 나선형 움직임이 위로 부력(levity)을 향해 공중으로 올라가는 열린 나선형 움직임을 보이는 것과 대조적

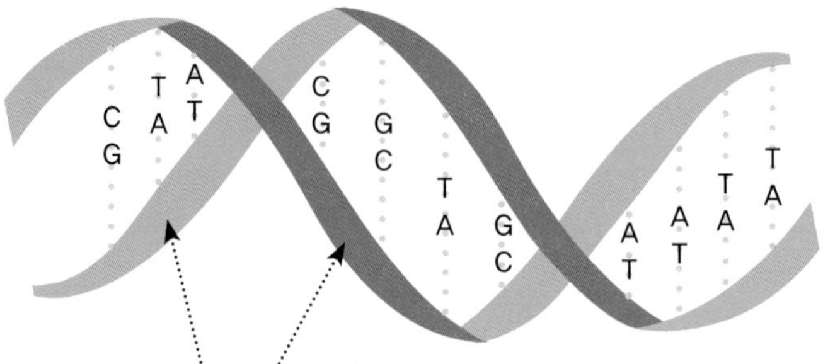

[그림 2-3] DNA 이중나선형 구조

이다. 만다라 서클이나 각종 민속무용에서 부력 방향 춤의 효과를 얻기 위해 CW 방향보다 CCW 방향의 사용이 보편적이다.

원시적 수준의 참자기 상징이 중심 주위의 4중 현상을 가진 만다라 이미지로 조직되는 원리에 대해 Stewart(1987)는 Osterman(1965: Stewart, 1987에서 재인용)의 DNA 분자의 4중 구조에 비유하여 설명한다. 즉, 세상 모든 생물의 핵심 중심부에는 네 개의 아미노산(아데닌, 구아닌, 사이토신, 타이민)이 이중나선형의 구조로 상호 혼합되는 변증론적 이중구조를 가진다고 하였다([그림 2-3] 참조).

DNA 4중 구조 연구를 발전시킨 결과, 이 원시적 내적 원형이미지의 4중 구조가 외적 삶의 경험에 투사될 때 네 개의 원시정서(슬픔, 공포, 화, 경멸/수치)가 형성되며 그 중심화(centerring) 기능을 하는 깜짝 놀람의 정서까지 합하여 다섯 가지 원시정서가 역동적으로 작용한다고 했다. 그리고 이 다섯 가지 정서가 심리 내적으로 각인된 이미지 및 의식생활상의 경험과 문화적 태도, 기능들까지 매우 진화되고 분화된 기능들이 현실세계에 나타난다(Steward, 1987)고 하였다(〈표 2-1〉 참조). 여기서 중요한 점은 생명의 중심부에서 일어나는 생명현상을 보여 주는 생명에너지 과정인 DNA 분자 합성과정은 이미지

〈표 2-1〉 원형적 정서, 이미지 및 의식적 생활경험

원형적 정서	내적 이미지/각인	의식적 생활경험
슬픔(sadness)	공허함	상실
공포(fear)	심연	미지의 것
화(anger)	혼돈	제한
경멸/수치(contempt/shame)	소외	거부

로 시각화된다는 것이다. 이 이미지들이 내적 원시정서들을 형성하고 이미지들이 외적 생활경험과 만날 때 신비한 관념세계에 남겨 둘 뻔했던 무의식과 정의 이미지 및 정서가 비로소 생물학적 차원에서 현실의식의 지각세계에서 만나서 통합된 완전한 경험을 하는 것이다. 이때가 인간이 비로소 자기와 세상을 만나서 나 자신과 세상을 동시에 알아차리는 순간이 된다.

만다라 이미지가 내적 생명현상으로 이미지화되는 것 그리고 제3장에서 논하는 내적 신의 원형으로서의 참자기 원형이 신화의 내용으로 이야기되는 것 이외에 일반적 문화예술의 경험으로 만다라 이미지의 핵심 요소는 6방향의 평면적 그림이미지로 분석된다. 특히 문화예술 영역과 만다라 미술치료에서는 평면적 그림 속에 에너지의 운동적 방향요소와 심리적 이야기의 내용들이 결합되어 표현된다. [그림 2-4]에는 만다라의 6방향이 단순하게 그려져 있다.

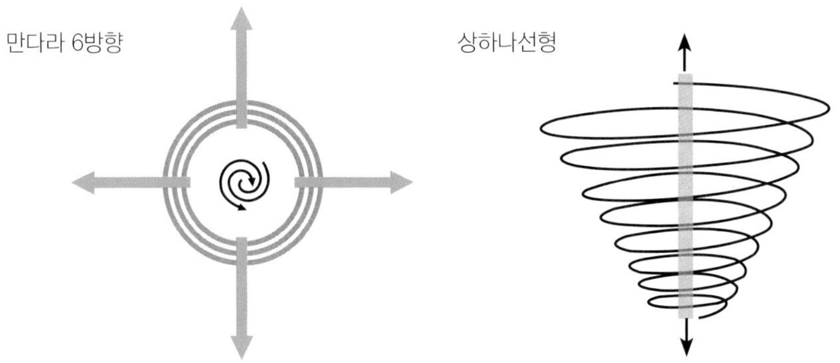

[그림 2-4] 만다라의 6방향

출처: Halprin (1987, p. 61).

이와 같이 만다라 이미지로 지각된 생명에너지 작용이 우리 인간의 정서와 이미지 및 생활경험으로까지 이어져 완성되는 과정에는 과학적 모델로 묘사되지 않고 만다라예술의 형태로 그리고 종교적 상징으로 신비하게 파악하는 표상적 차원이 훨씬 심층적이고 비가식적인 실재들이 숨어 있다. 인간의 정신세계를 마치 생명과학 차원 그리고 내적 영성 차원에서 만다라라는 형태의 예술이미지를 통해 우리 의식상에 보이게 함으로써 우리가 나 자신의 심층세계와 삶의 세계에 대한 알아차림과 통찰을 해내는 수단이 된다. 이렇게 얻은 통찰을 통해 우리는 만다라 이미지를 적용한 심리치료 및 예술치료를 가능하게 하여 더 강력하고 이상적인 치유와 성장의 가능성을 발견한 셈이다.

원형의 내용으로 이미지와 감정 그리고 에너지라는 세 요소는 심리치료와 예술치료기법에 적용되어야 할 중요 원리와 구체적 실천기법을 제공해 준다. 개인의 정서적 알아차림은 우선 교육과 치유에서 효과적인 접근방법으로 인지적 접근보다는 정서적 접근을 통해 성장 · 발달을 도모한다. 교육의 정의적 접근의 학습과 마찬가지로 모든 심리치료와 예술치료에서도 인간성의 치유와 변화에서 감정 및 이미지 수준의 알아차림이 없다면 아무 치유도 일어나지 않는다. 특히 표현예술치료에 깊이 접목된 세 수준의 알아차림의 실천과 그 표현방법도 신체감각 수준, 정서적 수준 그리고 인지적 수준의 알아차림으로 이루어진다. 예를 들면, '밥을 먹다가 갑자기 아들의 대학 등록금 납부에 대한 생각이 떠올라서(인지적 이미지 수준) 걱정이 많아져서(정서 수준) 한숨을 쉬면서(신체감각 수준) 숟가락을 놓고 전화를 걸려고 일어났다(행동 수준).'라고 표현한 글에서 우리는 여러 수준의 알아차림의 반응을 알 수 있다. 이렇게 매 순간 일어나는 알아차림의 실천은 표현예술치료와 심리치료의 핵심적 방법이다. 알아차림 중 특히 감정 알아차림을 신체적 수준의 몸감각이나 몸느낌을 통해 접근하는 것은 신체중심의 통합치유와 심층 무의식적 자료의 의식화에 대단히 효과적이다.

제3장

영성의 의식화

1. 상상심리학

융의 신화연구의 동기를 살펴보기 위하여 융의 원형연구를 통해 심리학의 연구를 개편한 Hillman(1975)의 상상심리학(imaginal psychology)을 이해할 필요가 있다.

Hillman(1975)은 융이 평생 연구해 온 원형을 재해석하여 원형심리학을 인지 차원의 상상심리학으로 대체시켰다. 인간의 환상 및 상상기능은 인간의 인지기능의 새로운 측면으로 인정하였다. Hillman(1975)이 제창한 새로운 심리학인 상상심리학은 수정심리학(revisioning psychology)이라는 이름하에 융의 원형개념을 명료화하기 위해 원형의 이미지 기능을 강조한 이미지심리학(imaginal psychology) 또는 심상심리학이라 할 수 있다. 이미 융의 원형의 정의에 포함된 인지적 측면의 원형이미지 이외에 동전의 양면 같은 원형적 정서 그리고 원시생명 수준에서의 에너지 현상까지 얽혀 있음을 이미 전술한 바 있다. 융의 심리유형론을 연구한 von Franz(1971, 한국MBTI연구소 역, 2014)는 심리유형론에 대한 결론에서 심리유형의 요인을 생물학적 현상에서 찾았기 때문에 인간의 생물학적 기능의 관점에서 리비도에너지 흐름의 방향성에 따라 외향성과 내향성의 태도로 분류하였다. 즉, 의식적 리비도에너지가 습관적으로 외부의 객체로 흘러 나가거나 반대로 에너지의 무의식적 행동이 주체에게 되돌아가는 일이 진행된다는 것이다. 이에 비해 의식적 적응을 위한 자아의 지각기능인 네 가지 직관/감각, 사고/감정의 기능 중 직관형과 감각형을 비합리적 유형으로 그리고 사고형과 감정형을 합리적 유형으로 분류하였다. 이 연구에서 객체나 주체를 지각하는 유형에서 감정을 비합리적 기능으로 보지 않고 사고기능과 대등하게 지각이나 판단의 중요 요인으로 간주하는 점에 주목해야 할 필요가 있다.

Hillman(1971, 한국MBTI연구소 역, 2014)도 감정연구에 대한 역사적 개관을 통해 정서를 사고, 감각, 직관과 동일선상의 의식적 기능으로 확립한 역사적 공헌을 융의 공헌으로 돌렸다. 즉, 융의 심리학에서 의식의 이해는 정서기능의 이해 자체이며 모든 중요한 심리적 개념, 예를 들면 내향성, 그림자, 원형, 참자기, 동시성 같은 것의 경험은 정서기능에 의한 것이라고 결론지었다. 결국 감정이 사고와 마찬가지로 합리적 판단 기능의 일종이며 감정기능이 우리 안에서 가치를 평가하는 중요한 심리적 과정의 합리적 기능이라고 여기는 이유는 가치판단도 일반적으로 이성의 법칙에 따라 정해지는 것과 마찬가지로 그 이면의 감성이 주요 요인으로 작용하기 때문이라고 정리하였다. 그러므로 오늘날 상담 및 심리치료에 찾아온 내담자들에게 "당신은 어떻게 느낍니까?"라고 감정을 묻는 것은 정서 및 감정 인식이 치료에서 주요 과정으로 여겨져서이다.

물론 원형의 내용으로 이미지와 정서가 동전의 양면을 이루었다 하여 그 밀접성을 인정했다 치더라도 인간의 삶에서 표현되는 문제해결적 창의성과 상상기능은 인지적 작업으로 나타난다. 즉, 정서기능을 도구로 삼아 정서이미지로 출현했다 하더라도 환상 및 상상 이미지 그리고 신의 이미지는 심리적 현실(reality)이라고 규정하였다. 이 심리적 현실로서의 신(神) 그리고 신화라는 서사시적 언어로 그려지는 신 이미지를 통해서 심층적 심리치료 작업과 함께 신화를 가진 종교적 치유도 가능하다고 했다. 그의 상상심리학은 이미지 형성능력을 매개로 하여 상상심리학과 신학을 연결 · 통합하여 치유와 인간 변화 및 성장을 타당화했다.

Hillman(1975)의 신화연구는 자신의 신화심리학을 뒷받침하는 역사적 사실을 광범위한 그리스 신화 연구에서 찾았다. 그리스 신화는 르네상스의 인간과학으로서 인간정서 영역에 해당하는 혼(soul)에 대한 지식의 근본적 기초라고 말했다. 그는 신화적 사고를 이용하지 않는 심리학은 치료에 실패한다 했다. 종교적 신념과 종교적 행위를 심리치료적으로 이용하는 종교체험 역시 혼의 체험현상이라 했다. 그의 결론은 치료가 정서로 시작되어 정서로 끝나는 작업이며 심층심리학은 혼의 심리학과 같다는 것으로, 그는 자신의 수정심리학(re-visioning psychology)이 종교와 신화연구 없이 일어나지 않았다는 것을 인식한 심리학이라 했다. 이는 원형심리학이 신이 내적 원형으로 존재했다가 의식에 출현하는 심리학이기 때문이라 했다. 즉, 인격화, 병리화, 심리화 등 치료의 모든 작업에서 결국 모든 다양한 개인의 인격이 신의 모습으로 드러나기 때문이라는 것이다. 이런 다양한 모습의 신은 곧 인간 영성인 내적 신이며 동시에 융이 언급한 참자기의 모습의 상태가 개인 내담자에게는 분화되고 현상화된 모습으로 드러난다는 뜻이다. 그는 우리 내담자와 치료자들이 인격의 문제를 영성과 관련해서 다루어야 함을 주장하였다.

2. 영성의 투사: 신화화

여기서는 어두운 심층 무의식 영역에 존재해서 의식에 알려지지 않았던 참자기(Self) 원형이 무의식의 생물학적 수준을 넘어 확대된 의식 차원에서 어떻게 신화의 모습으로 드러나는지 살펴보려 한다.

세계적으로 신화와 경전들은 인간정신의 결과물로서 인간정신의 상징으로 쓰여 왔다. 그러므로 원형의 상징적 표현을 이해하는 것은 인간정신의 구조를 이해하는 것과 같다(최명희, 2017). 융도 말년에 쓴 그의 자서전을 신화의 형식과 내용을 빌려서 마치 신화처럼 썼다(Jung & Jaffé, 1961, 조성기 역, 2007). 왜냐하면 그 내용에서 모든 다양한 인간 성격의 특징이 신격화되어 상징적으로 묘사되므로 신화는 신 이미지들로 이루어진 교과서라 할 수 있고, 신화에서 묘사되는 신격화란 다양한 인간정신의 원형이 신적 이미지로 투사된 것을 말하기 때문이다.

신의 원형은 인간의 신화적 관념이나 종교적 관념으로 이루어져 있으므로 현대인들은 신의 실체로 간주되는 영성 안에 살고 있는데도 불구하고 신의 실체가 시각적으로 잘 볼 수 없다는 이유 때문에 자기 신화를 잘 자각하지 못한다고 한다. 특히 상담자/내담자 사이의 전이/역전이 관계에서 신경증 환자는 신의 원형을 표현하는 신화적 상징의 결핍 때문에 마치 '길 잃은 양'처럼 참자기의 방향성을 잃고 헤매게 된다(Jung & Jaffé, 1961, 조성기 역, 2007). 그래서 현대인이나 신경증 환자 모두 자기 안의 정신내적 선택(inward choice)의 방향을 잘 개발하지 못하고 한 발짝 물러나서 문화적 신화나 민담이라는 렌즈를 통해 자기 선택의 방향을 잡게 된다(Feinstein & Kripper, 1988).

융은 영적 정신세계로 향해 가는 문을 활짝 열어 놓은 심리학자로 인정받고 있다. 융은 자신의 마음을 빼앗겼던 신화나 민담에 나타난 고태성을 띤 원시적 이미지가 꿈이나 환상처럼 시각적 이미지로 나타난 무의식적 원형임을 간파하였다. Welch(1982, 심상영 역, 2000)는 이미지를 심리상태와 관련된 그림, 초상 및 표상이라 정의했다. 이는 원형 속의 내용인 원형이미지가 무얼 상징하며 삶에 무슨 이미지를 주는지를 경험을 통해 감정과 이미지로 드러나게 하여 삶의 의미를 통찰하게 만들고 원형적 삶의 에너지는 삶의 태도와 행동으로 표현하도록 한다.

"신화적 이미지들은 우리 안에 있는 정신영적 사고 그리고 영적 이미지에 대하여 심리신체적 반응들을 관련시켜 만들어 내는 그림들(pictures)이다." (Goldenberg, 1979: Feinstein & Krippner, 1988에서 재인용) 그리고 모든 마음의 그림, 그것이 꿈, 환상 혹은 생물학적 본능의 자료이건 간에 이 무의식적 자료에 대해 상상을 통해 예술적 형태를 부여하는 것이 예술치료과정이다.

Jaffe(1999, 심상영 역, 2010)는 심리학적 차원에서 연구된 영성이란 인간 내적 속성으로 간주된 참자기(Self)라는 내적 신(inner god)이 바깥세상에 외현화된 것을 '신'이라는 의미로 사용하였다. 또 Brown(2004)에 의하면 정신통합심리학은 동양사상과 실존주의 심리학과 융의 참자기 개념을 통합하여 초월자기(Self)의 개념을 도출하였고 이를 우주적 존재라 칭하였다. 그리고 영성 차원의 초월자기는 개인 차원의 '나(I)'라는 소우주를 통해 그 특성을 표현하고 있다고 하였다. 그러므로 융 학파의 영성연구에서는 인간 전체성을 파악할 때 신체/정서/인지의 3차원 이외에 4차원의 영성존재까지 포함하였다. 이와 같은 전체성 인간이미지에 의해 정신통합 상담과 심리치료의 목표는 세상의 요구에 맞춰 살아남기 위한 변화 차원을 넘어 영적 경험을 일상생활에 통합시키면서 참자기 실현(Self-actualization)을 하는 것이라 하며 이를 자아 중심의 자기실현과 구별한다.

융의 참자기 원형은 여러 종류의 원형 가운데 가장 중심적 원형이다. 그러므로 다른 원형의 개념과 마찬가지로 참자기 원형의 구조와 내용 역시 우리 의식에 알려지기 어렵고 의식과의 대화가 불가능하다는 것이 그 본질이다. 그래서 우리 무의식과의 대화방법의 한 가지로서 신화를 통해 상징적으로 의사소통함으로써 우리 인간의 진정한 정신원형이 무엇인가를 알자는 것이다. 무의식적 참자기의 원형은 우리 안에 있는 내적 신이라고 일컫는 신의 이미지가 신화에 투사되어 신화의 내용을 이룬다. 우리는 신화에 투사된 신의 이미지를 통해 상징적으로 신의 의미를 알 수 있다.

내적 신인 참자기 원형이 이미지로 투사되어 의식에 알려지는 경우와 관련시켜 Hillman(1975)의 원형의 두 방향에 대한 정의를 인용함이 적절하다. 그는 원형이 한편으로는 자기 자신의 심층 내부로 향하는 관점과 다른 한편으로는 의식이 확대되어 세상 밖으로 향하는 관점의 두 가지 방향을 가진다고 말했다. 참자기라는 우리 의식에 잘 알려지지 않는 내적 신의 존재, 즉 인간 영성의 실체는 의식이 확대된 바깥세상의 삶에서는 신화 속에 묘사된 신 이미지로 외부에 투사된다. 심층 내부의 어둠의 영역으로부터 빛이 환한 의식의 세계에서 확대된 의식을 가지고 신의 개념을 통해서 신격과 동일시되는 인격을 동시에 이해하자는 것이다. 그 반대로 인간의 성격 특성의 일부분을 의인화하고 신격화시켜 우리 자신의 특성을 이해할 수 있다. 만다라 이미지의 형태가 어두운 인간 내면 영역에서 벌어지는 DNA의 본능적 생명원리를 원시적 이미지로 그려 낸 마음의 그림(mental picture)이라면, 이와 반대방향에 투사된 다른 이미지로 신화에 그려지는 신 이미지를 보게 되는 것이다.

융의 원형 중 대표적인 것으로 남성 속에서 발현되지 못하고 묻혀 버린 여성의 전형적 특성을 나타내는 아니마 그리고 여성에게 발현되지 못하고 묻혀 버린 남성의 전형적 특성인 아니무스를 들고 있다. 그 외에도 원형이미지는 어머니, 악마, 천사, 영웅, 처녀 등 수없이 많다. 우리는 인간의 성격뿐 아니라 우리가 경험하는 사물이나 사건에 대해서도 이미지를 형성할 수 있기 때문에 원형의 다양한 파생적 의미와 그에 따르는 감정을 경험한다. 이런 관점에서 다양한 신의 성격은 인간 성격의 특징을 갖고 있으며 인간 성격의 특징을 의인화해서 묘사한 것이다. von Franz(1972, 이부영 역, 2016)는 융이 그림 이미지로 그렸던 만다라 꿈과 환영들은 『레드 북』에 나타난 바와 같이 신의 형상으로 인격화한 것이라 했다. 인격화된 신화라는 Hillman(1975)의 생각에는 융 원형의 대극적 사고가 들어 있다. 즉, 무의식과 대극화된 의식적 자아는 무의식을 의식화하기 위한 자율적이고 독립적인 콤플렉스처럼 보이지만 그 파편화된 자아이미지들을 의인화시켜 대화하는 것이 신화라는 것이다.

그래서 우리가 이해하는 무의식적 원형의 수많은 파편과 조각은 원형의 현상화 또는 부분화라 할 수 있지만, 이 수없이 분화되고 쪼개진 원형을 다시 대극적 한 쌍으로 직면시켜 전체로의 합일을 지향하려는 것이 신화치료의 목적이다. 그러기 위해 신화나 민담을 이야기로 접하는 것을 통해 투사적 동일시를 일으키고 정서 및 에너지 충만을 경험하는 것이다.

3. 예술적 투사

Campbell과 Moyers(1988)는 인지기능의 최고기능인 상상기능과 인간 유기체의 기본 생명력인 에너지를 정신원형의 에너지의 측면으로 연결시켜 신화를 우주의 움직임으로 이해하였다. 그는 신화의 개념을 예술적 은유를 사용하여 정의하였다. "신화는 우리 인간의 신체에너지가 고무되어 춤출 수 있도록 만드는 우주의 노래이며, 음악이고 상상의 노래이다."(p. 27) 신화의 정의에 여러 가지 예술적 은유표현이 있어야 하는 이유는 신화라는 무의식의 자료 역시 예술적 형태나 이미지를 부여함으로써 개인의 감정 그리고 의식 영역에 다가 갈 수 있기 때문이다. 인간의 지각적 특성인 시지각의 우세성 때문에 그림이미지를 우선시하지만, 예술적 표현에서는 청각 표상에 의한 청각적 이미지 그리고 동작예술에 의한 동작적 이미지도 감정 접근에 강한 영향력을 발휘한다.

원형에서 나타나는 두 방향으로의 이미지와 관련하여 참자기 원형을 다시 한 번 말한다면 내적 신(inner god)이라 일컫는 참자기 원형은 세상 속에서 나타날 경우 신화라는 시문학적 형식으로 신 이미지가 가시화될 수 있다. 우주 및 인간 신체의 생명에너지에는 음악과 춤의 요소가 포함되어 있기 때문에 우리는 신을 노래하고 춤추고 그림으로 그릴 수 있다고 하여 신화연구를 위해 노래와 춤이라는 예술적 방법론을 제시하였다. 그러므로 신화치료를 위한 예술적 방법론은 신 이미지의 표현방법으로 그림, 동작, 음악, 서사시적 표현 등 각종 예술매체를 사용하는 것을 말한다. 그 매체적 방법의 하나로 심층 내부에서 생명에너지의 역동성을 가시적 이미지로 형태화한 것이 바로 만다라 이미지였으므로 참자기의 에너지 역동을 춤동작으로 표현하는 것은 생명에너지 현상과 우주에너지 현상의 일원적 표현의 강력한 가능성을 준다.

Chodorow(1991)는 여러 가지 원형의 내용이 들어 있다는 집단무의식을 문화무의식과 원시무의식의 두 범주로 나누고 있다. 신체 수준의 본능적인 보편적 생리기능은 원시무의식에 들어 있으나, 문화무의식에는 사회·문화와 제도 그리고 종교적 다양성과 관련된 특성이 포함되어 있으므로 민족과 종교에 따라 매우 다양하다. 그러므로 융 심리치료에서 치료적으로 중시하는 집단무의식 중에서는 원초적이고 본능성이 강한 원시무의식에 접근하는 것이 보다 강력한 치료 효과가 있다고 보기 때문에 가장 심층 무의식의 원형을 이용하여 이미지, 정서, 에너지 측면이 통합된 심신통합 예술치료를 실천한다. 심신 통합 심리치료학파나 각종 예술치료 및 표현예술치료에서는 비언어적 행동이나 신체 움직임과 연결된 이미지와 감정의 알아차림과 통찰이 곧 삶과 연결된다는 원리를 일관성 있게 실천한다.

융 학파 춤동작치료를 통해 Chodorow(1997)는 내담자와의 춤동작치료 회기를 마친 마지막 단계에서 흔히 만다라 이미지의 특성을 가진 동작이 자연발생적으로 일어남을 관찰하였다. 그녀가 이름 붙인 자아-참자기 축(ego-Self axis)동작의 특성은 강한 중심축을 가진 나선형과 기하학적 형태를 띠는 움직임으로서 중심화/탈중심화의 양극성 리듬 있는 파동을 반복적으로 나타낸다 하였다. 이러한 만다라동작 역시 내적 생명의 이미지를 드러내는 동작으로 만다라 형태의 동작과 함께 리듬(rhythm)과 박자(beat)의 음악적 특성이 있다고 관찰했다. 신화라는 영적 이미지의 교과서와 달리, 융 학파 춤동작치료에서는 심신에너지를 동작으로 그리고 이미지와 감정을 함께 표현한다. 물론 신화치료에서 춤동작표현은 미술, 춤, 시적 글쓰기, 음악적 요소, 치유의식들을 모두 이용하여 신 이미지를 예술적으로 표현할 수 있다.

만다라 이미지 형태로 표현된 참자기 이미지는 흔히 완전한 전체성을 가진 둥근 형태의 원형으로 대변되기도 한다. 그러나 엄밀히 말하면 DNA 합성 에너지의 역동적 이미지 형태는 물리학의 추시계 운동이나 아원자들의 움직임의 타원형적 형태와는 다르게 앞서 설명한 바와 같이 나선형이다. 그러므로 전체성의 원형이미지는 서클이라기보다는 나선형 이미지가 더 기본적이다. 생명의 근본작용이 나선형의 과정이고 이 나선형의 과정은 완전한 서클로의 완성을 지향할지라도 여러 가지 형태로 분화되고 구현되어 나타날 것이다. 즉, 나선형의 역동과정에서 수많은 곡선을 가진 생물과 무생물의 아름다운 예술적 형태들이 탄생됨을 볼 수 있다. Chodorow(1991)는 자연적이고 신비적인 형태를 가진 신, 악마, 고유하고 개성 있는 인간 모습, 동물, 물고기, 식물, 돌이나 무기물의 형태 등은 우주적 상징을 가진 정신의 총체성의 현상주의적 구현이라 했다. 또 다른 중요 원형의 예로 아니마(여성성)와 아니무스(남성성)의 원형이 형태적 이미지로 나타날 때는 여성은 곡선적 성질의 원형이고 남성은 직선적 성질의 원형이며 통합된 성질은 양성성이라 한다. 이 세 가지 성질이 각각 원형과 그 이미지로 다양한 모습을 나타낸다 할지라도, 진정한 생명에너지의 움직임 형태는 곡선적이고 정서적 성질의 아나마가 그 바탕이라 했다.

이런 융 심리학적 견해는 자아의 의도적 행동으로 나오는 '내가 움직인다(I move)'라는 의식적 차원의 움직임이 아니라 자연발생적으로 나타나는 무의식적 차원의 '내가 움직여진다(I am moved)'라는 진정한 움직임이라 하여 동양의 도교(taoism, 道敎) 사상과 일치한다(Whitehouse, 1999b). 우리는 대한민국의 국기인 태극기 속에 아름다운 태극만다라 무늬가 있음을 안다. 이런 만다라 곡선 형태의 아름다운 움직임이 앞서 언급한 DNA의 생물학적 에너지 운동의 이미지이기에 과학적 배경의 지지가 확실함을 더해 준다. 그리고 우리나라 민속무용뿐 아니라 모든 문화권의 민속무용, 특히 스코티시 포크댄스

속에는 만다라 형태의 움직임이 뚜렷하다. 예를 들면, 원형으로 집단을 형성하는 것은 물론이거니와 태극 무늬, 무한대 8자, 나선형의 걷기와 달리기 등의 형태를 나타낸다. 이제 더 이상 만다라 이미지와 만다라 움직임에 대해 종교적이거나 문화적인 편견이 있을 수 없다.

만다라 이미지가 역사적으로 종교 및 문화적 이미지로서 전해져 오늘날 현대인의 삶에서 예술 및 문화적 삶의 취향으로 유행하고 있는 일상적 사실 이외에도 모든 의학 서적에서 DNA 이중나선의 아미노산 합성과정을 설명하는 이미지로 쓰이고 있다. 이것은 인간의 시각능력과 현미경이나 엑스레이 촬영의 방법보다 더 아름다운 색채와 나선형의 꼬임을 나타내는 이미지의 방법이 과학적 사실을 설명하는 데 더 효과적임을 말해 준다. 강조하고 싶은 점은 물리학의 과학적 진리 관찰방법의 주체는 인간정신과 영혼이므로 정신 및 영혼이 몰입하여 참여해서 관찰하지 않으면 과학적 진리는 얻을 수 없다는 것이다. 이 방법은 명상적 방법과 똑같아서 이 두 가지 방법의 연구에서 발견된 진리 역시 같은 것으로, 물질 및 정신의 기본 실체는 존재의 이중성, 입자/파동(빛, 에너지)을 밝힘과 동시에 이 두 요소가 분리되지 않은 일원적 존재라는 것이다. 이런 연구과정에서 나타난 이중나선형의 꼬임은 우리의 생명과 영혼의 신비를 알려 주는 과학적 사실이지만, 이는 과학적 방법의 범위를 넘어선 융 학파의 경험심리학의 업적이기도 하다. 경험적 방법의 심리학이란 인간 본능의 생리기능인 상상기능에 의해 원시무의식적이고 집단무의식으로 경험한 심리학으로, 보편적 사실에 해당한다.

4. 개인신화화

그리스 신화에 나타난 신들의 이미지는 인간의 성격만큼이나 다양한 성격으로 묘사된다. 치료 상황에서 신 이미지들을 이용하려면 선택된 특정한 신

이미지가 개인 정서로 충전되어 투사되어야 개인의 인격으로 소유화된다. 정신분석학자 최영민(2018)이 연구한 상담관계과정에 의하면 내담자가 상담자에게 투사적 동일시(projective identification)를 한 후에 이를 다시 재내면화(re-internalization)하는 현상이 일어난다. 내담자가 자신의 어린 시절 부모-자녀 관계에서 습득한 성격의 특정 부분을 상담자에게 전이하고 상담자는 내담자에게 역전이한다. 이 과정에서 일어나는 전이/역전이의 순환적 치료관계는 내담자/상담자 모두에게 위험한 결과를 초래한다. 이 위험성을 대신하기 위해 상담자와 내담자 사이에 범퍼 역할을 하는 신화라는 문학 예술매체를 치료적으로 사용한다.

만약 신화라는 치료 예술매체를 사용할 때에는 내담자가 자신의 특정 인격을 신 이미지에 투사적 동일시를 하는 심리내적 상태를 가진 후 자기의 성격 특성을 신적 대상에게 투사한다. 그리고 이 신적 이미지를 사적으로 통제하고 창조하여 재내면화한다면 신 이미지와 개인 간의 매우 개별 현상적 치료관계를 이룰 수 있다. 만약 자기 자아의 일부가 신과의 개별적인 관계에서 나타나는 투사적 동일시를 통해 재내면화되지 않는다면 신화의 신격과 개인의 인격은 별개의 이원적 개념이 되어 심리치료와 아주 관계가 없어진다. 이 경우 신화는 치료와는 분리된 별개의 외부 문화의 일부인 문학작품이 되고 만다. 그렇게 되면 개인이 신과 아무런 관계를 가지지 못하고 신과 소외되고 신 이미지와 영적 감정도 결핍된다. Edinger(1984, 김진숙, 김소영 공역, 2016)는 현대인을 담아 줄 신화의 상실이 개인과 사회의 고통의 원인으로 작용한다 하여 새로운 개념의 신화의 발견이 필요하다고 지적하였다. 애당초 융도 처음으로 현대인의 문제가 신화의 부재에 있음을 공언하였고 그가 자신의 신화를 찾아낸 것같이 우리 현대인도 개인 자신만의 새로운 신화를 찾아야 한다고 강조했다.

Hillman(1975)은 신화를 적용한 심리치료가 가능한 이유는 어떤 종류의 치료이든 간에 치료는 개인의 정서로 시작되어 정서의 변화와 성장으로 끝나며

치료 가운데 일관되게 일어나는 심리적 전이와 투사의 한가운데에는 정서기능이 자리 잡고 있어서 치료의 중요 기제로 다른 어떤 설명도 적절하지 않다고 했다. 그러므로 결국 개인 신화치료에 있어서도 특정 신 이미지와 결합된 정서 그리고 원형정서가 가족구조 내에서 정교하게 발달되어 나타나는 콤플렉스 정서를 사용하지 않고는 어떤 치료도 효과적이지 못하며 개인의 정서중심의 신화치료를 통해 인간 치유와 인간성의 변화 · 성숙이 가능하다는 것이다.

정신분석 관점에서는 상담자/내담자 간의 상호 개인 정서패턴의 전이/역전이가 일어난다고 보지만, 이를 융의 분석심리학적 관점에서 보면 상담자/내담자 간의 환자원형의 역동이 작용할 수 있다. 반면에 상담자/내담자 간에 상호 치료자원형이 작용할 때 치료의 극대화가 일어난다. 이 경우 상담관계에서 자기표상과 대상의 표상이 이미지로 작용하여 치료의 중요 매개체로 작용한다. 신화치료에서도 마찬가지로 인간의 상상기능(창조기능)에 의해 표현되는 이미지를 활용하여 스토리텔링을 하는 것이 치료를 가능하게 한다.

개인이 융의 참자기 실현을 지향하는 개성화(individuation)과정도 개인 고유의 현상주의 치료과정이기 때문에 개인적으로 영적 영역에 다가갈 수 있다는 의미가 있다. 이 고유하고 독특한 방법의 성장치유를 통해 더 높은 초월자기로 향할 수 있다는 의미로 보아, 개성화과정은 정신통합의 참자기 실현방법과도 유사하다. 그래서 치료에서의 신화개념의 보편성은 절대 보편성이라기보다 개인 고유의 현상으로의 개인 신화로 들어가서 자기 인격을 만나기 위해 그 다양성을 담아내는 집단무의식으로서의 큰 틀로 작용할 뿐이다.

동작중심 표현예술치료의 영역에서도 신체부분 은유작업이라는 프로그램을 신체신화(body mythology) 작업 또는 자기신화(self mythology) 작업이라 칭하고 있다. 그 작업방법으로 예술적이고 놀이의 특성을 가진 자기의식(self ritual)을 사용함으로써 개인의 트라우마 및 깊은 상처를 극복하여 치유 · 성장하는 개인 영웅적 모습의 치료여정을 촉진한다. 이 과정에서 배경원리로 작용하는 융 분석심리학적 사고는 신체부분이 가지고 있는 신체생리적인 특성과 그 기능에 따르는 심리적 은유개념 역시 인간 원형의 보편적이고 무의식적인 집단무의식임을 전제하고, 집단무의식이라는 큰 틀 안에서 개인현상의 개인무의식적 콤플렉스 작업을 시작한다. 이 작업은 매우 분화 발달된 개인작업의 현상화와 알아차림을 계속하는 과정중심의 작업이지만 예술과 의식의 통합방법은 개인의 치료과정을 매우 영웅시하고 신성시하므로 마치 개인신화의 스토리텔링과 같다.

우리가 흔히 개인치료를 위해 신 이미지를 이용하는 신화치료에서 신으로부터 얻을 수 있는 가장 큰 선물은 자유라고 한다. 특히 상상하는 자유인데, 이는 정서적 억압이 없는 정서적 자유를 말한다. 그래서 내담자는 특정한 신의 개념으로부터 받을 수 있는 정서의 자유를 통해서 강한 치유에너지를 받는다. 그래서 내담자중심의 진정한 현상주의 관점의 치료에서 보면 신화치료에서 말하는 정서적 자유의 억압은 Freud의 방어기제 중 하나인 정서적 억압의 개념과는 다르다. 원형적 관점에서 억압의 내용이 신적이든 또는 개인적이든 간에 결국 무의식적 환상과 상상 이미지로 나타나서 현실에 투사되기 때문에 억압의 실체와 내용은 사라지지 않고 그 모습을 바꾸어 에너지의 변환 및 상징의 변환으로 다시 드러내기 때문이다. 특히 예술치료 기법을 통해 나타나는 꿈과 환상 이미지는 그림, 동작, 특히 손 제스처, 소리, 리듬, 대화 등을 통해 무대예술과는 질적으로 다른 예술적 자기상징으로 변환된다. 이에 대해 표현예술치료자인 Knill(1999)은 상상적 현실(imiginal reality)이 엄밀한 현실보다 더 현실적이라 말하였고, 보이지 않는 현실은 어느 날 갑자기 보이는 현실을 하루아침에 무너져 버리게 한다고 경고하는 심리학자도 있다. Johnson(1988)도 적극적 상상의 세계는 현실보다 더 현실적이라 하면서 상상에 의한 경험의 적극적 변형(active transformation)은 심리치료에 매우 강력한 힘을 발휘하는 현상학적 사실임을 제시하였다.

Kossak(2016) 역시 신화연구의 효과에 대해 언급했다. 각 개인에게 내적으로 각인된 이미지가 무엇이든지 간에 그 각인된 이미지가 예상치 않는 방향의 상징으로 나타나고 치료상황에 작용한다고 했다. 그는 Campbell과 Moyers(1988)의 신화연구를 통해 신화의 기능을 다음 네 가지로 요약하였다.

첫째, 우주 측면의 신비성에 대하여 경외심과 감사의 감각을 깨우고 유지시킨다. 둘째, 시간, 과학 그리고 신화를 표현하는 민속행동에 대한 지식과 조화로운 우주이미지를 제공한다. 셋째, 주어진 특정한 도덕적 질서 규준을 타당화하고 지지하고 각인시키는 기능을 한다. 넷째, 유용한 삶의 전체과정을 예견할 수 있는 조화로운 영성과 건강의 단계로 안내한다.

이와 같은 신화의 기능은 신화 속에 외현화한 신 이미지들이 치료적 상징을 제공함으로써 긍정적 기능과 막강한 치료적 힘을 제공한다. 여기서 치료와 구원의 막강한 힘으로 작용하는 예수신화에 대한 융의 언급(Jaffe, 1999, 심상영 역, 2010)이 흥미롭다. 융이 1937년 10월 예일 대학교에서 했던 '심리학과 종교(Psychology and Religion)'라는 연설이 소개되었다. 그 내용을 요약해서 말하면, 인간이기도 하고 신이기도 한 예수신화의 진실은 예수가 미혼모의 사생아로 태어나서 세상의 악과 편견 가운데에서 받은 고통과 고난을 상상하게 한다. 이 고통과 고난에 대해 융의 무의식의 보상이론(compensation)에 의거해 받아야 할 보상이 예수님에게 주어진다면 그것이 바로 하느님과 동일한 신적 존재가 된 것 이외에 다른 무엇으로 보상이 가능하겠는가라고 묻고 있었다. 이러한 융의 설명이 예수에 대한 신성모독이 아니라 우리가 영성과 신에 대해 제대로 이해하기 위한 설명이라고 했다. 즉, 인격이 신격화되고 신이 인간존재로 현상화되는 것으로 이해된다.

심리치료 연구에 나타나는 신화적 사고의 예를 들면, 이미 Freud는 콤플렉스를 설명하기 위해 오이디프스 신화를 사용했고, Adler도 그의 개인심리학에서 신체적이고 심리적인 개인적 열등 콤플렉스의 극복과 사회적 적응을 위해 그리고 사회적 능력과 사회적 힘을 성취하기 위해 개인의 성장 · 발달을 긍정시하는 영웅 같은 과정의 사적 신화(private mythology)는 개인의 성장발달에 강력한 힘을 발휘한다고 하였다(Seligman, 2006, 김혜영 외 공역, 2011). 이런 영웅여정을 신화적으로 비유한다면 개인 내면의 무의식적 자료에서 비롯된 정서적 콤플렉스를 해결하기 위해 개인 고유의 자기신화 방식으로 접근하도록 돕는 데 신화치료의 보편성과 치료적 힘을 제공한다.

신화 이미지의 현상화에 입각해서 내담자중심의 개인신화(personal mythology)란 용어가 처음 등장한 것은 1956년 Ernst Kris라는 정신의학자에 의해서이다. 심리치료에 적용되는 신의 이미지는 신화 속에 묘사되었던 신의 이미지가 각 개인의 어두운 무의식세계로 하강한 것이다. 이 개인신화란 용어는 환자에게 치료 효과를 지속시키는 데 필요한 어떤 특정한 인간 성격의 요소를 밝히기 위해 사용한 것이다. 신화라는 문학 속에 나타난 신 이미지를 이용하여 깊은 내적 현상으로서의 자기신화를 자각하는 일은 자기 문화권이 아닌 다른 문화권에서의 타인의 렌즈로 보는 여러 신화를 통해 개인을 치료하는 것과는 달리 우리의 사고, 정서 및 행동 형성에 보다 직접적으로 치료적 영향을 주는 일이다. 이와 같이 투사적 동일시가 된 자기상징을 이용한 내적 신화작업을 통해서 인간의 내적 진실의 개념을 밝히고 내적 성장을 돕는 일이다(Feinstein & Krippner, 1988).

개인신화라는 현상주의 치료과정과 관련하여 Hillman(1975)은 신화적 사고로 나타나는 개인의 내적 진실에 대한 범신론적 견해를 수용한다. 치료현상에서의 범신론적 사고는 융의 대극적 견해에 따라 여러 가지 양극적 원형의 쌍과 그 쌍들의 양극성 사이의 중간 영역에 무수히 존재하는 원형의 파생적 형태와 의미를 수용하는 것과 동일하다. 즉, 개인신화라는 잡다하고 상상적인, 심지어는 거짓 신적인 이미지를 통해 병리현상들마저도 병리적으로 진단하지 않고 정상적 정신과정 속에 수용한다. 그리고 이 과정에서 보편적 정향성을 가진 중심된 통합의 원형인 참자기 원형이라는 내적 신 이미지를 사용하여 대극적 양극을 연결 · 통합하는 일은 주관적 개별성과 보편성을 연결하여 통합하기 위한 것이다.

이와 같이 어두운 심층심리의 신체생리기능과 최고의 의식 영역에 위치한 신화 이미지 사이에서 인간의 정신세계에 존재하는 다수의 신의 개념 그리고 개인 내적인 영적 세계의 참자기라는 내적 신과의 통합에 이르는 과정에서 싱징으로 사용된 신 이미지의 의미와 형태, 내용을 이해하고 소통한다(Hillman, 1975). 이러한 신화의 세계는 과학의 영역을 넘어서는 것이며 종교의 영역에서 심리학의 영역으로 옮겨지고, 그 심리작업은 다시 심리학에서 신학으로 이동하면서 인간의 정신원형의 원천들인 신 이미지들이 스스로 형태와 존재를 드러내게 하는 것이다. 융의 참자기 원형 역시 개인적 신 이미지를 통해 형태와 존재를 심리적 이미지(mental image)로 드러내므로, 개인이 직면하는 신 이미지는 현상학적 범신론의 신 이미지와 주관적 경험으로 동일시된다(Walker, 2002, 장미경 외 공역, 2012).

5. 신화치료에 대한 고려

신화치료의 신비하고도 강력한 효과에 반해서 신화치료에 따르는 어떤 위험과 부적절성을 고려해야 할 차례이다. 이런 고려는 신화치료가 원형이라는 인간의 정신구조를 의식의 영역에 투사해서 인간을 이해하는 작업이므로 원형의 특징인 양극적 대극을 상정하고 제3의 화해와 통합에 이르는 작업이다. 만약 대극성의 어느 한 방향으로 빠지거나 치우침에서 벗어나지 못하고 내적 통합에 이르지 못한다면 원형이라는 막강한 힘을 가진 대극적 신들의 투쟁이라는 현실적 위험성이 있을 것이다. 이 신들의 내적 갈등과 투쟁은 현실의 삶에 투사되어 우리가 살아가는 세상마저 신들의 전쟁으로 인해 불행으로 이끌 것이다. 영적 세상의 통합을 지향하기 위해 신화치료의 몇 가지 위험성을 고려해 보겠다.

1) 선/악의 대극성

우선 첫째로 신의 원형으로 간주되는 선/악의 문제이다. 워낙 인류의 인간성의 오래된 문제이므로 아동의 사회성 및 도덕성 발달에서뿐 아니라 치료의 윤리성과도 관련이 있다. 앞서 융의 적극적 상상의 과정에서도 최종단계에서 성취해야 하는 윤리의 문제로 간주되었다.

이부영(2018)은 이 시대 우리 사회의 문제점과 관련하여 참자기 원형기능과 같은 자아의 초월적 기능이 결핍되어 있음을 지적하였다. 융이 정신의 대극합일을 위해 전제한 대극적 긴장과 갈등이 두 대극의 상황을 뛰어넘어 제3의 합일로 나아가지 못하고 대극적 반전만 계속됨을 우려하였다. 가장 치열한 대극의 갈등은 종교적 선과 악의 체험에서 드러난다. 이에 대해 융 분석심리학자인 김정택(2018)은 「선과 악: 신 안에서의 대극」이라는 논문을 통해 신적 윤리성에 대한 참조의 틀을 제공하였다. 즉, 악의 비실재성을 가진 선하기만 한 신성이라는 종교적 관점에서의 신의 개념과 인간 심층심리의 구조 속에서 분석심리학의 특징인 신 원형의 대극적 한 쌍으로의 '선과 악'에 대해 논하였다. 융의 관점으로 본다면 진정한 선(good)이 존재한다면 대극적 한 쌍의 원형개념으로서의 진정한 악(devil)이 당연히 존재한다는 것이다. 이 두 가지 대극개념하에 선의 실재성과 악의 실재성은 현실의 삶 속에서 무수하게 분파/분화되어 현상학적으로 선과 악이 파생적으로 존재한다는 의미로 보아 원형과 원형의 끝없는 현상학적 파생을 인정하였다. 그래서 내적 신이라 일컫는 참자기라는 이름하에 빛과 선 그리고 그림자와 악이라는 대극적 한 쌍의 원형이 있다. 통합된 참자기 원형에서는 이상적 신의 인격과 동시에 신의 부정적 성격의 체험이 있음을 확인하게 하였다.

융(1950, 김세영, 정명진 공역, 2016)에 따르면 만약 예수 그리스도를 참자기 원형과 동일시하는 관점에서 종교를 본다면 사랑과 자비의 신은 마치 참자기 원형이 선/악 대극이 합일된 측면으로 보지 않고 원형의 반쪽인 긍정적 속성만 표현하는 셈이 된다. 그리스도교의 신성 역시 악의 비실재성에 의해 삼위일체의 신성만을 인정하므로 어두운 속성은 빠진 것이다. 김정택(2018)은 신성만 강조하는 종교적 삼위일체설과는 대조적으로 선과 악이 대극적인 한 쌍이라며 악의 실재성을 인정하는 심리학의 사위일체설은 신의 어두운 그림자 측면을 포함하는 것이라 했다. 심리학에서 대극합일의 전체성을 성취하려는 변증론적 과정으로 절대 신성의 삼위일체설뿐 아니라 그림자 영역의 악의 존재도 마찬가지로 가치가 있다고 하였다. 현실적 삶에서는 실제로 악이 개인적 삶에서 어떠한 관계를 가지고 얼마만큼 개인 삶에 영향을 주는가가 더 중요하다고 논의하였다. 이러한 논의는 선악의 대극적 한 쌍이 합일의 제3의 단계로 나아갈 수 있는 기본 전제로서의 필요성을 말하고 있다. 한편, 선악의 인과율적 관계에서도 선악의 극명한 이해를 위해서 그리고 극명한 대극적 이해가 결여된다면 인간의 의식의 영역은 본능의 지배에 의해 Freud가 말하는 눈먼 왕 쪽으로 미혹된다. 그래서 절대선의 개념인 삼위일체의 가치와 신념은 선악의 대극합일을 위한 전제단계뿐만 아니라 대극합일 이후의 제3의 단계에 와서도 인간성의 방향등이 되어 다시 선악의 대극 쌍의 또 다른 전제가 이루어져야 우리가 변증론적 통합단계를 계속할 수 있기에 삼위일체와 사위일체의 두 가지 정신구조가 필수 불가결하다고 볼 수 있다.

Ogden과 Fisher(2015)는 『감각운동 심리치료(Sensorymotor Psychotherapy)』라는 저서에서 개인이 트라우마와 애착의 문제로 인해 자아가 정신구조에 통합되지 못하는 경우에 현실적 삶의 현장에서 최적적응이 효과적이지 못하고 해리와 분리의 위험성이 있다고 말했다. 특히 트라우마에서 나오는 무의식 수준의 동물적 방어기제와 일상적 적응은 비록 그 통합의 수준이 개인적 자아의식 차원일지라도 분리되고 해리된 자아의 부분들이 상호 제지와 방해를 통해 지금-여기에서의 현재적 알아차림을 망치게 된다고 했다. 결국 자아-참자기로의 통합의 연속적 상태에서도 과거 애착대상과의 경험에서 비롯된 거짓자아인 내가 아닌 나(not me)는 높은 통합과정에 이르지 못하도록 만든다.

2) 문화적 남성성/여성성의 병리

둘째로 고려해야 할 것은 원형의 대표적 내용으로 손꼽는 심리적 남성성/여성성과 그 통합인 심리적 양성성과 관련된 문제이다. 전통적 문화에서는 의식세계의 차원에서 남성에게는 남성성을, 여성에게는 여성성을 사회적 역할로 규정하고 도덕규범으로 만든다. 그리고 남성성/여성성의 조화로운 통합인 심리적 양성성은 전통적 문화 고정관념과 위배될 뿐 아니라 부도덕적인 것으로 여긴다. 우리 모두는 이상적인 남성성과 여성성을 추구하므로 전통적 문화의 고정관념은 여성이 여성답지 못하거나 남성이 남성답지 못하거나 그 밖의 여러 성격적이고 행동적인 특성의 보편성에 어긋나면 쉽게 도덕개념으로 연결시킨다.

보편적인 성역할 개념은 사회문화적으로 규정되어 개인의 성격적 차원인 자아개념과 성격정체감으로 내면화되어 사회적 역할 및 직업적 역할에서도 동일시를 나타낸다. 더 나아가서 문화라는 이름으로 남녀 성의 생물학적 차이를 강조하고 개인차를 억압하면서 공식적 · 비공식적 두 가지 측면으로 사회구성원들의 정서와 행동을 규정한다. 그 영향의 결과로 여성은 의존성 및 피학성, 남성은 지배성 및 공격성이 강화되어 일종의 병리를 일으키면서 악순환의 고리를 이어 가게 된다(임용자, 1994).

Sigurdson(2015)은 건강과 관련하여 치유적 측면에서 문화와 예술을 논하였다. 건강의 관점에서 문화를 취급하지 않는다면 문화는 비생산적이고 비효과적인 측면이 있다고 하였다. 왜냐하면 궁극적으로 문화란 사회구성원들에게 문화유산을 전승함으로써 세상관(world-views), 정서, 행동들을 은밀하고 공공연하게 규제하는 일련의 지침(a set of guidelines)이라고 보았기 때문이다. 그래서 영어권 국가들과 스칸디나비아 국가들에서는 문화 및 예술을 인간의 건강과 치유에 관련시킬 때 전승적 문화예술은 생산적이거나 효과적이지 않다고 평가하였다. 특히 건강 및 질병과 관련하여 문화를 연구한 의학적 인간학(medical anthropology) 연구에서는 환자들에게서 발견되는 사회문화적 병리가 있다는 문화인류학 지식이 증대하였기 때문이다. 문화란 인간 총체적 삶의 경험이고 그 요인들은 예술, 경제, 사회, 교육, 정치 및 이념적 요인들이므로 문화를 인간 총체적 삶의 건강과 개인의 질병에 관련시켜 연구하자는 것이 문화와 예술의 건강한 관점이라 했다.

융의 원형이라 일컫는 인간의 정신구조가 사회의 문화라는 스크린에 나타나는 결과는 가장 심층 내적인 은밀한 자료가 가장 밝은 빛 아래 의식적 현실에 공공연히 나타나는 대극의 문제로 결부되면서 강화된다. 사회문화적 영역에서는 막강한 상징의 대응관계가 자연적 대응관계를 초월하여, 우주물리학적 진리의 관점에서 파악된 진리의 상징과 이미지마저도 변환되고 조작될 우려가 있다. 사회적 본성으로서의 제도와 관습은 각종의 상징체계로서 상징적으로 표출되고 문화적으로 전수된다. 그리하여 전수된 상징들은 사회구성원들의 상징적 사고와 경험에 영향을 주고 지/정/의의 전체적 정신작용을 환기해서 그 방향성을 결정하는 작용을 한다. 특히 인간의 경험세계를 조작하기 위해서 상징이 이용될 때 매우 효과적인 것이 각종 의식이다. 그러므로 문화전수와 종교상징의 불변성 때문에 개인적 억압의 심리적 문제를 사회관습과 제도와 분리해서 생각할 수 없다.

3) 언어적 예술매체의 한계

인간성의 표현을 신화라는 문학적 방법을 통해 교육하고 치유적으로 사용할 때 사용되는 표현매체와 그 사용 방법론에 관한 적절성의 문제이다. 민담, 동화, 신화 등 언어적 상호작용을 이용한 교육과 치료과정에서 선/악, 남성성/여성성, 의식/무의식 정신 자료의 대극성을 통해 하나의 인간성의 특징 그리고 대극으로서의 둘째 단계 그리고 통합의 셋째 단계로 나아가는 과정에서 우리는 대극적 지각과 인지적 과정에만 머물러 갇힐 수 있는 위험이 있다.

이런 위험은 인간의 두뇌와 언어중심적 사고에 따른 합리적 이성에 의한 인간 전체성에 이르지 못하는 한계를 말한다. 즉, 대뇌 지각의 직접적 인과성과 직선적 사고의 특성 때문이라는 것이다.

무의식의 어두운 영역을 돌파해 갈 수 있도록 돕는 빛으로서 이성이라는 도구가 적절치 않음을 설명하는 수피(sufi) 일화를 소개해 본다.

> 어느 날 밤 나수루딘의 친구가 집에 돌아가는 길에 나수루딘이 가로등 밑에서 기어가고 있는 모습을 발견하였다. "자네 여기서 무얼하는가?"라고 그 친구가 물었다. "내 잃어버린 열쇠들을 찾고 있는 중일세."라고 나수루딘이 대답했다. "내가 도와줄게. 그런데 자네 어디서 그 열쇠들을 잃어버렸나?"라고 친구가 물었다. "저쪽 길 아래 어디선가 잃어버렸어." 이것이 나수루딘의 대답이었다. "그런데 왜 여기서 찾고 있어?"라고 그 친구가 놀라서 물었다. 이에 나수루딘의 대답은 "왜냐하면 여기에 불빛이 있으니까."이었다(Halprin, 2003, p. 84).

너무도 잘 알려진 Freud의 의식/무의식 차원의 지형학적 도해에 의하면 어두운 바다 속에 잠긴 무한대 빙산의 크기에 비해 빛이 비치는 수면 위에 드러난 의식의 영역은 그야말로 빙산의 일각이다. 융의 연구에서도 의식과 무의식을 대비적으로 묘사한 글이 있었다(Chodorow, 1997). 사방이 칠흙같이 어두운 밤에 한 치 앞도 볼 수 없는 벌판에서 비바람에 당장이라도 꺼질 듯한 조그만 촛불 하나에 의지하여 뒤편의 거대한 무의식의 그림자를 이끌며 길을 밝히고 걸어가야 하는 인간의 숙명을 묘사하였다.

Campbell과 Moyers(1988)에 의하면 신화의 내용은 인간의 내적 깊은 존재에서 나온 주제로서 신의 실재—신화의 내용에서 신의 실재가 무엇이냐에 대하여는 밀봉해 둔 채로 신의 실재와 공명해야 하는 것이 신화치료이다. 그럼에도 불구하고 사실상 현대인은 신의 실재가 무엇이냐를 알기 위해서 신화의 내적 상징을 통해 자신의 삶의 의미로 통찰해 내지 못할 뿐 아니라 신과 만나지도 못한다. 또한 과연 무엇과 공명해야 하는가에 대해서 잘 알지 못한다. 그래서 융의 신화치료 연구는 영성으로 가는 문호를 활짝 열어젖힌 공헌에도 불구하고 원형의 현상학적 분화를 통한 개인 내적 신화작업에 접근하기는 커녕 영성을 찾으러 문을 나서자마자 길을 잃고 만다는 지적도 있다. 이 지적 역시 문화적으로 다양한 신적 이미지를 만나서 투사적 동일시를 하는 일은 개인의 문화적이고 시대적인 차이 그리고 개인의 동일시 감정의 개별 현상화의 자료를 표현으로 담아낼 그릇(container)을 찾지 못하고 고대의 민담과 신화 또는 다양한 문화의 신적 상징의 의미의 왜곡과 오해를 분석하는 민속학적 흥미에 따라 길을 잃고 방황하게 된다는 것이다. 자기무의식적 자료에 대한 온전한 신 이미지나 신적 상징을 사용하지 못할 경우 자기직면과 통찰이 일어나지 못하므로 신화치료에서 얻을 수 있는 원시적 본능 차원의 강력한 원형에너지를 얻을 수 없을 것이다.

결국 현대인에게는 어두운 무의식세계의 내적 신과 밝은 의식세계의 외적 신이 대극적으로 나뉘어 버렸을 뿐 아니라 개인 콤플렉스와 자아의 단편화로 인한 영적 현상화가 원래 하나였던 일원적 영성 보편성과 서로 통합되고 있지 않음이 지적된다.

4) 대안적 치료매체를 향하여

만병통치의 통합치료나 정답의 완전한 방법이 아니더라도 다른 대안적 치료방법이 있는가의 문제이다. 이 문제는 양대 세계대전 이래로 탐구된 예술치료의 역사와 함께 발달되고 있는 유럽의 지성중심 문화를 벗어나려는 탈중심화의 통합예술치료 실천에서 그 방법을 모색할 수 있다. 탈중심화(decentering)란 음악중심 표현예술치료자인 Knill(2005)이 제안한 개념으로, 세계대전들 이후에 이성적 가치와 철학을 벗어나서 새로운 삶을 구축하기 위해 제시되었다. 임용자, 유계식, 안미연(2016)은 탈중심화의 개념이 특히 일상적 삶과 상상적 삶 사이에서 혼돈과 황폐를 겪고 있는 내담자들을 위해 치료의 시공간에 적용되는 치료적 개념이라며 임계적 탈중심화(liminal decentering)를 설명하였다. 치료적 탈중심화를 위한 임계적 탈중심화과정에서는 언어적 치료방법 이외에 예술, 놀이, 제의식을 통해 일상생활과는 다른 삶의 경험을 하도록 대안적 시공간을 제공한다.

Campbell과 Moyers(1988)는 신화가 삶의 여정경험을 그려 놓은 "내적 지도"이며 동시에 우리가 조율하고 맞추어 춤춰야 할 "우주의 노래"라고 정의했다(p. XIV). 여기서 우주의 실재를 리듬, 노래, 춤으로 은유하였기 때문에 신에 공명하려면 리듬, 노래, 춤이라는 예술표현을 통해 공감하라는 것이다. 우주적 존재인 신의 존재와 만나서 공명하고 합일하는 것이 인간존재라는 것은 제1장에서 소우주의 존재를 말한 것과 대등하다.

이와 같이 Campbell과 Moyers(1988)는 신화치료에서 영적 우주와 합일하기 위해서 예술치료 매체가 그 중간매개기능을 한다고 제시하였다. 그래서 신화치료에서 사용하는 예술매체들 중에서 언어매체를 사용할 경우 우주물리학적 의미로 검증된 과학적 언어를 사용하는 것이 아니라 인간 삶의 변화과정을 한 영웅의 여정(hero's journey)으로 상징화하여 서사시적 이야기로 묘사하는 것이라 했다. 치유적 언어 사용의 문제는 신경언어(neuro-linguistic) 심리치료 부분에서 다시 다룰 것이다.

포스트모던 현상으로 대두된 표현예술치료의 역사적 발달과정에서 분리된 각각의 예술매체 사용을 통합하기 위해 창조적 예술치료(creative arts therapies)의 개념화가 이루어졌다(임용자 외, 2016). 두 개 이상의 예술매체의 통합적 사용이 강조되는 반면에 예술치료의 이론적 근거를 강화하고 예술치료가 단순히 대안적이고 부수적인 치료가 아니라 언어 위주의 전통적 심리치료보다 더 효과적 치료경험을 제공한다는 사실을 타당시하기 위해 주요 심리치료이론에 의미 있는 통합이 강조되었다(Blatner, 1991). 그러므로 Campbell과 Moyers(1988)의 신화 정의와 더불어 통합예술치료의 관점에서 신화치료를 본다면 융의 연구 초기에 사용되었던 민담과 신화라는 문학 예술표현매체 이외에 다른 예술매체와의 통합 사용이 도전되어야 한다는 것이다. 융은 이미 적극적 상상에 의한 다양한 예술치료 매체 사용을 강조하였다.

'머리로부터 내려오라.'는 게슈탈트 심리학의 명제와 유사한 맥락에서 Monges(1979)는 신체생물학적 관점의 몸의 머리 부분과 팔다리의 기능에 대해 설명하였다. 그는 몸의 혈액순환이라는 생명과정대사가 삶의 과정(life process)이며 이 과정은 긴장 없는 리듬 흐름의 연속이라고 설명한다. 이와는 달리 두뇌의 신경대사작용은 신경정보의 전달을 위해 신경세포와 신경세포 사이를 단시간에 빠르게 직선으로 그리고 반복적으로 뛰어다니는 신경전달활동을 죽음과정(death process)으로 비유했다. 말하자면 생명과정과 죽음과정이 어떻게 대극되는가를 생물학적 과정으로 비유하였다. 그는 독특한 치유기법으로서 신체부분별로 부드럽게 만다라 곡선을 그리는 것 같은 신체 마사지 기법을 개발하였다. 이 기법은 원래의 생명과정이 단선적 두뇌작용에 의해 받은 손상을 회복시키는 에너지의 회복과 같다. 이와 같은 신체치료기법은 소매틱과 춤동작치료에서 다양하게 시도되고 있다. 신체/정신 또는 이성/감성의 대극성에서도 역시 연속체라는 일원론적 관점으로 보아 치유의 실제에서 단절된 사용보다는 통합의 실제가 연구되어야 한다. 강력한 힘을 가진 신화치료 역시 통합예술치료와 함께 메타통합치료이어야 치료매체 간의 단절과 기법상의 단절을 넘어 조화롭고 균형 있는 인간 형성의 추구가 이루어질 것이다.

5) 전체성 통합을 위하여

전체성은 대극과 대극통합의 치료를 위해 필요할 뿐만 아니라 민주사회에서 개인의 주관적 세계가 우주적 선을 위해 객관성 및 높은 윤리를 지향하도록 다음과 같이 두 가지의 심리학적 모델을 제시한다.

치료가 전체성 통합을 이루지 못하고 장기간 대극적 관계에만 머무는 위험을 줄이는 동시에 전체성 통합을 이룰 수 있는 치료회기는 불가능한가? 대극적 투쟁 없이 애당초 통합치료 회기에서 매 순간의 정반합(正反合)의 순간적 과정을 반복한다면 과연 무의식적 혼돈과정에서 깨어날 수 없을 것인가를 고려해 보고 싶다. 몸동작을 이용한 댄스치료나 동작심리치료의 실제 회기에서는 불과 1, 2시간 이내의 짧은 회기 내에서도 자아-참자기 축이 상호 연결된 몸동작 은유와 그 표현들이 나타날 수 있다. 그것이 바로 융 학파의 진정한 댄스치료자들이 적용했던 자아-참자기의 발달과정 모델이다.

[그림 3-1]의 1단계에서는 분화되지 않은 무의식적 원형상태의 자아-참자기의 관계를 나타낸다. 실제적으로 참자기와 자아의 상태가 상호경계선이 없는 비가시적 공생적 상태를 은유적으로 나타낸 그림이다. 2단계는 인생 초기의 자아분화 상태를 나타낸다. 3단계에서는 개인차가 있기는 하나 아동기 이후 청소년기를 거친다. 4단계는 성인기 이후 건강한 자아-참자기의 연결과 통합을 나타낸다. 건강치 않을 경우 분화된 자아의 위치가 참자기와 거리가 있는 다른 장소와 다른 지향성을 가질 수 있음을 제시한다. 이 모델과 관련하여 융의 개성화과정이나 댄스치료의 다양한 실천방법론이 제공될 수 있다.

다음은 영성심리학에서 높은 차원의 삶의 윤리나 영성에 대한 알아차림을 하기 위해 Roper와 Schaller(2013)가 제공한 참조 틀을 살펴본다.

[그림 3-2]에서 정서/이성/영성이 자기 감각을 통해 어두운 내면으로 향할 때에는 개인의 정서적 사고(thinking with the emotion)가 주관적 세계에 머

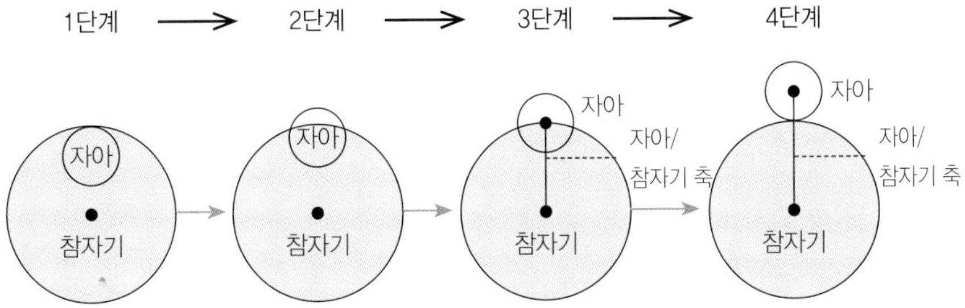

[그림 3-1] 참자기와 자아발달의 관계

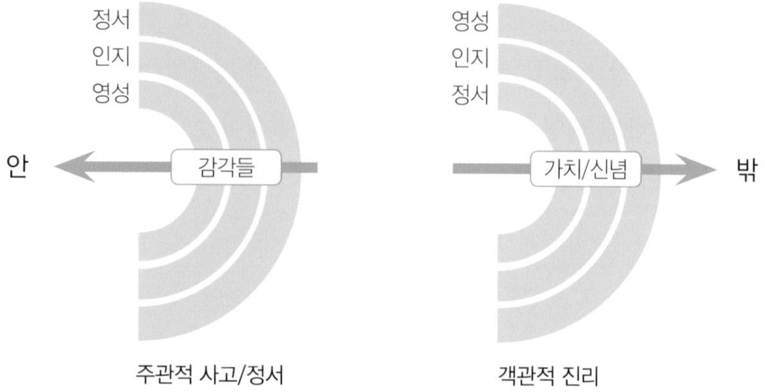

[그림 3-2] 진리에 대한 관점

물러 있을 위험성이 있다. 반면에 정서/이성/영성이 초월신적 사고를 가지고 바깥세상에서 기능한다면 인간의 의식은 확대된 최고의 의식을 가지고 신의 선성과 윤리로 향하는 객관적 진리를 믿게 된다. 비록 신의 편재적 특성을 개인치료를 위해 사용할 때 범신론적 다중신화치료의 적용이 불가피할 수 있으나, 더 높은 삶의 윤리성을 가진 신적 영성을 지향하는 것은 다양한 상징의 개인 내적 영성의 주관적 의미와 가치를 인정하면서도 궁극적으로 어떤 최고의 메타상징적 가치를 은유함으로써 인간 정신구조의 대부분을 차지하는 무의식 영역의 어둡고 유한하고 무기력한 인간존재가 진정한 생명과 밝고 건강한 존재를 향해 의미(meaning)와 방향성(orientation)을 추구하도록 만드는 최고의 긍정심리학을 선물할 수 있는 셈이다.

강력한 힘의 신화치료 효과는 과연 어떤 삶의 가치와 의미를 위해 사용될 것인가의 문제와 함께 다룰 수 있다. 이 방향성은 대극통합의 연속과정 이후에도 우리 인간이 살아 있는 동안 이기적 삶의 가치, 즉 옛자아로 돌아가 이기적이고 비윤리적으로 더 힘 있는 삶을 살아갈 수 있다는 현실을 나타낸다. 영원히 죽기 전까지는 정반합의 대극합일과정을 계속해야 하므로, 우리는 개성화단계에 필요한 적극적 상상과정과 함께 보다 높은 수준의 삶의 윤리를 향해 갈 수 있다. 앞서 적극적 상상의 마지막 단계에서 현실적 삶의 높은 윤리성을 요구한 것도 심리치료와 예술심리치료 영역 안에서만의 논의로 제한될 수 없기 때문에 초월적 심리치료단계 및 종교의 영역에서도 높은 차원의 선과 악 그리고 초월적 윤리와 법이 부여된다. 그러므로 선한 인격 그리고 삶의 윤리에 관해 현실생활, 치유과정, 종교수행의 윤리들이 서로 연속적으로 통합될 필요성이 있다고 본다.

6. 일원론적 영성연구

우주원리와 연결된 전체성 패러다임으로 인간을 보려는 인간관은 인간의 치유와 변화를 위해 획기적으로 유용한 관점을 제공한다. 패러다임이란 현실을 보는 하나의 모델이며 형판으로서 신념체계와 가치로 작용한다(Davis-Floyed & St. John, 1998). 신체를 다루는 의학에서도 심리학의 전체성 패러다임을 빌려서 의학에서의 결핍요소를 보완하려 하였다. 그 이유는 의학에서 치유를 회복하고 삶의 영적 측면의 요구를 충족시키기 위해 초월적이고 초개인적인 측면을 존중하려 하기 때문이다(Dossey, 1998: Davis-Floyed & St. John, 1998에서 재인용). Gawain(1978)이 인간의 신체를 단지 물질신체의 측면으로만 보지 않고 물리적 우주의 기본 요소를 힘이나 움직임 등의 에너지 요소로 보았기 때문에 눈에 보이는 신체는 물질이기도 하지만 궁극적으로 더 미세한 수준의 하위원자들의 에너지운동이라고 본 것은 현대 물리학의 관점과 같다. 에너지운동의 관점에서는 인간 신체를 리듬, 파동(소리), 빛의 존재로 보기 때문에 물리학, 분석심리학 그리고 예술치료의 관점처럼 일원론적이다.

현대 물리학의 관점에서는 가시적으로 측정 가능한 질량을 가진 물질체와 비가시적인 빛과 파장의 움직임이라는 두 가지의 상태를 서로 분리하지 않고 같은 실재(reality)의 에너지라는 일원적 견해를 가지고 있다. 일원론적 견해로, Mindel(2000, 양명숙, 이규환 공역, 2011)의 양자심리학(quantum mind)에서는 지각적 경험이라는 측면으로 타인과 공통적 감각인지를 할 수 있어서 현실세계에서 공감하고 교류할 수 있는 상태를 일상적 실재(consensus reality)라 하였다. 그러므로 일상적 실재도 집단의 동의를 가진 과학적 권위와 같은 의미를 가졌다고 하였다. 반면에 Einstein이 말하는 "상대성의 의미"(Mindel, 2000, 양명숙, 이규환 공역, 2011, p. 41) 관점으로 보아 물질 이전 물체의 우주적 본질은 물리학적 미시세계에 기초하기 때문에 비일상적 실재(non-consensus mind)라고 답하였다. 비일상적 실재는 신체감각적 · 정서적 · 인지적 · 영성적 차원에 이르기까지 모두 서로 경험이 불일치하는 현상학적 차원으로 경험하는 현실을 말한다. 그러나 이 두 가지 실재의 인간존재를 연속체로 보기 때문에 불일치하고 서로 다른 경험일지라도 본질적으로 같은 경험이라고 보았다. 그래서 고통을 동반하는 질병이나 증상도 일상적 실재이기도 하고 비일상적 실재이기도 하여 두 가지 측면을 다 포함하지만 최고의 고통은 일상적 실재를 중시하고 비일상적 실재를 무시한 탓에 발생한다고 보았다. 그래서 Mindel의 결론은 모든 질병(물론 암까지 포함해서)은 일상적 실재와 비일상적 실재라는 이중성을 지녔다고 보았다.

이와 같은 일원론적 인간관은 인간의 신체뿐만 아니라 인간의 사고와 관념까지도 가볍고 빠르게 움직이는 형태에너지를 하나의 거대한 전체적 우주에너지에 귀인시킴으로써 인간의 우주적 요소를 영적 측면과 동일시하는 초월심리학과 같은 견해를 가진다. 그러므로 대극적 양극으로 보이는 세상관은 우리의 신체적 질병과 마음의 병을 통합적으로 보아 그 이중성의 세계에서 과학정신은 물리학과 종교적 도(道)의 방법을 연속체로 이해하고 사용하려 한다.

교육의 영역에서도 기계론적 모델로 인한 신체와 마음의 분리, 생명의 단편화, 특히 지성과 감성의 이원화를 극복하고자 전체성 교육의 관점을 고려한다. 여기에서는 초월심리학을 광범위하게 다루기보다는 만다라 춤동작이 분석심리학의 영성이론과 공감대를 이루는 Rudolf Steiner(1861~1925)의 전체적(holistic) 인간관 그리고 융 심리학을 수용하는 정신통합의 원리를 배경으로 하여 제한적으로 소개하려 한다.

1) 3원적 인간관

Steiner의 3원적 인간관은 전체성 교육 및 치유교육을 위해 우주 및 자연리듬과 조율하는 유리드미 동작예술, 형태 그리기 등의 리듬의 예술을 교육수단으로 삼아 실천한다.

전체성 인간관을 의미하는 3원적 인간관은 우선 인간 구성요소를 영성과 신체로 나누어 양극적 요소로 보고 전체성 통합에 접근한다. 영성과 신체의 그 중간매개체인 혼은 신체와 상호작용하는 기능 그리고 영성과 상호작용하는 기능을 모두 가지고 있으므로 영성과 신체 사이에 매개기능을 한다고 보았다. 만약 양극 사이의 중간 영역에 매개기능이 없다면 대극적 양극의 이원화를 해결할 수 없다고 보았다(Schiller, 2003). 여기서 혼(soul)이란 심리학에서 말하는 일반적 심리기능이며, 구체적으로 말해서 심리기능은 사고하기(thinking)/느끼기(feeling)/(행동)의지하기(willing)로 3원화되고 사고/행동의 양극적 특성 사이에서 느낌은 양극 매개기능을 한다([그림 3-3] 참조).

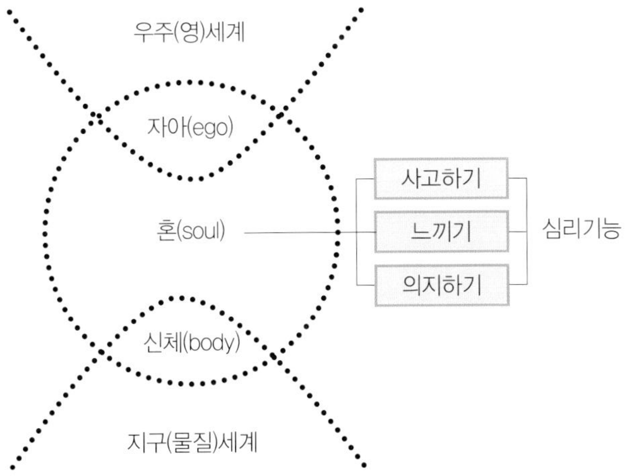

[그림 3-3] 3원적 인간관의 기본 도해

양극의 매개역할을 하는 혼 역시 세 가지 심리기능을 가지고 있다. 혼의 세 가지 기능 중에서 사고하기와 의지하기를 대극적 요소로 보고 그 중간 매개 요소는 감정으로 여겼다. 감정은 사고와 (행동)의지하기 사이의 매개기능으로 중요시하기 때문에 사고/감정/(행동)의지의 세 가지 혼의 심리기능 중에서 중간매개기능을 가진 감정기능은 교육과 치료에서 전체적으로 기능하는 인간 성취를 위한 전체성 패러다임의 핵심요소로 제시한다. 그래서 전체적 존재를 향한 접근을 실천하도록 만드는 중요 기능은 정서 및 감정 기능이 핵심이라 여겼다. [그림 3-3]의 도해를 보면 심리기능(혼)의 세 가지 모두가 매개요소로서 우주영성과 지구적인 물질로 이루어진 신체, 즉 우주/지구 또는 영성/신체의 양극적 요소 사이에 중재기능을 가지고 있음을 보여 준다. 뿐만 아니라 사고하기/느끼기/의지하기라는 3원적 심리기능 중에서도 느끼기라는 감정기능은 사고하기/의지하기 사이에서 작용하는 매개기능의 핵심 기능이라고 했다. 인간은 우주와 지구라는 양극 사이에 위치하는 존재이며 우주와 지구의 양극적 요소를 내면화한 인간은 그 내면에도 우주/지구의 대극적 양극의 측면을 모두 가지고 있다. 인간의 요소가 영성, 혼, 신체의 세 가지 영역으로 구성되어 있다고 하는 Steiner(1972, 1990, 1998)의 3원적 인간관으로 요약된 3원적 인간이미지는 교육과 치유에 있어서 양극성과 중간매개체의 매개기능을 통해 양극적 치우침을 극복하고 조화로운 흐름을 얻기 위한 교육과 치유의 원리로 제공되었다. 예를 들면, 두뇌의 신경작용과 팔다리의 대사활동의 양극적 특징 사이의 조화로움을 얻도록 하는 생명원리는 머리/팔다리라는 신체부분 활동의 양극성으로 비유되고 머리/팔다리 양극성의 중간적 매개는 가슴의 정서기능까지 포함하여 3원화된 구조로 설명하는 것과 같다. 그리고 3원적 인간관에 의해 우주적 생명에너지와 신체에너지를 얻는 방법으로 중력(땅의 무거움)과 부력(하늘의 가벼움)의 사이에서 어느 한쪽으로의 치우침을 예방하고 조화로운 생명리듬을 얻도록 하는 것을 교육과 예술을 실천하는 중요 원리로 삼고 있다(Geraets, 1995; Kirchner-Bockholt, 1992).

2) 감각발달의 중요성

3원적 인간구조는 인간 유기체의 12감각의 발달과 밀접하게 관련하여 전체적인 존재로 발달한다([그림 3-4] 참조).

12감각군의 연구는 3원적 인간관에 기초하여 분류되어 아동발달의 원리와 교육에 적용된 모델이다. 12감각군이 3원적 인간관을 확대하여 메타모델로 구성된 것이므로 3원적 인간관에서처럼 심신 양극성 사이의 중간매개기능인 세 가지 심리기능을 중시하였다. 그러므로 이들 세 가지 심리기능 중에서 사고하기라는 상위감각은 그 구체적인 내용인 자아/사고/언어라는 상위감각군들을 이루고 있다. 의지하기라는 하위감각군은 신체와 관련된 평형/동작/생명/접촉 감각으로 이루어져 있다. 그래서 두뇌/신체의 조화로운 발달을 위해 그 중간매개감각인 시/청/미/후/온 감각이 작용하여 상위감각과 하위감각들

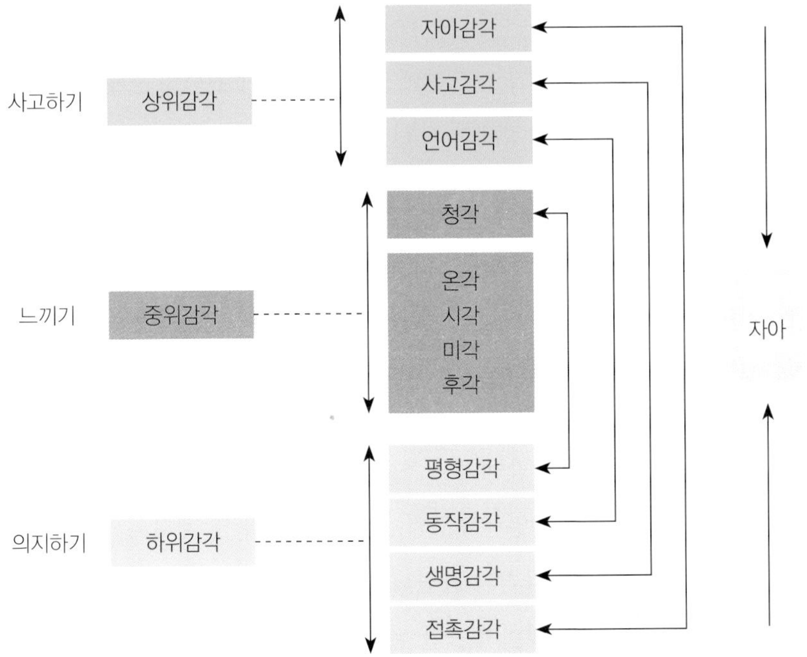

[그림 3-4] 3원적 감각군과 상호관계

을 조화롭게 통합하고 매개하는 지각기능을 한다. Woodward(1997)는 감각에 기초한 모든 감각경험과 그 알아차림이 각 개인의 자아에 도달하는 만큼 자아통합(ego-integration)이 이루어지기 때문에 인간의 초기발달에서 감각경험과 자아의 통합발달이 결핍된다면 신체적 자아경험, 내적 안정 및 신뢰가 결핍되어 불완전한 신체상(body-image)이 형성되고 따라서 실존의 기초가 실종되어 자폐의 경향을 띤다 하였다. 이와 같은 자아통합의 결여는 평형감각, 생명감각, 동작감각, 접촉감각인 하위감각들의 발달결핍이 사회적 감각, 관계감각에 속하는 자아/사고/언어 감각인 상위감각의 손상이나 무능력을 초래하기 때문이라 하여 균형/몸동작/생명/접촉의 하위감각을 충분히 발달시켜야 한다고 하였다. 만약 하위감각들 중 한 개 이상의 발달부진으로 인해 하위감각 경험들이 자아통합에 성공하지 못한다면 무엇보다도 유일한 극적 영향은 사회생활의 흐름 속에 자신을 적극적으로 통합하지 못하고 상호 호혜적 인간관계를 형성하지 못하는 총체적 무능력을 나타낸다고 그 심각성을 말하였다.

전체성 발달을 돕는 3원적 인간관에서는 의사들이 진단하는 증상과 비정상적인 발달을 보이는 발달장애와 관련하여 의학과 기술심리학에 대한 비판적 견해를 가진다. 동식물뿐 아니라 인간의 기형과 장애에 대해서 의학과는 견해를 달리한다. 즉, 유기체 배후에 숨어 있는 본래의 영성으로 여기는 원형적 이념이 장애 및 기형이라는 비정상성은 본래의 본질을 밖으로 드러내는 것이므로 치유와 교육은 신체와 영성의 양극단적 치우침을 균형화하는 것이라 했다. 영성과 신체의 중간매개요소인 사고하기/느끼기/의지하기의 3원적 심리기능을 중심으로 감각발달의 구조와 상호관계를 설명하였으나, 감각들은 3원적 인간관의 대극적 양극요소의 조화로운 육화 및 체화와의 직접적인 관련성을 전제하고 있다. 감각과 관련되어 총체적으로 발달하는 자아 영역에서 영적 자아가 전제됨을 잊어서는 안 된다. 3원적 인간관에서 그 중간매개요소의 핵심인 3원적 심리기능을 중심으로 〈표 3-1〉과 같이 정리해 보았다.

〈표 3-1〉 세 가지 심리기능의 심신 연계성

심리기능	신체기관	생리기능	감각군과 감각의 종류	지각의 범위	의식의 상태
사고하기	머리(뇌)	신경감각 체계	상위감각: 언어감각, 사고감각, 자아감각 (청각 포함)	타인/사회적 지각(의식/사고 수준)	의식 수준 (낮/빛)
느끼기	가슴 (폐/허파)	리듬체계	중위감각: 시각, 청각, 미각, 후각, 온각	외부 자연세계 (감정 수준)	중간 수준 (꿈/백일몽)
의지하기	사지 (팔/다리)	대사/소화 체계	하위감각: 접촉감각, 생명감각, 동작감각, 평형감각	자기신체 내부 (무의식 수준)	무의식 수준 (밤/어둠)

3) 양극성 부조화와 4기질론

3원적 인간관에 의한 전체성의 관점에서 장애/비장애에 대하여 가지는 건강의 개념은 의학적 대증치료의 관점이나 심리학의 분석적 관점과 다르다. 단적으로 설명하면, 양극적 요소로 인간 신체의 구성요소인 우주적 요소와 지구적 요소는 네 가지 구성체인 흙, 물, 불, 바람(공기)로 분류되어 이들이 내 몸 안에서 치우침이나 불균형이 없이 조화로운 중간상태로 기능하는 것을 건강으로 본다. 즉, 지구적 요소인 흙과 물 그리고 하늘의 요소인 불(열)과 바람(공기)의 4요소가 인간 감각의 문을 통해서 개인 신체 내에 들어와 균형 있는 통합 및 융합(다른 말로 조화로운 육화라 말하는 개념)을 이루는 상태를 의미한다([그림 3-5] 참조). 따라서 장애의 개념은 대극적 양극성의 만남, 즉 육화의 만남이 너무 깊거나 아니면 양극이 접촉하지 못하거나 벌어져 있어서 영혼적 돌봄이 필요한 상태라고 본다([그림 3-6] 참조).

단순한 양극성인 하늘과 지구 요소 또는 영성과 물질신체의 만남, 즉 육화가 너무 깊이 이루어졌을 때 지상성이 매우 강해지고 뇌/사지가 발달하며 머리 크기는 작다. 반대의 경우 천상성이 강해서 꿈꾸는 의식유형의 특성이 있다. 특히 자폐의 경우 영적 자아요소의 결핍이나 결함이 아니라 조율 안 된

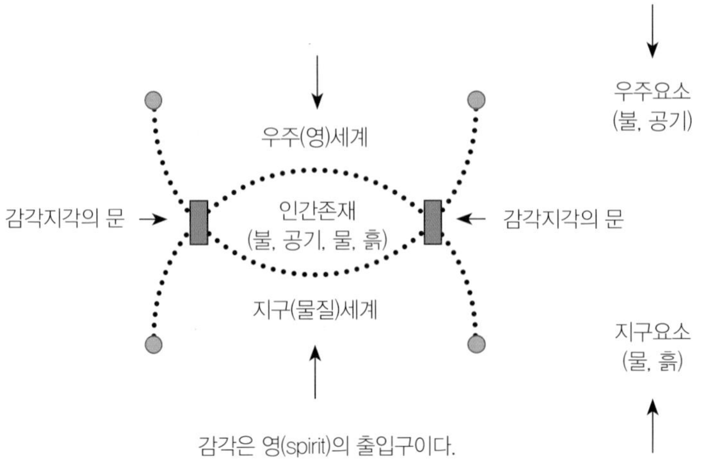

[그림 3-5] **4요소의 양극성**

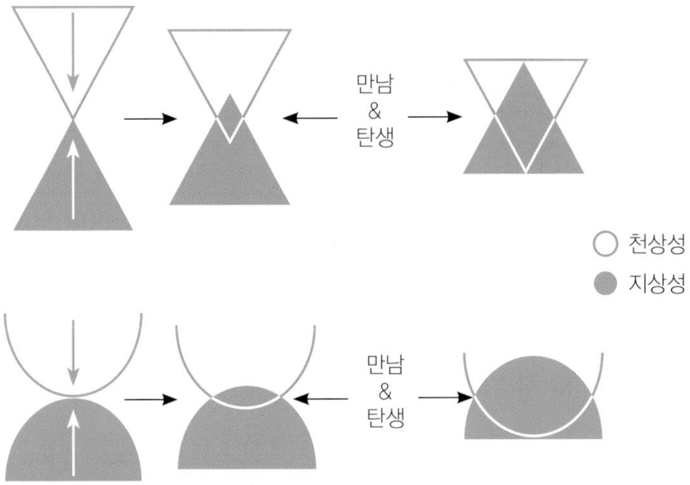

[그림 3-6] **육화의 단순모형**

* 흰 부분의 하늘 요소와 검은 부분의 땅 요소가 통합된 상태의 단순모형

피아노 같다 하여 신체 내에 네 가지 구성체가 통합되도록 돌봐야 한다.

[그림 3-7]에서는 영적 자아가 신체 내의 다른 구성체와 잘 육화되는지 아닌지를 보여 주고 자폐의 모형도 보여 준다. 이 그림에서 보면 흙과 물의 요소는 땅에서 섭취할 수 있고 영적 요소는 하늘에서 공기와 열(빛에너지)을 통

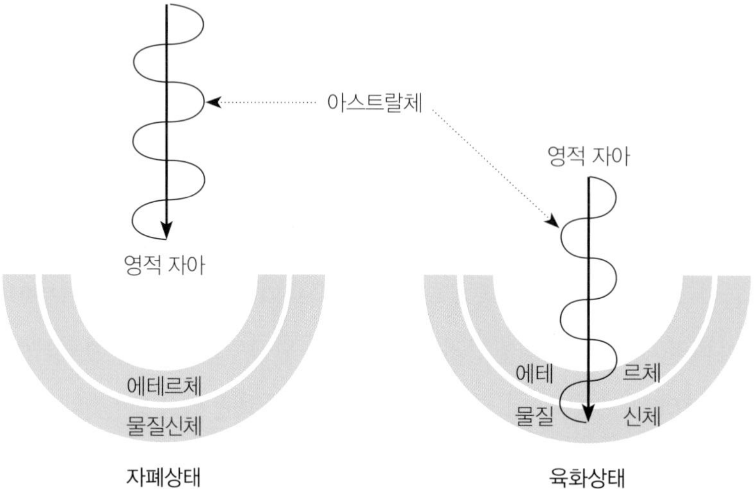

[그림 3-7] 영적 자아와 4구성체의 육화모형

해 신체에 들어올 수 있다.

기질론을 더 이해하기 위해 신체 내의 구성요소들을 간단히 설명한다. 기질론에서는 3원적 인간관의 3요소 중 우주적 요소와 지구적 요소를 대극적 양극에 두고 인간은 그 양극적 요소의 통합이라고 전제하는 관점을 따른다. 그래서 인간의 신체 안에 들어 있는 4요소는 우주적 요소인 온도와 공기로, 지구적 요소는 물과 흙으로 구분하여 역시 양극요소로 대별된다. 즉, 물질체와 관련하여 에테르체(생명체)는 물과 함께 신체 내에 침투하여 물질신체와 연결되어 작용하고, 아스트랄체(감정체)는 공기의 요소가 호흡을 통해 그리고 영적 자아(ego)는 온도의 요소를 통해 몸 안으로 들어와 작용한다. 이들 3요소와 물질체들이 몸 안에서 균형 있고 조화롭게 작용하는 것이 건강한 유기체라 본다. 그래서 기질론에 의하면 다혈질, 담즙질, 우울질, 점액질은 각각 흙, 물, 불, 바람의 요소들 간의 치우침으로 나타나는 기질이다. 개인들은 각자의 기질적 증상에 의한 장단점이 있는 동시에 기질의 특성에 희생되는 부정적 측면이 있으므로 기질적 결함을 보완하여 균형을 얻으려는 데 전념한다(Loebell, 2001; Steiner, 1980). Woodward(1997)도 개인의 질병의 원인이 개

인의 영적 심리요소와 신체의 불협응에 있다고 보았으므로 이 두 요소 간의 조화를 이루는 육화(incarnation)과정과 영적 자아 진화과정을 돕는 것이 교육과 치유에서 필수적이라 했다. 자폐아의 예를 들면, 육화과정이 지체되어 있거나 영적 자아가 철수되거나 궤도가 이탈한 경우이므로 영혼 육화에 대한 깊은 통찰을 가져야 한다는 것이다.

영혼이 신체 속에서 조화롭게 작용하는 육화가 탄생 순간에만 이루어지는 것이 아니라 전 생애 인간발달과정에서 진화 발달됨을 기질과 관련하여 〈표 3-2〉에 요약해 보았다. 더 구체적인 발달단계와 내용들은 9단계의 7년 주기설에 의한 것이다. 예를 들면, 탄생 후 첫 7년까지는 자기 신체가 나의 영성의 집(터전)으로 형성되는 시기로서 에테르에 의한 생명체가 신체 내에 조절되도록 도와야 한다. 발도로프의 교육은 7년 주기의 발달단계에 따라 교육예술들을 실천한다. 그래서 유아교육의 한 가지 예로 젖니가 빠지고 영구치가 나오는 7세가량 이전에 학교교육을 시작하지 않는다. 또 다른 예로, 9단계가 끝나는 64세경을 생의 마지막으로 여기는 것과 인생 전반기를 육화과정으로 여기는 반면 인생 후반기는 탈육화과정으로 여기는 것은 육화와 탈육화의 양극성 조화를 말하는 것이다.

〈표 3-2〉 **기질의 특성과 발달단계**

기질	우세한 구성체	기질적 태도특성	발달단계
다혈질	감정체(아스트랄체)	친절한, 피상적 관계, 변덕, 참을성 없는, 공감적, 이해적	아동기
담즙질	자아체(정신영체)	요구적, 지도자적, 공격적, 참을성 없는, 열정적 관대함, 궁극적 이해, 도전적, 자만적	사춘기/청년기
우울질	물질신체(물질체)	양심적, 자기헌신적, 남을 돕는, 예술적, 우울한, 공포심, 자기몰입적, 자기억압적	중년기
점액질	생명체(에테르체)	지각적, 객관적, 안정적, 자기만족적, 수단적, 활기 없음, 충실한, 모성적	노년기

그래서 Steiner 교육이나 예술에서는 우주, 하늘, 빛, 태양, 낮 등의 단어를 상호 교환적으로 사용하고 이것들과 지구, 땅, 어둠, 밤 등의 양극적 요소들 사이에 있는 인간존재의 조화로운 생명리듬을 중요시한다. 다음의 시는 비록 7학년(중학교 1학년) 학생이 쓴 시이지만, 체험심리에 의해 습득한 체화지식으로부터 나온 지혜로 쓰인 시이다(Geraets, 1995, p. 190).

나는 하늘과 좋은 관계를 맺으며 서 있다.
나는 땅과 좋은 관계를 맺으며 서 있다.
……중략……
나는 살아 있다. 우리는 살아 있다.

4) 정신통합 영성: 영성의 편재

이탈리아의 의학자 Roberto Assagioli(1888~1974)의 정신통합(psychosynthesis) 심리학은 Molly Brown(1983)에 의해 미국에 소개되었다. 우주원리인 생명과정이 개인 내적으로 그리고 인간관계 사이에서 발현되고 있다고 하여 우주생명과정 모델로 개발된 것이 정신통합 심리학이다. Assagioli(2000, p. 26)에 의하면 정신통합이란 "여러 가지 반대세력이 있는 과정에서 반대세력의 성질을 이용하여 그 반대세력을 통제하고 조화롭게 만들기 위해 통일센터가 반대세력과 끊임없는 상호작용 및 갈등을 하는 역동성을 말한다." 이와 관련해 Brown(2004)은 정신통합은 개인을 조화롭고 강력한 하나의 전체적(holistic) 존재로 만들기 위해 개인의 모든 부분, 모든 측면 그리고 에너지를 계속적으로 통합하는 과정이라 했다. 그래서 정신통합은 인간 성장의 동의어이고 알아차림 등 기타 기법들에 의해 인간 성장이 촉진된다고 하였다.

정신통합의 원리는 융 심리학을 수용하여 적용하였고, 융의 분석심리학과 유사하게 실존주의, 불교 및 요가, 기독교적 신비주의 등 전통심리학과 철학

에서 그 지혜를 도출했다고 한다. 그래서 인간 영성은 인간과 우주의 관계, 인간의식과 최고 수준의 관념이나 어떤 유일 신념을 포함하지 않고는 완성될 수 없다고 주장한다. 마치 융의 전체성 통합원리가 심층심리 영역으로부터 신화를 통해서 최고의 의식확대까지 통합함으로써 인간성 치유와 성장이 더 강력해짐을 말하는 것과 같다. 그러므로 각종 예술치료가 영성적 이론배경을 필요로 할 때 융의 분석심리학과 정신통합은 일원론적 심신통합원리의 예술치료를 적용하기 때문에 좀 더 강한 실천력을 발휘하도록 만든다.

정신통합이 규정한 심리법칙을 보면(Brown, 2004), 이미지, 마음의 그림 및 관념을 인지적 차원으로 분류하고, 충동, 신체동작 및 행동은 신체적 차원으로 분류하며, 여기에 정서 및 감정을 추가하여 3차원으로 분류한다. 이는 융의 원형 내용의 3요소로 이미지(인지), 감정, 에너지의 세 범주의 분류와 Daria Halprin(2003)의 동작중심 표현예술치료의 주요 실천 모델인 신체/정서/인지의 3수준의 알아차림 영역의 분류와 일치한다.

3수준의 요소와 관련된 정신통합 심리학의 심리법칙을 더 구체적으로 살펴본다면, 이미지와 관념은 이와 관련된 정서와 감정을 각성시키고, 신체행동을 만들어 낸다. 또 신체동작과 행동들은 이미지와 관념을 유발하고, 정서와 감정은 이미지와 관념을 각성시키는 등 상호 양방향적이고 순환적인 반응을 일으킨다(〈표 3-3〉 참조). 이 심리법칙은 융의 원형적 내용들이 시각, 청각, 미술, 몸감각 및 신체동작 등의 감각기관과 관련하여 각각 분류된 예술매체들을 사용하여 외부세계에 이미지, 정서, 신체동작으로 표현할 수 있는 예술치료의 표현매체의 범주들과 같다. 그러므로 이미지, 정서, 신체동작은 안에서 밖으로 표현(expression)될 수 있는 반면에 외부세계에서 내적으로 그 인상(impression)을 받아들여 내적으로 각인되는 순환과정은 이미지/정서/신체 범주의 예술매체과정의 매개기능을 거쳐 일어난다.

〈표 3-3〉 정신통합 심리학의 심리법칙

1. 이미지, 마음그림 및 관념은 이에 해당하는 신체조건과 외적 행동을 창조해 내는 경향이 있다.
2. 태도, 동작 및 행동은 이에 해당하는 이미지와 관념을 유발한다. 그다음에 이것들은 이에 해당하는 정서와 감정을 환기시키거나 강화하는 경향이 있다.
3. 관념과 이미지는 이에 해당하는 정서와 감정을 각성시키는 경향이 있다.
4. 정서와 인상은 이에 해당하는 관념이나 이미지를 각성시키는 경향이 있다.
5. 욕구, 충동, 욕망은 이에 해당하는 이미지, 관념 및 정서를 일으키는 경향이 있다.
6. 주의집중, 흥미, 긍정 및 반복은 관념, 이미지 및 지적 공식화를 강화한다.
7. 행동의 반복은 더 반복하려는 충동을 강화시키고, 그 반복실천을 더 잘하도록 만들어서 무의식적 실행을 하도록 한다.
8. 콤플렉스 및 하위성격 기능과 요소들을 여러 방법으로 자각 없이 무의식적으로 배합하고 목표를 달성하기 위한 수단도 선택한다.
9. 충동, 욕망 및 정서는 표현되도록 강요하는 경향이 있다. 연금술적 변형과정을 통해서 그 표현을 한다.

정신통합 심리학에서 역시 참자기를 말하는 초월자기는 인간의식의 가장 높은 의식 차원에만 존재하는 것이 아니라 낮은 무의식과 자아 차원 그리고 높은 무의식의 모든 영역에 걸쳐 도처에 존재한다는 영성 편재성을 주장하였다. [그림 3-8]에서 볼 수 있듯이, Assagioli의 정신통합연구의 제1세대 제자인 Brown(1983)은 초기 연구에서 영성의 영역을 높은 무의식 영역에만 표시하였다가 20여 년 후에 Brown(2004)은 영성의 편재성에 입각하여 도해에서 지워 버리면서 영성의 영역을 재규정하였다.

Johnson(1991)은 융의 대극합일의 견해와 똑같이 그림자 영역 속에는 긍정적 성격속성과 부정적 성격속성이 모두 포함되어 있다 했다. 그래서 종교(religion)란 말은 원래 재연결(re-relate)이란 의미를 갖는 것으로, 원래 하나였던 특성이 분리의 상처를 치유한 후 분리되었던 성격특성을 통합하여 전체성(wholeness)을 다시 얻는 것이라 했다. 분리의 과정에서 개인의 성격 중 문화적 규범에 수용되지 않는 이상적 성격과 부정적 성격은 그림자 속으로 숨

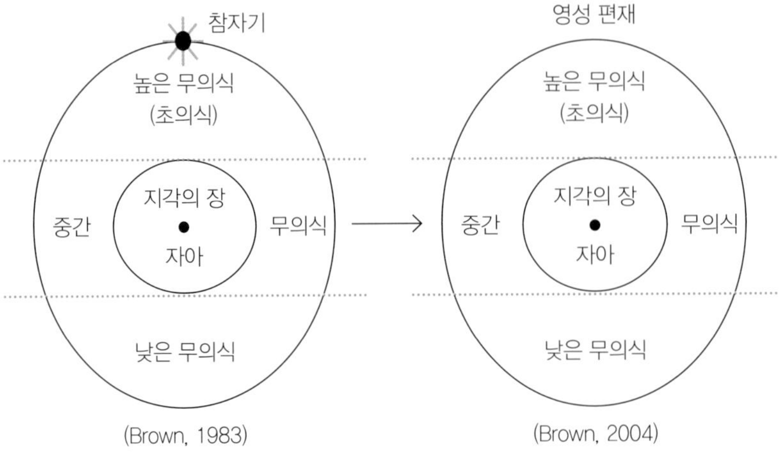

[그림 3-8] **영성 편재의 도해**

어 버렸다가 확대된 의식을 통해 신과 악마의 이미지로 투사된다. 인간정신이 원래는 하나의 전체적 원형으로 엉켜 있다가 대극으로 분화되었다 다시 합일되는 과정으로서의 정신영성은 분리와 파편화과정이 필수적임을 말해준다.

철학자의 돌에서 연금술을 통해 귀중한 물질을 얻는 연금술적 변형론도 영성과 물질의 전체성 패러다임에 의해 설명된다. 분리된 것이 전체성으로 통합되고, 다시 전체성이 부분으로 분리되는 순환적 과정을 전제한다. 분리된 정신영성이 물질과 합일될 때 그 형태가 관념적 정신을 따라서 형성되는 것은 정신을 에너지로 보았기 때문에 그 형태를 만드는 속성을 가진 에너지운동에 따라 형태가 형성된다는 의미이다. 물질형태를 이룬 영성과 물질의 합일은 그 가벼움과 무거움, 밀도의 차이, 에너지 흐름의 속도와 부드러움의 차이 등에 의해 결정될 뿐이다. 그래서 조악한 돌의 형태에서도 물질과 정신영성이 혼합되어 살아 있는 생명의 돌이라고 전제된다. 그리하여 아무리 조악한 돌들 속에서도 귀중한 정신영성을 뽑아낼 수 있다면 우리는 정신영적 연금술을 성취할 수 있다는 것이다(Edinger, 1985, 김진숙 역, 2015; Jung, 1950, 김세영, 정명진 공역, 2016; Jung & Wilhelm, 1981, 이유경 역, 2014).

정신통합 심리학과 융 심리학을 이론적 배경으로 삼는 동작중심 표현예술치료에서 영적 치유와 영적 성장의 실천을 한다면 신체/정서/인지 영역의 3수준의 상호 순환적 알아차림과 통찰을 반복할 뿐 아니라 각각의 수준에서 따로따로 알아차림과 통찰을 반복하더라도 모든 차원에 편재하는 영성의 접목과 연결 통합이 가능하다. 그러므로 3수준의 알아차림을 넘어 4수준의 영성통합과 성장을 지향할 수 있다는 이론적 및 실천적 원리가 상호 지지된다.

융의 사상 및 정신통합 심리학의 견해와 마찬가지로 심신일원적 통합치유를 하기 위해서 Daria Halprin(1989, 2003)은 3수준의 알아차림과 4수준의 영적 알아차림을 상호 교환적으로 실천하여야 전체성 치유의 효과를 얻을 수 있다고 하였다. 4수준의 알아차림이 반복적으로 통합되어야 하며 만약 영적 차원과 연결 통합되지 않으면 3수준의 치유와 변화가 사상 누각된다고 하여 영적 수행을 강조한다. 영적 수준까지 통합하는 심리치료방법으로서 신체/정서/인지의 3수준의 알아차림에서 3수준을 각각 접근하든지, 2수준을 연결해서 사용하든지, 아니면 3수준을 연달아 사용하여 통합된 알아차림을 얻는 방법을 반복적으로 사용하라고 한다. 이 방법은 정신통합 심리학의 영적 편재성 원리에 바탕을 두고 실천하는 방법론임을 말해 준다.

제4장

만다라 예술치료

1. 만다라 미술치료

1) 융의 적극적 상상연구

융의 분석심리학은 융이 자신을 대상으로 실험했던 내적 체험을 바탕으로 한 독특한 경험심리학이다. 그는 1913년 그의 나이 38세에 그 자신의 환상에 의한 상징적 놀이를 통해 퇴행을 일으켜서 유소년기 놀이를 재연하였다. 이 상상놀이과정에서 나타난 감정과 이미지들에 그림으로 형태를 부여하고 의미를 분석하였다. 그러나 1935년 런던 타비스톡 강연에서 적극적 상상이란 용어를 공식적으로 언급하기 전까지는 그의 심리치료방법을 다른 여러 이름—처음에는 초월기능, 그 후에는 그림방법(picture method), 적극적 환상(active fantasy), 적극적 망상하기(active phantasying), 황홀하기(trancing), 비전, 변증론적 방법, 분화기법, 내향화, 내성, 무의식으로 하강하기 등—으로 명명하며 예술치료를 위해 여러 가지를 탐색하였던 융의 초기 연구의 특징이 엿보인다. 융은 인간의 상상기능의 가치를 인정하고 상상의 원천이 유아기 환상 속에 있음(Chodorow, 1997)을 확인하고 적극적 상상연구의 기초로 삼았다.

고혜경(2018)은 신학과 심리학에 중대한 영향을 주었던 융의 『레드 북』에 대해 면밀한 연구를 하였다. 융이 자신의 내면 무의식에 대한 상상, 비전 및 환상을 다룬 어려운 실험은 그 후에 신화시적 상상(mythopoetic imagination) 기법이라 불렀다. 이 기법은 후에 이르러 의식이 깨어서 꿈꾸기 또는 적극적 상상이라 부르는 심리치료기법이 되었다. 신화시적이라 한 것은 신화가 내적 신이라 칭하는 인간정신 내면의 정신원형이 시문학적 이미지로 기술되어 인간정신이 의식화되는 방법론을 말한 것이다.

공식적인 적극적 상상연구 이전의 융의 심리치료(Jung, 1931: Chodorow, 1991에서 재인용)는 전통적 심리치료의 기본인 Freud의 정신분석과 Adler의 개인심리학 및 종교전통의 방법적 특징에 따라 실천하였다. 다만 융의 심리치료는 마지막 4단계의 변형(transform)과정에 이르러 예술매체를 적용할 여지를 마련한 것이 특징이다. 적극적 상상기법을 적용한 심리치료 또는 융의 예술치료 실시 이전의 연구라 할 수 있는 융의 4단계 심리치료를 간단히 살펴본다.

첫째 단계인 고백(confession)은 전통적 종교에서 행해지는 고백에 비유된다. 그러나 새로운 특징은 목격자(witness)와의 관계에서 자유롭게 말하고 경청되는 것이다. 둘째 단계인 해명(elucidation)은 Freud의 연구업적 그대로 내담자의 전이를 다루고 명료화하여 투사를 깨닫게 한다. 셋째 단계인 교육(education)에서는 전이와 투사의 문제를 해결한 후 Adler의 심리치료 목표인 사회적 태도를 발달시켜 현실생활과의 연결을 돕는다. 마지막 넷째 단계인 변형(transformation)은 내적 치유작업을 위한 자기반영적 태도를 발달시켜 연금술적 변형이 개성화과정에서 일어날 수 있도록 심리치료적 컨테이너 관계를 수립하는 것이다.

융은 1931년의 4단계 심리치료 이후 30년이 지나서 생애 말년에 이르러 내담자가 그림이나 동작표현을 하는 예술치료를 적용할 수 있도록 둘째 단계를 더 제시하였다. 그러나 단계의 명칭은 여전히 고백, 해명, 교육이라는 전통적 용어 그대로 사용한 채 심리치료와 예술치료를 겸하도록 구조화하였다. 그러나 융 학파 춤동작치료의 선구자인 Whitehouse 이후에 발달된 적극적 상상의 예술치료의 내용들과 대조될 만하다.

다음은 융(Jung & Jaffé, 1961, 조성기 역, 2007)이 제안한 적극적 상상을 적용한 심리치료의 단계이다.

첫째, 고백단계에서는 내담자가 자기 생활에서 오는 문제와 증상에 대해서 말하고 치료자는 내담자와의 신뢰관계를 형성하기 위해 내담자에게 경청한다. 둘째, 해명단계에서는 떠오르는 이미지와 환상을 그림이나 동작으로 표현한다. 첫째 단계에서 말해졌던 문제나 주제에 대해서 깊이 알아차리고 그 의미들을 탐색한다. 셋째, 교육단계에서는 알아차리고 탐색된 의미들을 다시 재조직하고 현실생활에 적용할 수 있는가에 대해 탐색하고 연결 짓는다. 이 단계는 내담자의 치료회기를 현실적으로 유용하게 만들려는 사회적 태도를 발달시키기 위함이다. 넷째, 변형단계에서는 사회적 차원을 넘어서는 자기반영을 계속하고 더 높은 정신 영적 차원을 지향함으로써 통합의 참자기의 실현단계로 나아가는 개성화(individuation)과정을 계속한다. 일조의 연금술적 변형단계라 하여 단선적이고 연속적인 변화와 구별되는 경향이 있다.

융이 적극적 상상(active imagination)이라고 불렀던 심리치료방법은 두 부분으로 구성되어 있다고 설명한다. 처음 부분은 무의식이 겉으로 나오기를 허용하기이고 후반 부분은 의식과 무의식이 타협하기이다(Jung, 1973: Chodorow, 1991에서 재인용). 그의 독특한 심리치료기법 두 가지를 적극적 상상과 꿈분석이라 언급했으나 그의 후기 사상으로 갈수록 적극적 상상이 중요하다 하여 후기 연구에서는 적극적 상상작업에 기초하여 꿈분석이 이루어졌다고 했다(Jung, 1975: Chodorow, 1997에서 재인용).

Johnson(1986)은 적극적 상상이란 의식이 무의식 영역에 들어가서 의식과 무의식이 대화하는 것이라고 정의하였다. 의식의 언어적 상호작용이 없이도 시각적 경험의 형태만으로 또는 움직임의 형태만으로도 상호작용할 수도 있다고 하였다. 이렇게 하는 내면의 시각화(visualization)는 언어표현 이전에 일어날 수 있으나 의식의 적극적 참여 없는 이미지 경험만으로는 상징적 의미, 특히 개인 삶을 위한 상징의 의미로 사용하기에 부족하므로 삶의 변화 및 변형과 연결되지 않는다. 실제 삶의 실천과 분리된 명상과 환상에 불과할 수도 있다. 의식과 무의식이 함께하는 머리와 팔/다리의 기능의 통합적 동반실천은 동양적 의미의 도 실천과 같다 하여 머리가 알고 하고자 하는 일을 내 몸의 팔다리도 같이 알고 함께하는 일이라 설명했다. 이런 의미는 융(Jung & Wilhelm, 1981, 이유경 역, 2014)이 동양의 도(道, Tao) 개념을 머리 수(首) 자에 발/다리도 함께 간다는 갈지(之) 자를 합친 것이라고 이해함으로써 가장 의식적인 기능의 머리와 가장 무의식적 부분의 발의 기능을 통합하는 것이 도라 하였다. 그래서 동양의 도를 무의식의 의식화를 말하는 심리치료와 동일시하였다.

Johnson(1986)은 융의 꿈작업과 적극적 상상을 비교 연구한 후 적극적 상상이 심리치료에 더 효과적이라고 밝힘으로써 융의 후기 연구주제인 적극적 상상을 더 지지하였다. 적극적 상상에서는 인간의 정신기능인 상상을 이용하여 예술매체들을 적극적으로 활용한다는 관점에서 무의식 자료에 대한 의식참여 수준이 언어적 꿈작업보다 예술활동을 통한 적극적 상상이 더 적극적이기 때문이라고 했다. 이런 생각과 같이 Hillman(1975)도 인간 의식의 확대라는 차원에서 치료적으로 활용하는 신화의 내용에는 신 이미지와 신화이야기들이 나타난다. 신화에 나오는 신의 원형적 자료들을 의식화하기 위하여 예술적 상징과 함께 신화적 언어표현의 명료성을 통합한 치료를 신화치료라 말한 것이다.

무의식적 자료에 적극적으로 상징적 형태를 부여할 때 상상에 의해 표현되는 상상의 방법은 수채화, 그림 그리기, 조각 등의 시각예술매체 이외에 무

융, 글쓰기 직조, 드라마, 찰흙놀이, 모래놀이, 제의식 등 여러 가지 다양한 예술매체를 통해 이루어진다. 특히 신체동작으로 표현되는 상징은 다른 일반적인 적극적 상상보다 훨씬 효율적이라고 했다. 더 구체적으로 말하면, 감각운동에 의해 촉발되는 '운동신경 상상(motor imagination)'의 표현은 만다라 형태로 나타나고 아름다운 춤을 만들어 낸다(Chodorow, 1997)고 하여 감각운동에 의한 댄스치료 및 예술치료의 심리치료 효과를 높이 평가하였다. Chodorow(1991)는 적극적 상상에 의한 춤동작치료 회기가 끝나가는 마지막 단계에 이르러 내담자에게 나타나는 만다라 유형의 동작들을 발견하였다고 보고하였다. 융은 적극적 상상에서 신체동작예술이 치료 효과가 뛰어남을 언급했지만 그의 미술치료연구에서 내담자 X 부인의 그림에 나타난 만다라 그림의 형태가 정교하게 발달하였음을 보고하였을 뿐 적극적으로 진정한 움직임을 이끌어 내는 댄스치료를 실천하지 않았다. 융의 사후 융 학파 춤동작치료자들이 적극적 상상과정에 신체에너지를 관련시켜 무의식적 수준의 진정한 동작을 이끌어 낸 이후에 적극적 상상의 발달이 더 풍부하게 이루어졌다.

융의 사후 미국의 댄스치료자들인 Whitehouse, Adler, Chodorow 등이 적극적 상상기법을 통해 융의 댄스치료를 개발하였다. 융의 댄스치료는 다른 접근의 댄스치료에 비하여 내담자의 의식적 자아가 물러가도록 하고 심층 내면의 감각충동에 의한 이미지와 감정을 탐색하여 그것에 예술적 표현의 형태를 부여함으로써 보다 동양적 도의 방법이 통합되어 있다. 뿐만 아니라 원형차원의 에너지 역동을 이용해 참자기 축과 연결되는 동작을 이끄므로 자아초월적 댄스치료의 경향을 가진다. 다음 절에서 융 분석심리학적 댄스치료가 융의 4단계 심리치료를 어떻게 실천하였는지를 더 자세히 소개한다.

Chodorow(1991)는 1931년형 융 심리치료의 4단계에 춤동작치료에 필요한 동작자/목격자(mover/witness) 관계를 대입하는 대안적 방법에 관심을 가지고 춤동작치료를 실천하였다. 그 대안적 개입의 원리는 동작자가 자유롭게 자기표현을 하도록 허용하고 목격자에게 경청하게 함으로써 심층 무의식적 자료에 직면하도록 하고, 이 자료들은 내담자/목격자 간의 전통적 전이 투사의 직접적 관계보다는 예술매체의 표현이 컨테이너가 되는 가운데 동작자/목격자가 상호 주관적 반응과 가시적이고 객관적인 반응 사이를 왕복하면서 예술치료를 통한 내적 치유와 삶의 변형이 일어날 수 있는 더 강력한 예술심리치료 모델을 만들었다.

2) 만다라 미술치료

융 자신이 적극적 상상에 의해 실천한 미술치료를 그의 내담자였던 X 부인의 사례(Chodorow, 1997)를 빌려 소개하겠다.

융의 내담자였던 X 부인는 적극적 상상의 실천과정에서 모두 19장의 수채화를 그렸다. 그녀가 수채화로 표현하기 직전에 가졌던 환상이미지는 그 주변에 둥근 돌이 여기저기 깔려 있는 해변가 땅속 바위덩어리 속에 자신의 몸 하반신이 박혀 있는 모습이었다. 그녀는 미술치료 첫 회기에서 자신의 그림에 대해 표현하면서 융을 중세 마술사 구실을 하는 사람으로 여기고 융에게 살려 달라고 소리쳤더니 융이 다가가서 마술지팡이로 바위를 건드리자 그 바위가 깨어져 열리고 그녀가 무사히 빠져나오는 상상적 이미지의 모습을 보았다고 했다.

융은 그녀에게 가능한 한 많은 환상을 그림에 도입하게 하였고 밝은 여러 색깔을 과감하게 쓰도록 하였다. 왜냐하면 실제로 생생한 색깔은 무의식을 매혹시켜 내담자와 상호작용하게 만들기 때문이다. 그녀의 두 번째 그림에 나타난 돌들은 더 이상 첫 번째 그림의 달걀 모양이 아니고 완전한 원형의 만다라 형태였다. 이 완전한 원형은 네 번째 그림에 가서는 양극적인 두 세력을 가진 반원으로 나뉘어져서 점점 내적 구조가 분화된 만다라 그림으로 발전되어 갔다. 그녀는 이 네 번째 그림에서 자신이 가장 아끼고 사랑하고 절대적으로 중요하게 여기는 자아를 둘로 나누어 쪼개어 그리면서 그것은 자기 자아가 그냥 물러가도록 허용하는 일(letting go)이라고 여기고 이것이 일종의 심리적 전환을 이루는 힘들고 어려운 과정이라고 했다. 그리고 이런 자아의 퇴각은 자기 의지만으로 만들어 낸 의도적 결과가 아니라 무의식이 지금까지 기다려 온 기회로 여기고 그 무의식의 내용이 무엇이든지 간에 무의식 자료가 일어나도록 자아가 물러가면서 이를 허용하는 일이라고 했다. 그 이후 열아홉 번째 그림까지 만다라 그림작업이 계속되었다. 결국에는 그녀의 만다라 그림 속에서 참자기 원형의 이미지인 네 개의 나선형 소용돌이가 중심으로 통합되면서 발하는 황금빛과 무지개빛을 보게 되었다. X 부인이 만다라 형태로 전개한 그림 속에 나타난 상징들(예: 철학적 달걀이라는 로턴덤 달걀, 연금술들의 번개 플래시, 헤르메스신의 숫자 4, 머큐리의 날개, 머큐리의 뱀 및 용 등)은 동양문화권과는 다른 고대 서양신화의 상징과 이야기들이 담긴 것들이다. 융은 이렇게 X 부인이 신화적 상징용어들 이외에 연금술적 용어를 사용했던 것을 치료과정에서 신화적 상징이나 이미지의 사용이 모두 적극적 상상을 통해 일어나는 정서적 변화로서 일종의 연금술적 변형이라는 비유를 들어 설명하였다. 또 내담자 스스로가 적극적 상상과정을 발견하고 적용하여 무의식과 의식의 통합을 통해 참자기 통합으로 향하는 개성화과정을 동일시하였다. 실제로 X 부인이 상징적 용어들을 사용하여 자기 그림의 의미를 설명하였으므로, 융은 적극적 상상이란 기법을 발견하고 실천한 사람은 바로 자신의 내담자였던 X 부인이라고 말하였다.

융(1965: Fincher, 1991, 김진숙 역, 1998에서 재인용) 자신도 아침에 동그라미를 그리고 그 속에 자기 내면을 반영하는 내용을 그림으로 채우면서 자기 내면이 원만하고 조화롭게 통합되는 참자기를 표현했다고 한다. 융(1973: Fincher, 1991, 김진숙 역, 1998에서 재인용; Fincher, 2009, 오연주 역, 2011)은 그의 환자들의 그림에 나타난 만다라가 참자기를 지향하여 발달하는 개성화의 경험을 나타낸다는 것을 관찰하고난 후 다음과 같은 만다라 이미지의 형태 목록을 만들었다. 이와 같은 목록에는 특정한 질서나 순서는 없고 다만 내담자들의 개성화과정이 어떻게 활성화되는가에 따르는 과정과 관계가 있다고 했다.

① 원형, 구형 및 달걀 모양의 형태
② 꽃(장미꽃이나 연꽃)이나 바퀴로 장식된 원형
③ 원형의 중심에 태양, 별, 십자가로 표현되고 주로 4, 8, 12의 빗살로 나뉜 원형
④ 때로는 원형, 구형 및 십자가 형태가 돌아가는 움직임을 표현하는 스오스티카 형태
⑤ 머리가 꼬리를 물고 있는 우로보로스 뱀 또는 나선형의 똬리 모양의 뱀의 형태
⑥ 원형 속의 사각형 또는 사각형 속의 원형
⑦ 사각 또는 원형의 성, 도시 및 정원
⑧ 눈(동공과 조리개) 모양
⑨ 4의 배수로 여덟 개의 물체나 3, 6, 9 등의 3의 배수

만다라 미술치료의 선구자들은 만다라 형태로 나타나는 상징 중에서 미로 및 나선형은 개별화된 의식성에 이르는 시작을 표시한다 하여 위대한 만다라 둥근 원의 원형적 단계(archetypal stage of the great round of mandala)를 12단계로 구성하였다(1982: Fincher, 1991, 김진숙 역, 1998에서 재인용). 12단계의 만다라 작업 주제들은 각각 공백, 낙원, 미로/나선형, 시작, 과녁, 분리/투쟁, 원 속의 사각형, 자아기능, 투명, 죽음, 분열, 초월적 무아이다. 이 12단계별 주제들은 만다라 그림으로 표현될 수 있는 형태적 묘사이거나 그 형태적 상징에 대한 의미의 언어적 상징으로 표현되고 있다. 이 12단계는 중앙에 참자기를 중심으로 열두 개의 빛살로 주변에 순환하고 있는 형태를 나타내는 하나의 도식이다. 쉽게 설명하면, 중심의 참자기로부터 흘러나오는 에너지로 인해 개인의 자아가 경험하는 것으로 참자기/자아의 역동적 관계를 반영하는 도식이다([그림 4-1] 참조).

이 12단계는 융의 적극적 상상의 방법으로 실천하는 만다라 작업체험을

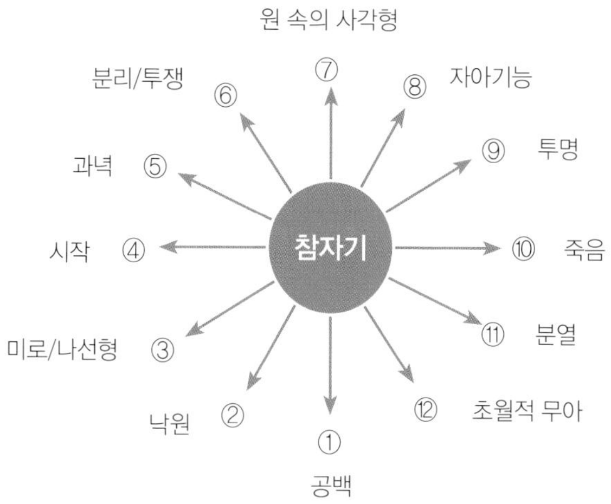

[그림 4-1] 개성화과정의 12단계 주제

통해 참자기를 실현하는 개성화과정과 동일시된다. 3단계의 미로나 나선형 작업단계는 참자기 실현을 향해 생명력의 순환과 하나됨이 시작되는 단계로서의 중요성이 있다. 나선형의 회전과 소용돌이는 인간의 정신이 움직임으로 활성화된다는 움직임의 상징이 그림으로 전환된 그림상징이다. 그러므로 위대한 만다라 일원상의 참자기/자아의 역동적 순환단계를 '심리적 성장을 나타내는 나선형의 통로'라고 지칭하였다. 이러한 일원상의 개념은 덜 성숙한 미분화된 간단한 상태에서 더 복잡하고 정교한 상태로 직선형적 발달을 한다는 다른 발달이론과 달리 나선형적 순환을 통해 삶의 큰 지혜와 큰 전체성으로 향해 인간 잠재력을 성취한다는 의미를 가진다.

3) 만다라 형태 그리기

(1) 교육예술: 리듬의 교육

예술을 위한 교육, 즉 예술교육은 예술 자체를 대상으로 하여 예술이 무엇이냐를 이해시키고 예술적 기술능력을 기르고 예술을 통한 창작능력 및 생산

능력을 증진하기 위한 교육이다. 그래서 예술행위의 주체자와 예술의 소비자에 대한 인간성 및 삶에 대한 관심이 인간성 치유와 성장과는 다른 곳으로 옮겨 가서 예술의 목적이 무엇을 위한 것이냐가 달라진다. Steiner가 제시한 교육예술(pedagogical art)은 우리가 일반적으로 생각하는 예술교육과 다르고 오히려 치유를 교육과 동일시하였다(허영록, 2006; Nobel & Bokfoerlag, 1996). 그러므로 교육예술과정은 예술치료의 목표 및 과정과 같다고 볼 수 있다.

임용자(2005)는 Steiner의 구체적인 교육방법론과 관련하여 교육예술을 정의하였다. 교육예술이란 특수한 교육방법으로 학생들의 지적 교육과 행동의지 훈련 사이의 균형과 조화를 위해 교과과정을 리듬적으로 구성하고, 학생들의 집중력 강화에 효과적인 기억/망각의 주기적 리듬을 사용한다. 즉, 어떤 교과목을 일정 기간 동안 집중적으로 수업한 후 망각의 시간을 갖게 한다. 그리고 수업의 구체적 방법론에서 리듬적 방법을 적용한 예술과목들(예: 외국어 수업, 동작예술인 유리드미, 형태 그리기 등)을 실천하는 일이라 하였다. 요약하면, 교육예술을 통해 조화롭고 균형 있는 인간 형성을 하는 것을 교육목표로 삼고 이를 달성하기 위해 리듬의 원리를 이용할 수 있는 예술매체를 활용하는 교육이다. 이러한 교육의 리듬원리에서 심리학적으로 관심을 둘 점은 교육예술의 목표가 지적 능력과 행동의지 능력이 양극적으로 치우치거나 분리되지 않고 조화롭게 통합된 진정한 전체성(wholism, holism) 인간능력을 기르고자 하는 데 있다는 것이다. 특히 교육예술의 실천을 가능하게 하는 원리는 자연의 리듬적 원리이다. 즉, 밤과 낮, 계절 등의 시간적 리듬의 흐름, 들숨/날숨의 호흡리듬의 흐름 그리고 두뇌의 지적 기능과 사지(팔다리)의 대사기능 간의 양극적 생리리듬에 작용하는 자연의 큰 우주적 리듬의 원리를 교육에 적용하는 것이다.

Goethe는 시인으로 알려져 있지만 식물변용론 또는 식물형태학의 개념을 정식화함으로써 생명의 리듬법칙을 알려 준 과학자로도 인정받고 있다. 그의 식물변용론은 다윈이 출현한 후에야 제대로 평가받을 수 있었다. Goethe

는 식물의 '잎'을 식물의 가장 원형적인 기관으로 보고, 식물의 모든 형태는 단지 '잎'이라는 하나의 원형적 구조가 변화하는 것이므로 외적 기관들이 외견상 다른 모습을 띠고 변해 간다고 하였다. 그러나 현상적으로 보이는 여러 다양한 형태의 변화와 동시에 형태변화 전개의 내적 원리로 원형이라는 내적 동일성을 가진다고 통찰되었다(Bancroft, 1976, 양억관 역, 1993). 원형적 잎의 형태변형을 보여 주는 열대지방의 나무 한 그루의 예를 든다. 햇빛이 강렬해서 아주 키가 커진 나무에 매달린 수많은 잎사귀를 관찰해 보면 나무줄기를 중심으로 줄기 위로 갈수록 나선형으로 돌아가며 매달려 있음을 볼 수 있다. 더 놀라운 건 한 나무의 잎들의 색깔이 같은 색깔이 거의 없게 밑둥의 짙은 녹색의 잎에서 시작되어 점차 노란색이 가미된 녹색으로 그리고 나무 꼭대기에 이르러서는 최고로 밝고 화려한 노랑 꽃빛의 잎으로 나무줄기를 나선형으로 돌아가면서 색의 그라데이션을 이루고 있는 것이다. 아마도 나무도 의식적 지각력을 가졌다고 상상한다면 직립의 나무줄기 끝이라고 간주되는 맨 꼭대기 줄기에 매달린 잎들은 이미 노랑 잎사귀라기보다는 노랑꽃으로 그리고 더 태양 쪽으로 키를 높여 태양의 색을 흡수한 빨강 꽃으로의 변형이 일어났다는 착각이 들 정도이다.

정윤경(1998)의 Goethe의 식물 변용과정에 대한 연구에서는 3번의 수축(씨앗, 꽃받침, 수술과 암술)과 3번의 팽창(잎, 꽃, 열매)이라는 양극상태를 번갈아 왔다 갔다 하면서 식물의 형태, 향과 색이 달라지는 현상을 양극상승(polarity heightening) 또는 양극강화(polarity intensification)라 칭하였다. Goethe는 인간의 눈에 포착된 정지된 순간의 그림으로서의 식물형태가 아니라 수축과 팽창의 양극 사이를 리듬 있게 반복하는 움직임의 과정을 통해 변화하고 발달하는 생명과정을 관찰한 것이다([그림 4-2] 참조). 수축과 팽창의 사이를 왔다 갔다 하는 이러한 생명리듬 반복의 원리는 그 시대에 자연과학에서 가졌던 관념/경험의 이분법적 객관적 지식/주관적 지식의 분리에 반대하였던 Goethe가 일원론적 생명사상을 제시한 것이다. Steiner는 Goethe의

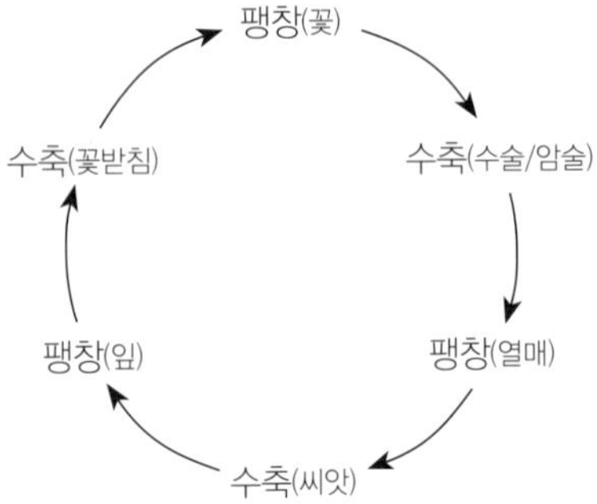

[그림 4-2] **식물형태 변용과정**

일원론적 사상을 더 보완하여 교육예술을 창시하여 실천하였다. 그러므로 그의 교육예술에는 당시 이원론적 사고로 분리된 교육에 전체성 사고(holistic thought)를 반영하여 미래를 위한 전체성 교육 및 전체성 인간치유가 서로 교감하고 있음을 알 수 있다.

교육예술의 중요 원리가 된 Goethe의 인간 생명리듬은 우주적 리듬을 각인시킨 것이라고 앞서 말한 바 있다. 이는 시간, 날짜, 주일, 계절, 연이 시간의 리듬이며, 이 시간의 리듬들은 해, 달, 별들의 상호작용과 그들의 움직임에 의한 것이고, 이 우주리듬이 인간의 영혼과 물질신체를 매개하여 신체 속에서 우주정신이 발현되는 현상이 생명이라고 생각한 것이다. 즉, 지구상의 무기물질들이 정신화하여 생명을 가지게 되는 것은 우주로부터 발생하는 리듬적 과정을 통해서만 가능하다고 생각한 것이다. 특히 호흡과 맥박의 1:4 리듬에 대해 Steiner는 태양리듬이 가장 내적인 자기목적적 인간존재 속에 각인되어 있다 하여 태양의 리듬체계에 묶여 있는 소우주로서의 생명과 인간존재임을 설명한다(Monges, 1979).

(2) 형태 그리기

Steincr의 교육예술 과목들 중에서 만다라 형태를 리듬 흐름의 움직임으로 실천하는 예술과목들이 있다. 그중에서 만다라 형태와 관련되는 동작교육에

술인 유리드미(eurythmy)라는 과목과 유리드미의 중요 원리인 리듬 흐름의 원리를 미술매체로 변환하여 활용하는 형태 그리기(form drawing) 과목이 있다.

우리가 시각적으로 지각하는 사물의 형태 및 세상 모습에는 형태의 윤곽선이 원래 분명하게 존재하지 않는다. 외부 사물의 형태나 움직임에 대한 대뇌 지각의 특성은 제1장에서 말하였다. 뿐만 아니라 외부세계에 존재하는 사물들은 서로 다른 색들을 가지고 있지만 서로 색채들이 면과 면으로 만나서 섞일 뿐이지 어떤 분명한 윤곽선이 존재하는 것이 아니라고 한다. 그래서 Steiner 교육의 발도로프 유치원의 유아들은 습식수채화(wet-painting)라는 그림 그리기 수업에서 젖은 화지에 물과 물감들이 서로 섞이는 과정을 경험한다. 습식수채화에서는 윤곽과 경계선을 우선하여 개념적 형태를 만들려고 의도하지 않으며 물감들이 서로 비치도록 덧칠하면서 베일링(veiling)으로 섞일 때 물과 함께 물감이 도화지에 적셔지는 과정은 마치 물이 물질에 스며들면서 색과 형태를 드러내는 에테르체(생명체)의 생명과정을 은유적으로 체험하는 것과 같다. 습식수채화와는 아주 다르게 직선과 곡선의 윤곽이 있는 형태의 패턴이 균형 있는 흐름으로 흘러가도록 선을 그리는 형태 그리기 과목이 있다.

모든 형태는 기하학적 법칙과 밀접한 관련이 있다. 인간도 원래 외적 시각으로 형태를 경험하는 일과 상관없이 인간 내적 존재 안에서 독립적으로 내재된 기하학적인 만다라 법칙에 이미 친숙해 있다. 유아들의 난화그림에는 외적 사물에 대한 묘사가 아니라 생명 내적 움직임에 대한 자연발생적 표현이 직곡선의 그림으로 나타난다. 이것은 유아의 그림에서는 유아들의 신체발달과 함께 내적 생명발달이 점, 나선형, 둥근 원, 사다리 모양의 직선 등 그림이미지로 나타나는 것과 같다(Carlgren, 1993).

유아의 그림 같은 생명 내적 기하학이 인간의 신체 내에 각인된 우주의 기하학적 법칙과 관련성이 있기 때문에 기하학은 우주가 인간 생명 내에 각인한 인상들이 신체발달의 모습과 이미지로 표현된 것이다. 이렇게 생명 창조와 관련된 기하학은 시각적 형태미와 장식의 예술창작의 기하학과는 다르다. 물리학연구(Bentov, 1981, 류시화, 이상무 공역, 1987)에 의하면 인간은 형태지각을 할 때 주위에 존재하는 실체를 그대로 지각하는 것이 아니라 주관적 실체로 번역하여 지각한다. 주변세계를 운동(움직임)으로 보는 관점에서 지각적 몰입은 조용한 강물의 흐름처럼 연속적이다. 존재하는 물체들도 그 본질을 운동으로 보기 때문에 물체마저도 운동 이외에 아무것도 아니라고 본다. 그러나 인간이 눈과 귀 등 감각기관을 통해 주관적으로 받아들인 주관적 실체는 외부세계에서 일어나는 둥근 원운동을 대뇌 신경작용에 의해 활동-정지의 모스 부호 같은 점/직선운동으로 전환하여 반복적으로 형태를 기억한다고 했다. 이런 과학적 증거는 괘종시계의 추운동이나 원자구조 내의 전자운동 및 우주행성들에서 관찰되는 모든 종류의 타원형의 궤도운동을 점-직선의 단순조화운동으로 전환·번역함을 밝혀냈다. 우리의 뇌와 감각신경세포들은 내적으로 모스 부호로 디지털 코드화한 부호를 사용해서 모양, 색깔, 느낌 등을 가진 모든 아름다운 형태를 재구성해 낸다. 그러나 융의 정신원형의 알아차림은 인간 내적 생명의 움직임인 아미노산 합성과정이나 또는 내적 참자기 원형에너지를 심상이미지로 상징화하고 이를 의식 차원에서 알아차리는 능력이 있음을 우리는 이미 알았다. 그래서 발달하는 아동들은 두뇌중심의 미적 감각에 의한 형태 만들기와 형태 그리기의 기술을 습득하기 위한 미술수업을 하는 것이 아니며 영혼의 차원에서 생명력의 움직임을 내적으로 깊이 체험하는 데 형태 그리기 활동의 목적과 의의를 둔다.

만다라 형태 그리기의 목적을 요약하면 다음과 같다. 첫째, 형태 그리기에서 경험하는 느낌(감정)을 사용하여 사고와 행동의 양극화와 상호배타성 및 치우침을 극복하고 사고, 감정, 행동의 균형과 조화를 이룬다. 둘째, 심미적 감정과 창의성을 발달시킨다.

형태 그리기의 효과를 요약하면 다음과 같다. 첫째, 형태 그리기에서 몸으로 형태 그리기를 도입하면 동작의 내면화와 체화에 도움이 된다. 둘째, 눈이

손을 따라가면서 형태를 그리기 때문에 눈과 손의 협응력이 증진된다. 셋째, 그리는 과정에서 미세한 움직임 및 행동 알아차림이 증진된다. 넷째, 작품의 결과보다는 과정에 중심을 두므로 과정집중력이 향상된다. 다섯째, 형태 그리기를 한 후 경험 나누기를 통해 의사소통 및 표현 능력이 향상된다. 여섯째, 목적지향적 예술이 아닌 수단으로서의 예술 사용은 내면의 힘과 의지를 깨우게 한다.

형태 그리기 과정에 대한 이해를 돕기 위해 다음과 같은 단계들을 정리해 보았다. 그러나 이들 단계를 엄격하게 지키지 않고 융통적으로 주제를 선정해서 작업할 수 있음을 고려한다.

① 직선과 곡선 그리기단계

직선과 곡선은 모든 형태의 기본 요소이다. 직선 그리기에서 일정한 방향성 및 논리적 사고를 체험한다. 곡선 그리기에서는 다양한 방향성, 초점분산, 비논리성, 무의도성을 체험한다. 굴곡이 많아 움직임이 많은 곡선은 의지훈련에 도움이 된다.

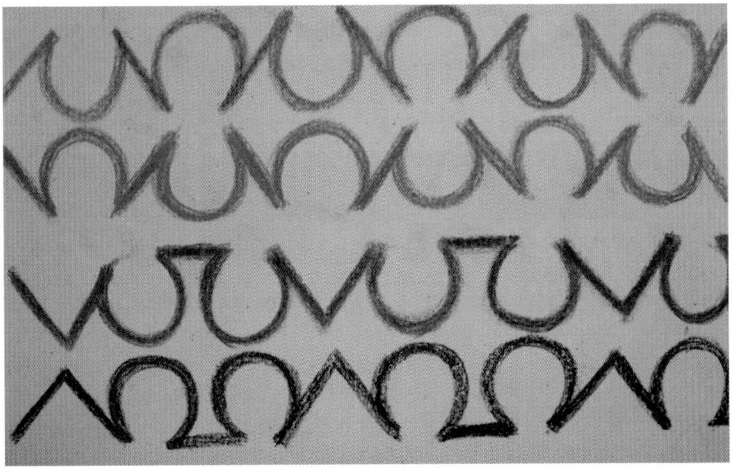

[그림 4-3] 직선과 곡선 그리기단계

② 좌우, 상하, 전후의 대칭형태 그리기단계

대칭의 축 알기와 둘의 대칭 그리고 넷의 대칭적 방향에 따른 형태의 반복 및 전환을 그린다.

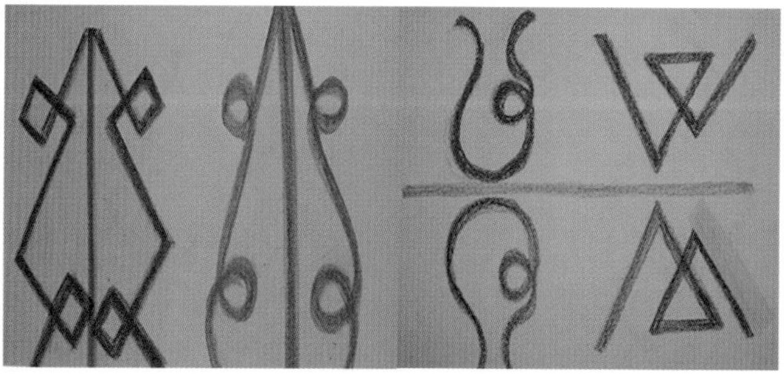

[그림 4-4] 좌우, 상하, 전후의 대칭형태 그리기단계

③ 대칭축의 변형단계: 만다라 그리기

원의 중심에서 대칭축의 방향을 자유롭게 바꾸기와 대칭형태의 다양한 창조를 이룬다.

[그림 4-5] 대칭축의 변형단계: 만다라 그리기

④ 매듭예술의 창작단계

실이나 끈을 사용하여 매듭 작품을 만들어 보고 매듭의 입체적 꼬임의 형태를 평면적으로 그린다.

[그림 4-6] 매듭예술의 창작단계

⑤ 기하학의 발달단계

형태감각과 공간감각 등의 신체감각 발달을 기르기 위해 자, 컴퍼스 등을 사용하지 않고 기하학적 문양을 창작한다.

[그림 4-7] 기하학의 발달단계

⑥ 치유적 요소의 적용단계

반복적 리듬패턴 그리기, 대칭축과 대칭축의 변형 그리기를 통해 심신 성장을 촉진하고 창조성을 발달시킬 수 있다. 기질별(다혈질, 담즙질, 우울질, 점액질)로 다른 형태 그리기를 함으로써 기질적 결함을 보상한다([그림 4-8] 참조). 또한 자폐 아동과 주의력 결핍 아동의 내향성/외향성 조절능력을 기른다([그림 4-9] 참조).

점액질(phlegmatic)

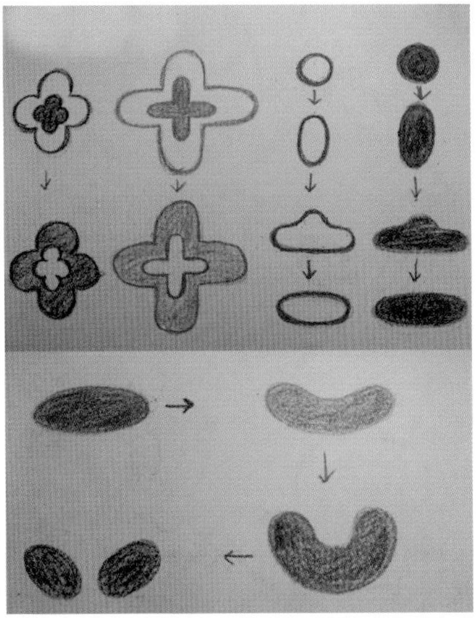

우울질(melancholic)

다혈질(sanguine)

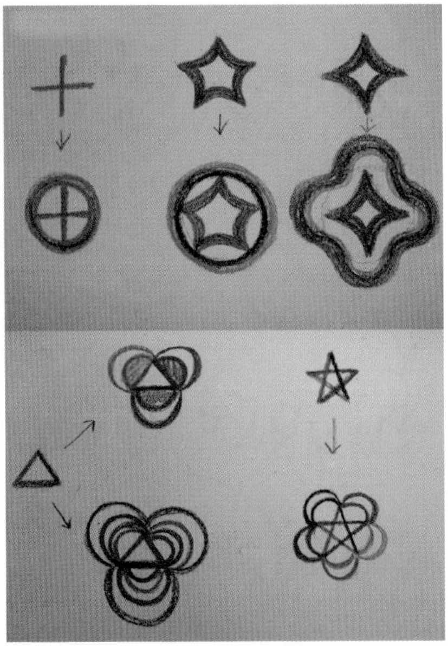

담즙질(choleric)

[그림 4-8] 기질별 형태 그리기

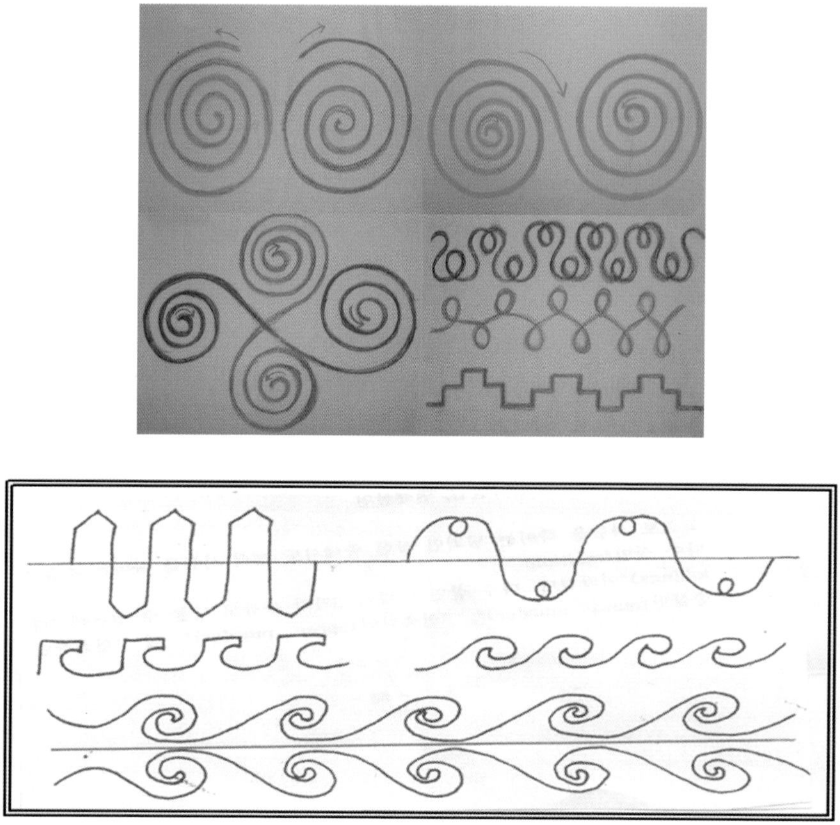

[그림 4-9] **특수아의 형태 그리기**

출처: Woodward (1997).

2. 분석심리학 춤동작치료

1) 진정한 동작의 원천

진정한 동작(authentic movement)을 연구한 분석심리학파 무용수들은 움직임만이 인간을 살리는 생명 그 자체라고 믿고 있다. 왜냐하면 정신원형의 내용 중에서 에너지 요소는 이미지와 감정을 포함한 역동적 신체움직임으로 풀

어낼 수 있음을 발견하였기 때문이다. 그들은 무용에서 이미 고전 연구가 되어 버린 에포트(effort: 신체에너지를 사용하는 방식인 시간, 공간, 무게, 긴장 흐름)라는 방법들에 익숙해 있는 전문 무용수였으므로 춤동작과 분석심리치료를 통합하여 새로운 춤동작치료를 개척할 수 있었다.

융의 분석심리학을 적용한 최초의 진정한 동작의 연구는 Whitehouse (1999b)를 비롯해서 Adler(1999b), Chodorow(1991)의 공헌으로 이루어졌다. Whitehouse(1999b)는 융이 동양사상에서 도입한 도 원리에 따라 적극적 상상을 실천하면서 진정한 동작이 나오도록 하였다. Whitehouse(1999b)는 그의 논문「몸의 도(道)(The Tao of the Body)」에서 가장 이상적인 동작은 참자기와 자아가 통합된 움직임으로 내가 의식적으로 움직이는 '내가 움직이는 동작(I move)'과 무의식에서 나오는 진정한 동작인 '내가 움직여지는 동작(I am moved)'이 같이 나오는 것이라고 했다. 그러므로 진정한 동작이란 학습된 춤동작이 아니라 특정 순간에 자아가 무의식이 활동할 수 있도록 의식적 통제, 비판, 검열이 없는 자기목격자로 존재할 때 자신의 느낌에 따라 생기는 자발적 충동을 표현하는 동작이라 했다. 그녀가 말하는 이상적인 의식/무의식의 통합동작은 융 심리학적 개념으로 말하면 참자기 동작을 말한다.

Whitehouse(1999b)에 따르면 융이 최초로 제시한 2단계의 적극적 상상과 같이 첫째 단계에서는 무의식의 자료가 떠오르도록 의식적 자아가 물러나게 하기(let it go) 위해 마음을 비우고 무의식적 자료들이 일어나도록 허용한다(let it happen). 이 방법은 동양적 도 사상의 의식을 내려놓는 무위자연(無爲自然)의 개념을 적용한 명상의 방법과 같다. 둘째 단계에서는 조용하게 단순히 지켜보는 명상적 방법으로는 적당하지 않고 환상 및 상상기능을 사용하는 정신역동적이고 자발적인 활동에서 그림, 제스처, 동작으로 무의식의 상징적 이미지를 표현한다(Chodorow, 1997).

주체의 몸 내부로부터 나오는 진정한 움직임은 타인에게 보이는 기술성과 형태미를 추구하는 신체동작과 다르다. 그래서 제3자적 관점에서 몸동작을 관람하는 '관람자적 인식론(spectator theory of knowledge)'(김정명, 2014)을 거부한다. 공연예술 위주의 무용실 벽면은 거울이 있고 심리치료를 적용하는 춤동작치료실에는 거울이 전혀 없는 이유는 진정한 동작을 하려면 내면의 무의식 자료가 무엇인지 알아차려야 해서 눈을 감고 자신의 신체 내부로 들어가야 하기 때문이다.

융 학파 춤동작치료자들은 진정한 동작의 원천이 무엇인가에 관심을 두었다. 우선 Adler(1999b)는 진정한 동작과 관련하여 개인무의식 차원의 동작 원천에 대하여 연구하였다. 그녀는 내담자의 감정패턴 및 개인 고유의 동작패턴이 함께 나오는 특정한 신체부분(body-part)에 관심을 두었다. 예를 들면, 그녀의 내담자였던 해더(Heather)는 독특한 다리동작(다리를 들어 올려 밀어내는 동작)에 어린 시절의 부모에 대한 분노가 들어 있음을 표현했다. 이런 동작을 개인 특질적 동작(idiosyncratic movement)이라 칭했다. 개인 특질적 동작은 그림자동작이라고도 칭하는 개인무의식으로부터 나오는 동작으로 강력한 심리치료 효과를 얻을 수 있는 중요한 치료적 자료이다. 해더는 첫 번째 분노동작의 반복을 멈춘 후, 두 번째로 나타난 특질적 동작은 아주 느린 동작으로 얼어붙으면서 폐소공포적 동작으로 나타났다. 폐소공포적 동작은 어떤 필름의 막이 팔과 다리를 감싸서 자기 몸이 마치 감옥 같다는 이미지와 함께 나타났다.

적극적 상상 초기에는 눈을 감고 아무 방해를 받지 않는 조용한 명상상태로 무의식적 내면의 환상이 나타나도록 기다린 다음 개인적 정서패턴으로 충전된 미지의 그림자 영역에서 콤플렉스 패턴의 움직임이 나타난다. 개인의 콤플렉스 영역에서 나오는 개인무의식적 동작인 개인 특질적 동작은 개인의 생애 초기 또는 트라우마 경험과 조건화된 감정패턴과 함께 나타나므로 심리치료의 중요 자료이다.

Chodorow(1991)는 적극적 상상기법이 적용된 춤동작치료 과정에서 관찰된 진정한 동작의 원천을 세 가지 종류의 집단무의식 동작으로 분류했다. 개인무의식 차원의 그림자동작보다 더 깊은 차원의 집단무의식 동작 원천들로 문화무의식 동작 및 원시무의식 동작 그리고 통합 차원의 자아/참자기(ego/Self) 축동작들을 관찰하여 집단무의식 동작을 더 구체적으로 구별하였다.

집단무의식 차원에 나타나는 동작 중 문화무의식 동작은 문화권마다 정서 표현의 방식, 민족예술이나 종교의식, 사회문화적 제스처나 자세, 신화나 전설 및 동화에 나오는 문화적 이미지가 내담자의 인구학적 배경에 따라 다르게 표현된다. 더 심층 무의식 차원으로 개인치료에 강한 영향을 주는 강렬한 정서표현들로 원시무의식 동작이 있다. 예를 들면, 목소리와 동작을 수반하는 웃기, 울기, 흐느끼기, 신음하기, 헐떡거리기, 소리치기, 으르렁거리기, 코웃음 치기 등 원시적이고 동물적인 표현들이 동작과 함께 나온다. 이러한 원시무의식 동작과 발성들 역시 개인무의식보다 더 심층적 직면을 하는 단계에서 나온다. 동작중심 표현예술치료 기법 중 목소리/동작하기(voice with movement) 기법은 원시무의식 단계에 사용하는 기법으로서 문화무의식보다 더 보편적인 집단무의식에 속한다.

치료가 끝나가는 마지막 단계에 이르러서 나타나는 동작이 자아-참자기 축동작이다. 이 동작은 신체 속의 모든 역동적 양극성에 균형을 주는 중심축이 있는 동작이다. 이 동작은 마치 내담자가 자기 정신에 질서를 부여하고 정신의 중심잡기를 하는 과정으로 움직이는 동작 같아 보인다. 내담자가 전문적 무용수가 아니더라도 분석심리치료의 결정적 단계에서 내담자의 참자기의 통합에 이르러서 나타나는 동작이 바로 이것이다. 이 동작의 형태적 특징 역시 나선형과 기하학적 형태의 전후, 좌우, 상하 대칭의 만다라 형태를 나타내는 것이다.

떠오른 무의식의 이미지와 연상을 심리치료와 연결시켜 삶의 사건들과 관련된 상징적 의미를 이해하고 삶의 통찰적 지혜를 얻어야 하는 것이다. 내면의 자료가 이미지라는 시각적 자료만 있는 것이 아니라 정신통합 심리학에서 말하는 심리법칙에 의하면 원형의 내용들인 감정과 에너지들이 움직임을 수

반한다. 그러므로 진정한 동작은 적극적 상상과정에서 그림이나 동작은 물론 다른 예술매체 활동으로 연결된다. 생명의 위대한 법칙으로서의 진정한 동작은 언어보다 더 중요한 신체로 현실적인 삶을 살아가는 몸움직임을 체화하고 현실세계와 신체세계와 연결시킨다. 그래서 가장 내면적 자료에서 나오는 진정한 동작은 외부세계의 엄밀한 현실과의 관련성을 탐색하도록 만든다. 적극적 상상에 의한 진정한 춤동작치료는 융의 학문적 연구 결과인 심층심리학 덕택에 춤동작치료자들의 몸의 지혜를 심리치료에 이용함으로써 몸의 지혜가 현실에 주는 영향과 그 관련성을 알아차리라고 통찰함으로써 심신통합치료에 중요한 공로를 이루었다.

2) 분석심리학 춤동작치료

무의식 차원에서 나오는 진정한 동작에 접근하기 위해 내담자가 눈을 감고 자신의 원형이미지가 환상으로 그 모습을 드러내길 기다리는 명상단계를 거친다. 그리고 그 후에 그 환상적 이미지를 예술적으로 표현하고 스스로 변화하도록 기다린다. 적극적 상상의 초기단계에서 동작자가 눈을 감고 동양의 명상에서처럼 내적 이미지나 감각충동이 떠오르길 기다리는 것은 진정한 동작이 이 과정을 통해 일어난다고 인식되고 있기 때문이다.

최초의 융 학파 춤동작치료자인 Whitehouse(1999b)는 적극적 상상과정을 통해 인간 생명의 위대한 법칙인 본능적 동작이 무의식적 동작과정으로 전개되므로 무의식적 동작 속에 나온다는 사실을 발견한 선구자이다. 그는 융과 같이 동양의 도 사상을 도입해서 적극적 상상의 첫 단계에 명상적 방법을 적용하여 의식이 무위자연하면 무의식의 진정한 동작이 발생하는 것이 몸의 도(tao of the body)라고 하였다. 그리고 그다음 단계에서 자신을 움직이게 하는 감각에 주의집중을 하면서 내적 주관성에 연결하여 감각의 형태와 몸느낌을 사용하여 동작을 발전시켰다. 이렇게 언어가 없이도 나오는 신체 움직임의 창조적 표현은 말이 없는 언어이고 몸 전체로 일어나는 체화경험이다. 즉, 본능 차원의 내적 충동 및 감각적 충동을 따라가면서 그 에너지가 행위로 연결되고 즉흥 춤동작으로 발전한다. 이렇게 체화된 창조성과 몸의 도로서의 몸 지혜는 참자기 발달에 필수적이므로 영적 차원의 연결성이 중요하다. 이 과정에서 신체동작 수준의 알아차림과 의식과 무의식에 대한 알아차림이 자기 지식(self knowledge)의 발달로 이어진다.

von Franz(1980: Chodorow, 1997에서 재인용)는 적극적 상상의 단계를 4단계로 세분화하였다. 첫째, 마음 비우기, 둘째, 무의식적 환상이미지 떠올리기, 셋째, 무의식적 환상이미지에 표현적 형태를 부여하기, 넷째, 윤리적 직면과 통찰을 삶에 적용하기이다.

적극적 상상의 마지막에 윤리적 단계를 설정한 것은 융(1961: Chodorow, 1999에서 재인용)이 그의 자서전에서 적극적 상상에서 나타나는 이미지를 이해하는 지식만으로는 불충분하고 무의식에서 얻은 통찰이 삶의 상황에서 실현되기를 강조했기 때문이다. 즉, 심리치료이건 예술치료이건 그 결과가 삶의 상황에 적용되고 실천되기에 예술은 무대 위에서가 아니라 삶과 직결된다는 면에서 그 효용성이 추구된다. 그러나 Chodorow(1999)는 적극적 상상기법에 의한 융 예술치료과정에서 단순한 삶의 윤리적 문제를 넘어 전체성 차원의 통합원형인 참자기 원형에 의해 창조되는 내적 정신의 새로운 상태에서 의지력(will power)을 사용하는 윤리성을 강조한다. 그렇지 않다면 치료 이후의 결과는 무의식적 본능의 시도들에 의해 치유된 자아의 의지라 할지라도 치유적 삶의 실천에 부정적 방해를 받기 쉽다고 했다. 예술치료 이후에 발휘되는 생명에너지와 신체에너지의 강력한 치료 효과가 참자기의 통정되고 조화된 차원 높은 윤리적 측면을 향하지 못한다면 오히려 무의식적 소망의 성취를 위한 강한 행동력에 휘말린다고 논했다.

Adler(1999b)의 춤동작치료 연구에 의하면 춤동작치료는 눈을 감고 천천히 움직여지는 동작(being moved) 속으로 들어가서 무의식의 경험에 집중하고 경청하는 것으로부터 시작한다. 그녀는 내담자의 특정 신체부분에서 나오는 개인적 주제와 개인무의식으로부터 나오는 개인 특질적 동작에 관심을 두었다. 그러므로 내담자의 개인 역사에서 비롯된 동작과 이와는 달리 초개인적 원천에서 오는 동작을 구별하였다. 이런 과정은 개인이 정서적 패턴과 함께 나오는 개인 특질적 동작이 개인의 발달 역사와 관련된 중요한 치료적 자료이지만 결국 치료의 마지막에 가서는 통합된 참자기동작이 중요함을 시사한다. Adler(1999a)는 융의 춤동작치료 과정에서 무의식의 의식화를 통해 발달된 자아의식은 영적 재각성을 돕고 투사를 자기소유화하면서 초의식(superconsciousness)을 발달시킨다고 했다. 그녀는 융 연구자답게 초의식 발달에서 진정한 동작과 참자기와의 내적 통합경험을 중시하였다. 궁극적으로 내적 통합경험이 외부 객관적 세계의 경험과의 소통하기 위해 언어체계로 확대시킴으로써 자기/타자/세상과의 관계변화를 강조한다. Chodorow(1991)가 춤동작치료의 마지막 단계에서 참자기와 자아가 통합된 움직임이 나타남을 중요시한 것도 모두 융의 적극적 상상과정에 기초하여 개인적 치료를 넘어 영적 수준에 도달하려는 경향성에 해당한다.

Adler(1999d)는 융(1961: Chodorow, 1997에서 재인용)이 말년에 분석자의 분석역할에 대해 중요한 변화를 일으켰던 목격자(witness)의 태도를 자신의 춤동작치료에 적용하였다. 동작자와 목격자의 관계 형성을 중시했고 목격자와의 관계 속에서 진정한 동작이 경청되고 공감되는 태도를 실천하였다. 동작자와 목격자의 관계를 통해 얻을 수 있는 심리치료 효과는 동작자는 내적 동작을 통해 자기목격을 하고 목격자는 동작자의 과정을 목격하면서 분석이나 치료적 개입마저도 내려놓고 자기목격(self-witness)을 하는 것이다. 여기서 자기목격이란 게슈탈트치료나 동작중심 표현예술치료에서 실천하는 자기알아차림을 의미한다. 그러므로 진정한 동작의 목격은 상호 명상의 실천방법이기도하다. 또 그녀는 목격자가 목격과정에서 그리고 내담자가 진정한 동작표현을 한 후에 상호 경험 나누기를 통해 공감이 확대되어 초월적 경험을 할 수 있다는 것을 강조했다. 예를 들어, 목격자가 동작자의 동작표현과 언어적 나누기를 통해 보호본능이나 모성원형을 만나 영적 어머니(spiritual mother)의 신비한 이미지와 감정을 경험하는 것이다. 이것은 무의식 경험을 통해 의식의 확대를 함으로써 영적 경험을 하는 과정이므로 치료과정에 목격자의 필요성이 강조된다.

통합치료를 위해 구체적인 알아차림을 통합하여 분석심리학과 춤동작치료와 동작중심 표현예술치료에 모두 적용할 수 있는 실천방법에 대해 다음과 같이 5단계로 안내해 본다.

첫째, 동작자/목격자와의 관계 형성이다. 집단 구성원들의 첫 만남의 관계에서 상호 신뢰를 가지고 경청되고 공감되고 지지되는 분위기를 조성한다. 특히 동작중심의 예술표현에 대해 호기심의 객관적 태도와 주관적인 상상적 태도 사이를 왕복하며 알아차림의 감수성을 준비한다. 동시에 감정이입적 관계 형성과 전이/역전이 및 투사의 감정적 조율이 필요하다.

둘째, 준비동작으로서의 치료의식이다. 적극적 상상을 통해 심층심리과정을 알아차리도록 하는 예술적 표현의 단계로 들어가기 위해 준비하는 움직이는 동작제의식(movement ritual)이 큰 도움이 된다. 스트레칭하고 척추 및 관절 늘이기, 이완 및 호흡리듬에 집중하는 간단한 준비운동을 하는 것이 무의식을 향해 문을 여는 좋은 방법이다. 예를 들면, 관절에 윤활유 이미지를 주는 준비운동으로 일어서서 또는 누워서 버터나 기름이 관절이나 손가락 마디, 손목, 팔꿈치 등 신체 부위에 깊이 스며들어 흘러내리는 상상을 하도록 한다. 갑자기 동작을 바꾸거나 갑자기 정지하지 않고 영원히 계속되는 것 같은 느린 파동의 움직임처럼 유지한다.

셋째, 내적 탐색의 과정이다. 분석심리학의 적극적 상상과정에서 내적 무의식 자료가 떠오르길 기다리는 조용한 명상의 단계이다. 이 과정에서는 자아가 한발 물러서서 무의식에게 자리를 양보하고 내적 자료가 떠오르도록 자아의식의 통제를 풀고 허용한다. 이와 유사하게, Halprin(2000, 임용자, 김용량 공역, 2002)은 내면의 동작충동이나 동작 자체를 탐구하는 도구로 감각알아차림과 호흡알아차림을 이용하기 위해 조용한 방법의 내면화과정을 중요시했다. 이 과정에서는 자아가 완전히 사라지는 것이 아니라 자아도 자기 무의식에게 목격자의 역할을 하는 것과 같다. 다음 단계의 표현화(expression)과정에 비교하여 내적 이미지를 떠오르게 하는 방법이므로 인상화(impression)과정이라 한다. 내적 탐색의 방법으로 시각표상, 청각표상 및 운동감각표상 등의 종속모형을 구체화하는 시간을 가지면 더 효과적이다.

넷째, 예술매체에 의한 표현과정이다. 전 단계에서 탐색되고 알아차리게 된 무의식적 자료는 의식적 자아의 적극적 참여에 의해 예술적 형태를 부여하는 표현의 단계이다. 그림, 알아차림의 글쓰기, 목소리 등 다양한 예술매체에 의한 표현이 가능하지만 몸동작의 형태로 표현하면 감정과 이미지의 통합이 보다 강력하다. 언어표현 시에 두뇌의 직선적 사고와 디지털표상을 벗어나기 위해 감각표상중심의 언어표현, 현재중심의 '나' 기술문, 게슈탈트 대화방식을 이용한다. 이런 언어표현은 치유를 위한 시적 글쓰기(poet-writting)로 표현되므로 훌륭하고 적절한 예술적 은유와 알아차림에 큰 도움이 된다.

다섯째, 치유와 성장을 위한 통합과정이다. 모든 회기과정의 경험을 집단원과 언어적으로 나눔으로써 자기 작업의 요약과 명료화 그리고 삶의 통찰을 얻는 과정이다. 회기과정에서 일어나 변화를 삶으로 가져가기 위한 지혜를 얻는 단계이다. 삶의 지혜와 삶을 창의적으로 변화시키는 과정에서는 적극적 상상의 마지막 단계에서 강조한 삶의 윤리적 지향성을 가진 실천이 신중하게 고려된다.

이상의 과정들은 내담자의 개별적 증상이나 삶의 주제와 관련하여 통합예술치료를 적용할 수 있는 창의적 프로그램의 기초로 사용할 수 있다. 이미 융(1975: Chodorow, 1997에서 재인용)과 Johnson(1986)이 언급했듯이 꿈분석 작업보다는 꿈작업을 적극적 상상의 방법으로 한다면 더 효과적이다. 특히 이미지 형성이나 게슈탈트 형성과 해소에 어려움이 있는 내담자라면 내면화단계와 표현화단계에서 그림과 동작의 표현을 이용해서 꿈이미지를 작업할 수 있으므로 5단계의 과정은 통합예술치료 및 심리치료에 모두 적용할 수 있다.

[그림 4-10]에서는 적극적 상상의 과정에서 원형적 이미지와 감정의 알아차림 그리고 개인 콤플렉스의 이미지와 감정의 알아차림을 별개의 과정이 아닌 연속적 과정으로 통합해야 함을 볼 수 있다. 알아차림이라는 게슈탈트 심리기법이 예술매체의 적용단계에서 주요 방법으로 제시되었다 할지라도, 실제적으로 알아차림은 신체/정서/인지/영성 등의 모든 차원에서 치료의 방법론이자 치료의 목표로서 중시된다. 이 내용은 제2부에서 알아차림의 방법론에서 다시 설명된다.

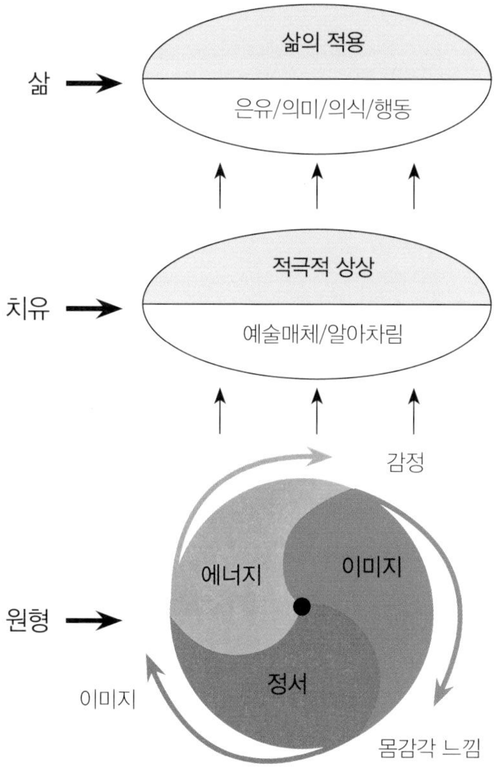

[그림 4-10] 적극적 상상과 알아차림 기법의 통합과정

제2부

알아차림춤의
실제

제5장

리듬의 교육 및 예술

1. 음악 · 동작 통합예술교육: 유리드믹스

스위스의 음악가이며 교육자인 Dalcroze(1865~1950)는 음악과 관련된 동작을 개발하여 1912년 영국에서 음악 · 동작 통합교육인 유리드믹스(eurhythmics)를 선보였다. 그는 우리 인간 모두가 가지고 있는 내적 음악인 내적 리듬이 우리의 신체, 마음 그리고 영성을 치유하고 이들의 힘을 강화하도록 돕기 위해 신체 내의 음악적 리듬을 나타내는 몸동작을 사용하는 음악 교육체계를 실천하였다. 그는 이 음악 교육체계를 '좋은 흐름(good flow)'이라는 뜻을 의미하는 그리스어에서 빌려 유리드믹스라고 칭하였다. 유리드믹스는 신체 내적 리듬의 알아차림을 심화시켜서 몸과 마음을 조화롭게 만들도록 고안되었다. 유리드믹스의 원래의 목적은 음악가들과 연주자들이 그들의 정서, 몸 그리고 마음을 통해 음악을 배워서 알도록 가르치는 것이었으나, 이제는 음악과 교육의 차원을 넘어 인간의 전체적 웰빙과 영성을 높이는 방법으로 사용하도록 잘 고안되어 있다. 내적 리듬의 좋은 흐름은 건강과 의사소통을 증진시키고 개인의 에너지 체계를 조화롭게 하고 알아차림을 증진시킬 뿐 아니라 일상생활의 기쁨을 증진시키는 데 필수적이라고 한다. 내적 음악 리듬에 대한 자기탐색은 지각능력과 알아차림, 주의집중력, 창조력을 증진시키고 특히 신체동작의 힘과 자신의 몸동작 범위를 알아차리고 자기통제력을 습득하는 효과가 있다(Schnebly-Black & Moore, 1997).

유리드믹스의 모든 음악적 학습과정은 행동에 기초한 방법을 사용하여 행동적 결과로 이끌어야 하기 때문에 유리드믹스 원리는 '좋은 흐름'이라는 의미가 더 구체화되도록 하기 위해 '좋은 리듬'이나 '좋은 동작(good movement)'으로 표현할 필요가 있었다. 이 원리에는 그리스 철학의 영향으로 양극성에 조화를 이루려는 사상이 들어 있다. 예를 들면, 유리드믹스의 연구는 리듬, 소리, 템포 등의 음악적 요소와 관련하여 제스처 및 걷기 등의 신체동작의 시간/공간/무게/흐름이라는 에포트 요소의 양극적 특성과 정확히 일치하도록 관련하여 작업한다. 즉, 춤동작치료에서 중시하는 동작의 에포트 요소(개인이 에너지를 쓰는 방법의 요소)와 음악적 요소가 정확히 일치를 이루는 연구가 되었다. 구체적으로, 예를 들어 우리의 걷기 연습에서 발생하는 음악적 경험에서 걸을 때 왼발, 오른발의 반복하는 규칙적 맥박과 박자 그리고 걷기의 속도나 템포는 흥분되면 빠르게, 게으르고 이완되거나 슬플 때는 느리게 걷지만 박자의 규칙성이 있다는 것이다. 그래서 걷기라는 움직임의 신비한 체험은 무게, 체적, 중력, 속도, 관성을 감지하면서 신체가 직립보행의 균형을 유지하려는 시도로부터 생기는 규칙적 박자와 리듬이 있다는 것이다. 음악에 맞춰 발로 걷기는 손동작을 이용하는 손뼉 치기에 비해 보다 더 생생하게 몸을 진동시킨다는 것이다. 특히 음악과 함께 발로 걷기는 이미 융이 동양의 도교 사상에서 발견했던 바와 같이 머리와 발이 의식과 무의식이라는 대극적 양극성을 통합할 수 있다는 통찰을 얻었다. 다음에 소개할 Steiner의 유리드미(eurythmy) 동작예술에서 사용하는 걷기의 방법도 음의 높낮이, 음의 길고 짧은 리듬 등 음악적 요소와 동작의 조화로운 통합 그리고 발로 무대 위를 걸어가는 만다라 형태의 조화로운 리듬 흐름과 팔/다리/척추 자세의 흐름의 일치 등의 특색으로 다른 무용예술에서의 방법과 다르게 통합치유성을 드러낸다. 발로 걷기라는 움직임에 있어서 음악 리듬의 장단, 걷는 길의 직 · 곡선의 형태, 걷기에서의 흐름과 무게 요소들은 춤동작치료에서 각 개인이 자기에너지를 사용하는 방법과 일치시킴으로써 음악이 동작의 정확한 동반자가 되게 한다. 걷기가 가진 치유적 효과와 그 비밀은 Steiner의 동작예술인 '치료유리드미(curative eurythmy)'(Kirchner-Bockholt, 1992)에서도 매우 정교하고 체계적으로 개발되었다. 그러나 유리드믹스의 동작은 단순한 형태의 개발에 머물기 때문에 음악치료적 성격이 중요하다.

이와 같이 움직임을 통한 음악적 능력 학습은 걷기, 뛰기, 손뼉 치기 등의 동작 학습과정과 관련되기 때문에 Schnebly-Black과 Moore(1997)는 동작중심의 음악수업인 유리드믹스를 연구하기 위해 감각, 지각, 기억, 고유수용감각 그리고 행동에 이르는 지각과정에 이르기까지 광범위한 인간의 감각경험을 연구하였다. 이들은 유리드믹스 수업에서는 우리가 살고 있는 세상의 본질이며 인간의 본질은 이미 양자물리학에서 밝힌 바와 같이 시간, 공간, 에너지요소와 관련된 음악요소들로 표현된다 하여 다음과 같이 유리드믹스 수업의 주요 목표를 설정하였다(Schnebly-Black & Moore, p. 115).

① 주의력과 집중력 향상하기
② 신체적 동작능력 숙달하기
③ 음악과 관련한 정서 투입하기
④ 타인과의 의사소통 증진, 개인적 욕구와 타인의 욕구 사이에 균형 학습하기

이 목표를 살펴보면 음악예술과 동작예술 교육을 통한 심리기능의 학습

은 심리치료나 예술치료에서도 공통적으로 중시되는 것들이다. 특히 시간, 공간, 힘 및 에너지 흐름을 음악적 요소로 간주함을 볼 때 이 신체에너지를 사용하는 방식인 이 네 가지 에포트 요소는 개인이 에너지를 사용하는 구체적인 방법에 관련된 요소로서 동작의 통제력과 동작이미지에 대한 감수성을 기르는 동작예술 수업이나 춤동작치료 회기과정에서 쉽게 나타난다. 실제로 유리드믹스 동작연습에는 에포트동작 여덟 가지—굽혔던 다리 내밀기(thrust), 손가락으로 선크림 바르듯이 톡톡 치기(dab), 힘으로 누르기(press), 팔로 z 모양의 칼 치기(slash), 팔로 해초처럼 떠다니기(float), 두 팔로 젖은 빨래 짜기(wring), 몸에 붙은 빵부스러기를 털기(flick), 미끄러지기(glid)—를 음악의 리듬에 맞춰 움직여 본다. 에포트동작 요소들 이외에도 다양한 스텝과 걷기 등의 동작이 음악과 함께 연습된다.

2. 슈타이너 동작예술: 유리드미

1) 유리드미의 발생 배경

Steiner가 창시한 새로운 동작예술인 유리드미(eurythmy)의 발생 배경은 다음과 같다. 첫째, Steiner의 3원적 인간관의 실천운동 중의 하나로 태어난 새로운 동작예술로서 교육예술인 동시에 치유예술이다(임용자, 2005). 둘째, Dalcroze의 유리드믹스가 음악교육계에 일어났던 혁신적 변화 중의 하나임과 마찬가지로 유리드미가 발생되었던 시기를 전후하여 당시 지성적 아카데미즘의 고전 발레무용에 대한 혁신적 변화들이 일어났고 그 변화 중의 하나로 태어난 새로운 무용예술이 바로 유리드미 예술이다(임용자, 2005; Steiner, 1974). Poplawski(1998)와 Wagner(1996)도 고전 발레무용에 대해 기술적 형태미, 지성화, 물질화, 신체화, 중력화라고 비판하는 동시에 그

것이 변화를 위한 심신일원론적 정신과학 추구의 일환이라 했다. 셋째, 유리드미는 Steiner가 1912년 그의 부인인 Marie von Sievers와 함께 유드리미 수업을 한 후 1914년에 도르나흐에 최초의 유리드미 학교를 세웠던 것에서 시작되었다. 1919년 취리히 공연을 계기로 그 후 파리, 슈투트가르트, 네덜란드, 남아공, 스칸디나비아, 일본, 러시아 등에 학교가 세워졌다. 그러나 Steiner 사상에 대한 독일 나치의 반대운동과 함께 1941부터 공식적으로 금지된 바 있으나 1960년 이후 다시 유리드미 교육이 급속히 확대되었다(임용자, 2005; Poplawski, 1998). 넷째, 교육과 치료를 동일시하고 교육과 치료를 통합한 Steiner의 치료교육적 관점에 의해 1921년 의사들을 위한 치유유리드미(curative eurythmy) 강좌를 개설하여 의사에서 치유자로의 변환을 위한 전체성의 의학(holistic medical) 패러다임을 강조하였다(Davis-Floyd & St. John, 1998; Kircher-Bockholt, 1992).

2) 유리드미의 명칭과 의미

유리드믹스와 유리드미라는 명칭에 공통적으로 들어 있는 접두어 eu는 좋은 흐름이라는 그리스어에서 파생된 접두어이므로 좋은 리듬, 좋은 동작이라는 의미로 해석할 수 있다. 그러므로 유리드미는 좋은 리듬과 좋은 동작으로 이루어진 아름답고 조화로운 동작이라는 그리스적 어원의 의미를 가진 이름이다(Poplawski, 1998). 유리드미의 그리스적 명칭 이외에 유리드미의 실천원리와 관련된 여러 가지 명칭으로 그 의미를 알아볼 수 있다.

첫째, Childs(1991)가 혼화된 체조(ensouled gymnastic)라고 부르는 유리드미는 혼의 체조 또는 정서적 체조라는 의미로 해석할 수 있다. 유드리미 동작은 신체 차원만의 동작이 아니라 혼의 정서가 매개기능을 한다는 Steiner의 3원적 인간관에 의해 신체와 영혼을 일원화하는 의미의 동작이다. 일반 심리학적 견해로 다시 해석하여 감정이 충전된 정서화의 춤 또는 감정의 춤이라 말하면 더 이해하기 쉬울 것이다.

둘째, Poplawski(1998)는 영적 춤(spiritual dance)이라고 일컬으며 고전 발레가 신체화되었으므로 신체의 지구적 중력화를 극복하려는 과도한 기술성을 추구한다고 비판되는 반면에 유리드미 명칭이 나타내는 바와 같이 조화롭고 부드러운 의미의 자연에너지에 의해 중력(무거움)과 부력(가벼움)의 조화를 이루는 움직임을 통해서 영성을 경험하기를 강조한다.

셋째, 유리드미가 에테르(氣) 체조라 불리는 의미에 대해 살펴보려 한다(Poplawski, 1998). Steiner의 3원적 인간학(Blunt, 1999; Riethmueller, 2005)과 치료교육학(Steiner, 1998)에서는 혼(정서)의 두 가지 측면을 말했다. 다시 말하면, 신체 내부에 결합된 체화된 정서를 신체혼(body-soul) 그리고 신체정서와 외부의 영적 정신세계와 결합된 영적 혼(spirit-soul), 즉 영혼으로 나누어 설명한다. 여기서 혼의 대명사로 불리는 정서는 공기에 상호 침투되어 감정으로 작용한다 하여 공기에 실린 감정을 아스트랄체(감정체, astral body)라 부른다. 반면에 우리 신체의 대부분을 구성하여 생명 유지에 필수적인 대사기능을 물과 상호 직접적으로 침투하는 혼의 물질체라 하여 에테르체(생명체, ethereal body)라 부른다. 그래서 인간이라는 물질신체 안에서 물과 관련된 에테르체라는 생명체와 공기와 관련된 아스트랄체라는 감정체가 조화롭게 결합하여 발달해야 영/혼/신체가 통합된다는 인간관을 내포하고 있다. 그리하여 혼의 두 가지 측면을 하나는 신체 내부적 측면과 외부세계의 측면의 두 가지 방향으로 나누어 설명할 때 에테르체 순환의 중요성을 강조하여 에테릭 체조라 부른다고 본다.

유리드미 동작 가운데 물의 대사를 촉진시키는 팔다리 운동의 연습은 신체 신진대사를 촉진하는 것으로 여기고 치유유리드미에서 매우 중요시한다. 그래서 에테르 체조의 중요성은 에테르체의 진동이 활발할 경우 아스트랄체를 자극하고 부추기기 때문에 혼(정서)의 매개기능이 활발해진다고 본다. 신체 생명체와 감정체라는 두 가지의 대극적 방향에 대한 연구에 따르면 이 두 가지 대극적 방향은 앞서 융의 원형의 두 가지 방향만큼이나 알맞게 일치한다.

넷째, 유리드미가 절대무용(absolute dance)이라고 불리는 측면을 살펴본다. 언어나 시낭송, 음악 등 어떤 중간매체를 사용하지 않고 유리드미를 작업한다면 오직 내적 경청에 집중할 수 있고 또 이런 내적 경청을 통합하는 직접적인 내적 경험을 할 수 있다. 내적 경청 및 내적 경험을 통해 진정한 자아 및 정신통합을 할 수 있으므로 영성 차원과 접목된 높은 차원의 자아경험을 할 수 있다(Lievegoed, 1997; Wagner, 1996).

이상과 같이 유리드미의 의미를 살펴봄으로써 우리 문화에서 즐기는 춤동작이 신체적 기술과 신체건강을 위한 수단을 넘어서 영혼(spirit-soul)을 위한 춤이 되어 인간의 영적 정신기능을 높일 수 있는 가능성이 있음을 나타낸다.

Geraets(1995)는 슈타이너 교육에서 흔히 사용되는 시들 중에는 하늘, 빛 또는 태양이란 말들과 이 말들과 대칭되는 땅, 어둠, 달이나 별이라는 말들을 함께 사용하면서 인간의 직립 정렬적 존재는 물질신체와 영혼적 요소와 정렬 통합한다고 말했다.

제3장의 [그림 3-6]에서 육화이미지의 모형들을 보면 Steiner의 3원적 인간관에서 중시하는 신체 내의 영성과 물질요소 간의 조화를 깨닫도록 도전하는 교육방법론과 원리를 제공하고 있음을 알 수 있다.

3) 유리드미의 종류

유리드미는 적용 대상과 분야에 따라 교육유리드미, 공연유리드미, 치료유리드미, 사회유리드미로 구분해 볼 수 있다. 여기서는 인간성 치유와 성장 · 발달을 돕기 위한 일반적 치유원리를 도출하는 데 관련이 있는 유리드미의 구성요소인 언어, 음악, 형태(도형) 요소에 따라 다음과 같이 언어유리드미, 음악유리드미, 형태유리드미의 세 분야로 나누어 살펴보려 한다. 그 이유는 언어, 음악, 형태(도형)의 요소가 신체 내적으로 어떻게 생명동작과 관련성을 가지는지는 깊이 연구되어 있기 때문이다.

(1) 언어유리드미

유리드미의 탄생에 있어 원래 태초의 원시언어에서는 '말(word)' 뒤에 숨은 법칙이 바로 후두기관과 관련하여 에테르체의 진동인 바로 호흡의 리듬이 있었기 때문에 말에는 생명의 힘이 들어 있다고 했다. 이 생각은 인간 육체를 근본적으로 진동체로 이해하라는 물리학적 견해를 그대로 인간의 생명체계로 수용했음을 알 수 있다. 인간의 동작에도 융 학파 춤동작치료에서와 같이 무의식에 의한 진정한 동작이 있다고 여기듯이 목소리의 원리에도 후두의 진동과 공명이 함께하는 진정한 자기소리(authentic voice)가 있다고 말한다. 소리와 동작의 밀접한 관련성에 대하여 Steiner(1980, 1985) 이외에 Newham(1999a, 1999b)의 목소리 동작치료(voice movement therapy) 그리고 Dalcroze의 리듬과의 동작통합 교육인 유리드믹스 그리고 그 외 다른 예술치료자들도 동작과 발성(vocalization)의 일원적 관계에 대한 선구적 통찰을 가졌다.

치유유리드미에서는 자음과 모음이 서로 다른 치유 효과를 가지고 있다고 설명한다. 자음과 모음을 말할 때 각각의 독특하고 구체적인 방식으로 공기의 파장을 형성하고 공기가 진동하는 움직임 속에서 에테르의 생명의 힘이나 에너지(氣)에 미치는 영향이 있다고 했다. 특히 모음 아(A), 에(E), 이(I), 오(O), 우(U)는 내적 자아의 경험 및 감정 그리고 내적 움직임을 표현하는 기능을 갖고 있으므로 '자기소리(self-sound)'라 한다. 그러므로 말을 하지 않고도 종종 한숨짓고 웃고 놀라는 행동을 통해서 자신의 감정을 표현할 수 있다. 예를 들어, '아' 소리에서 감정이 열리는 표현과 함께 가슴이 열리는 신체적 표현도 한다. 다음은 다섯 가지 모음의 감정표현이다(Kirchner-Bockholt, 1992; Poplawski, 1998).

A동작: 나는 놀라움과 경이로움을 느낀다.

E동작: 나는 나 자신을 방어한다.

I동작: 나는 나를 주장한다.

O동작: 나는 이 세상을 사랑스럽게 포옹한다.

U동작: 나는 두렵다.

자음을 통한 경험은 외부 사물의 특성과 역동성이 강한 인상을 만들고 이를 동작으로 나타내는 것의 결과이다. 즉, 자음동작을 통해 외부세계를 지각하여 그것을 인상으로 받아들이고 표현하는 경험을 한다. 자음을 가지고 유리드미춤을 출 때에는 외부 사물에 대한 이미지를 재현하는 것과 동시에 마치 자기 자신을 관찰해서 알아차리는 것처럼 자기 자신의 이미지를 동시에 형성하는 것이 중요하다. 자신의 생각 속에서 마치 내적 자신의 사진을 찍는 것처럼 자기 움직임과 행동에 대한 이미지를 형성하는 것이다(Steiner, 1931; Stoehr, 1993).

언어유리드미에서는 언어가 가진 리듬, 운, 두운, 문법 등의 여러 요소를 동작으로 만들어 그 힘을 깨닫게 할 뿐 아니라 자기가 하는 동작을 충분히 느끼고 의식화하도록 리듬과 감정을 내적으로 체험하기를 강조한다. 알파벳의 모음 이외에 자음들은 각각의 치유 효과를 갖고 있으며 때로는 2~3개를 조합해서 증상별로 사용하지만 여기서는 자음이 형성하는 인상 및 치유 효과

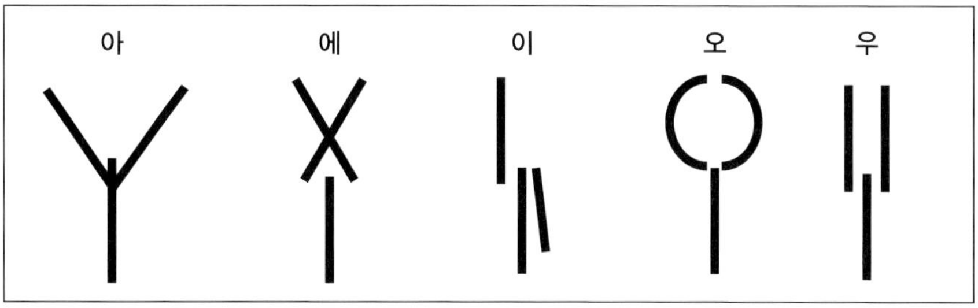

[그림 5-1] 모음동작의 시각적 스코어

중 몇 가지를 대표적으로 소개한다(Kirchner-Bockholt, 1992).

첫째, L동작은 마치 나무뿌리에서 수액이 줄기를 통해 올라오는 상상적 이미지를 가진 동작이다. 이 동작을 통해 우리 신체의 중력법칙을 극복하면서 자연 속의 어디에나 작용하는 에테르의 힘과 조화를 느낄 수 있다. 특히 두 팔에 부양하는 힘이 스며들어 몸의 중력에 작용하므로 이 동작은 다른 자모음과 결합해서 가장 많이 사용된다.

둘째, M동작은 가슴 중간에서 양손이 힘의 균형을 찾게 함으로써 두뇌의 신경감각체계와 사지 팔다리의 대사체계 사이에 균형 있는 리듬을 준다. 물결이 밀려오고 밀려가는 소리와 인상을 형성하는 동작이다. L동작과 M동작의 조합은 호흡훈련의 효과가 있어서 사춘기의 성충동 조절의 연습에 사용된다.

셋째, R동작은 바퀴가 구르는 듯한 진동표현이므로 근육을 부드럽게 이완시키는 효과가 있다. 이 동작은 처음에 직접적으로 하기 힘든 동작이므로 L동작과 M동작을 연습한 후에 R－L－M동작을 조합하여 만성근육 신경통에 사용한다.

넷째, S동작은 팔로 S 모양의 곡선을 그리는 동작으로, 흔히 머큐리 지팡이의 뱀으로 상징된다. 이 동작은 심리내적으로 작용하여 유기체과정의 무의식적 본능을 안정시키는 효과가 있으며 특히 쉴 새 없이 움직이는 아동이 내면적으로 S소리나 S태도를 느낄 때 조용해지는 효과가 있다. 내장 속의 가스 형성을 예방하는 효과도 있다.

(2) 음악유리드미

유리드미의 의미와 같이 좋은 흐름의 리듬이란 특히 음악유리드미에 잘 어울리는 이름이다. 리듬은 생명의 힘의 움직임이고 리듬의 움직임은 형태를 만들어 낸다. 좋은 리듬의 움직임이 형태를 만들어 낸다는 움직임과 형태의 관계를 되새길 필요가 있다.

유리드미가 우주 리듬이나 에테르체와의 접촉이라는 직관을 갖게 된 것은 유리드미가 자 · 모음 차원의 말하기를 넘어 노래 부르기 및 음악의 톤을 동반하는 동작표현작업으로 진보됨으로써 가능해졌다. 음악유리드미는 음악의 기본 요소인 음의 고저, 장단, 박자 요소들과 함께 동작표현작업을 한다 (de Beaufort, 1980; Down, 1995). 언어와 음악의 사용은 개인의 주관적 체험을 극복해야 하고 특히 시간상에서 일어나는 다음의 음악적 요소들과 상호작용해야 한다.

첫째, 음의 고저(pitch)는 공간상에서 앞으로/뒤로 나가기와 팔 올리기/내리기로 나타낸다. 음계동작은 [그림 5-2]와 같이 두 팔의 각도와 높이로 나타낸다.

둘째, 음의 장단(rhythm)이다. 길고 짧은 리듬을 나타낼 때는 엄격하거나 절대적인 규칙은 없고 여러 가지 방법으로 나타낸다. 대표적인 예로 두 팔을 앞으로 올려서 두 팔의 간격을 좁히거나 벌려서 나타낸다. 리듬연습에 도입해서 사용하는 네 가지 리듬은 4박자를 이용하는 아나페스트(Anapast, 단, 단, 장), 닥틸(Daktyl, 장, 단, 단) 그리고 3박자를 이용하는 아엠브(Iambus, 단, 장), 트로취(Trochee, 장, 단) 리듬이 있다(Parfrey, 1998).

셋째, 박자(beat)는 4박자의 강/약/중강/약 그리고 3박자의 강/약/약을 분명히 표시한다. 강박에서는 팔과 다리를 오른쪽으로 적극적으로 강조하고 약박에서는 수동적으로 움직이며 강조하지 않는다.

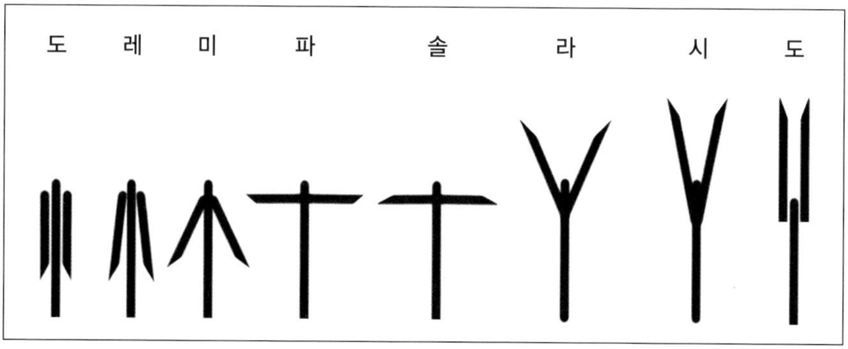

[그림 5-2] 톤(ton)의 팔동작의 시각적 스코어

음악유리드미의 관점에서는 침묵으로 하는 절대무용으로서의 유리드미가 내적 경청을 통해 진정한 자아를 경험하는 것이라 하여 절대유리드미를 할 때는 내적 신체가 영성화되고 영혼화되는 절정을 이룬다고 했다(Wagner, 1996). 또 음악유리드미에서 강조하는 점은 유리드미 동작은 빛의 요소를 가진 리듬 안에서 움직이는 의식적 동작이라는 점이다. 이것은 음의 고저, 음의 장단, 박자, 이 외 장단조, 올림음과 내림음 등의 음악의 수학적 지적 요소들이 동작과 함께 작용하므로 동작이라는 무의식성에 최고의 의식성이 확대 침투됨을 의미한다. 그러므로 동작의 기술훈련과 미적 형태와는 다른 차원의 의식확대에 의한 무의식성이 의식화된다는 융 심리학이 의미하는 빛의 의식적 측면이 우주적 리듬의 공감을 뜻한다고 보아야 할 것이다.

(3) 형태(도형)유리드미

형태유리드미를 이해하기 위해서는 리듬이나 움직임이 형태에 미치는 영향을 고려해야 한다. 리듬은 음악과의 밀접한 관계 차원을 넘어 우리의 모든 인간의 삶과 생명, 특히 신경체계와 대사체계의 생물학적 리듬, 개인의 사고 및 정서 패턴의 리듬 그리고 음악예술, 미술, 공간예술, 시문학 등의 모든 형태 예술과정 자체에 깊이 관련되어 있다. 그래서 음악중심 표현예술치료자인 Kossak(2015)은 인간의 사고와 정서 그리고 예술매체인 물질에 직접적인 영향을 주는 리듬은 대부분의 치료체계에 영향을 주는 '에너지 흐름(energy flow)'에 해당한다고 하였다. 그는 리듬이 공명(resonance)을 통해 물질의 형태 형성에 미치는 영향과 관련하여 Hans Jenny(1904~1972)의 사이매틱스라는 실험연구를 소개하였다. 철판접시 위에 있는 미세분말이나 액체 등의 물질은 특정한 소리파장에 의해, 즉 리듬 있는 흐름에 의해 일어나는 공명의 움직임을 계속하는 동안 매우 정교하고 복잡한 기하학적 형태들을 형성한다. 물질에 형성된 리듬형태의 예로 고둥 껍질의 나선형이나 얼음이나 서리의 크리스털 형태, 귓속의 나팔관 모양, 안구의 홍채 모습, 벌집의 내부 형태 등이 있으며 매우 아름답고 조화로운 자연상태의 형태를 형성한다고 밝혔다. 결론적으로 사이매틱스 실험연구는 리듬/움직임과의 관계뿐만 아니라 리듬/형태와의 관계를 실험적으로 밝혔다. 즉, 물질/진동 사이에 공감적 공명 또는 공감적 조율이 매개작용을 통해 치료에서 개인의 알아차림의 심리상태 및 알아차림의 정서상태에 영향을 준다 하였다. 이렇게 소리의 물리학 실험의 결과는 예술치료의 실제에 있어서 소리와 음악을 어떻게 사용할 것인가에 중대한 고려사항이 되었다. 그러므로 리듬 있는 에너지의 흐름은 인간의 움직임에 통합된 리듬(동작에너지의 리듬적 패턴)이 개인의 의식상태에 영향을 주어 개인의 심리 및 행동 패턴과 개인 간의 공감적 공명과 체화된 공감의 상태를 갖게 한다고 제시하였다.

미술이건 무용예술이건 예술적 형태 그리기가 유리드미 동작에서 어떻게 통합되어 있는가는 Poplawski(1998)의 설명에서 찾을 수 있다. 그는 유리드미가 '발로 형태 그리기' 또는 '발로 형태를 걷기'라고 묘사하였다. 유리드미를 할 때 무대 위의 공간을 걸어가고 발로 움직여 가는 길은 형태나 도형으로 그린다. 발로 걸어가는 길의 형태의 모티브는 둥근 원, 곡선, 삼각형, 사각형, 오각형, 육각형, 파도의 형태, 나선형 등으로 그려진다. 원래 진동이나 움직임과정은 비가시적이나 그들의 움직임의 흔적이 반영되어 가시적 형태를 만들므로 움직임이 먼저(movement, first)이고 형태는 나중에 움직임의 흔적으로 남는다고 하였다. 여기서 동작예술과 시각예술의 상호관계와 질적 특징이 다르게 나타난다. 움직임은 그림의 흔적으로 남기지 않으면 순간에 나타나고 사라지는 예술매체이다. 따라서 유리드미는 여러 가지 형태를 따라서 공간을 이동한 움직임의 흐름이나 움직임의 흔적을 그려 놓은 것이며 생명의 리듬을 경험한 활동의 흔적이다. 에테르의 흐름의 흔적 또는 움직임과 리듬의 흔적을 그린 형태라고 할 수 있다.

한편, 움직임이나 공간 이동의 길과 방향을 미리 안무로 표현할 때 언어적 설명보다 형태 그리기를 통해 시각적 그림으로 나타내어 동작을 안내할 수

[그림 5-3] **형태유리드미의 시각적 스코어**

출처: Down (1995), pp. 91-93.

있다. 마치 악보(score)로 음악을 기록하듯이 무용악보로 사용하기 위해 시각적 스코어(visual score)를 만들어 동작작업을 계획할 수 있다. 유리드미 학교나 슈타이너 학교, 심지어 슈타이너 유치원에서도 칠판에 복잡한 직 · 곡선의 만다라 형태 그림들이 시각적 스코어로 그려져 있다([그림 5-3] 참조). 이 형태 그림에 의해 형태유리드미 걷기를 한다. 어떤 패턴들은 좌우상하의 대칭적 반복 때문에 만다라의 순환처럼 반복된다. 결국 형태를 미술을 위해서 그리건 동작예술을 위해 사용하건 형태를 조화롭게 그리고 리드미컬하게 하는 일이 건강을 위해 중요함을 시사한다.

4) 유리드미의 치유원리 및 효과

Steiner(1980, 1984)는 Goethe의 자연과학 사상을 빌려 와서 생명과정의 숨은 원리를 설명하였다. 앞서 식물의 원형과 변형을 말했듯이 식물의 원형이 '잎'인 것처럼 인간 전체를 대표해 주는 원형기관이 바로 인간의 발성기관인 후두와 그 부속기관이라 했다. 후두는 소리를 낼 때나 들을 때 그 소리 자체 속에서 또는 그 소리가 배합되어서 동작을 일으키는 성질이 있다. Steiner에 따르면 고대 태초의 언어와 관련하여 우리 몸속에 물의 흐름에 실려 있는 에테르체의 생명력의 센터는 후두이고 후두는 샤크라의 창조력을 가지고 있다. 영성과학의 관점으로 보아 후두가 인간 전체를 축소한 원형기관으로 인간 전체를 표현하는 기관이다. 말할 때 내는 소리에 따라 공기의 파장과 함께 진동하는 후두에 의해 움직임의 의도가 일어나서 에테르체를 신체 내로 끌어들여 동작으로 대체한다. 그래서 언어를 에테르체의 발현(revelation of etheric body)이라 한다. 달리 설명하면, 에테르체가 신체 속으로 들어와 생명에너지가 육화될 때 후두 속에서 기본적인 위치를 잡는 것이 바로 우리 생명력이 신체 속에 체화되는 일이다. 그러나 Steiner(1980, 1984)는 에테르의 생명력과 우리 신체 대표기관인 후두의 상호 침투(다른 말로 표현하면 에테르체와 후두의 상호 결합 또는 후두 속으로의 에테르체 다이빙 등과 같은 비유적 표현)는 생명체의 육화현상 후두라는 육체 속으로 완전히 상호 결정적 침투작용을 하지 못하기 때문에 유리드미 동작을 통해 에테르체의 체화 및 육화를 돕는다는 놀라운 기능에 대해 말하였다. 더 놀라운 사실은 인간 탄생 시에 완전한 육화가 이루어지는 것이 아니라 육화과정이 성장과 더불어 청년기에도 지속되기 때문에 우리가 교육과 치료과정에서 인간의 육화를 도울 수 있다는 것이다(Poplawski, 1998).

이와 같이 후두가 작용하는 숨은 생명의 비밀은 언어유리드미, 음악유리드미, 형태유리드미 모두에 공통적으로 들어 있는 원리이다. 그러므로

Steiner(1919: Blunt, 1999에서 재인용)는 언어와 음악이 유리드미 동작으로 보이기 때문에 '보이는 언어(visible speech)' '보이는 음악(visible music)' '경청하기를 보이게 만들기(making visible of listening)'라고 함으로써 숨어 있는 생명작용의 비밀이 시각적 형태와 움직임으로 보이고 소리로 들리도록 한다는 것이다. Newham(1999a)은 목소리 상자라고 일컫는 인간의 후두는 신축성 있는 근육섬유들에 의해 목 속에 사다리꼴 모양으로 매달려 있으며 후두의 근육섬유들은 몸 전체로 뻗어 가는 미로를 형성하고 있고 소리의 진동과 움직임 그리고 에너지의 흐름의 관계도 온몸과 연결된다고 해부학적으로 설명하였다.

독일의 슈타이너 병원 의사들은 환자의 증상에 따라 여러 자연치유 처방을 하는 동시에 치료유리드미를 동작들로 처방하기도 한다. 의학적 대증치료 대신에 동작으로 처방된 유리드미의 일반적 치유 효과 및 건강 효과로는 전형적으로 긴장과 스트레스의 완화, 자기인식 및 신체인식의 증대, 피로감 감소, 집중력과 신체 안녕감의 증대, 창조력 개발 등을 들고 있다. 특히 이러한 유리드미는 일반적 신체건강과 관련하여 뻣뻣하고 무거운 몸, 뭉친 근육, 차가운 손발, 소화불량, 고르지 못한 호흡, 불면증, 무기력과 조급함 등을 예방하고 치료한다(Poplawski, 1998). 이와 같은 유리드미의 효과는 특정 질병을 고친다기보다는 에테르체의 생명력을 길러서 신체적 치료능력을 기른다는 원리와 영혼이 보다 충분히 신체기관 속에 침투해서 건강한 육화 및 체화를 돕는다는 원리가 포함되어 있다. 더 나아가서 궁극적인 치유과제는 병든 유기체 기관의 불규칙한 동작과 건강하고 치유적인 우주적 특성의 이상적인 동작 사이에 유리드미를 개입시키고 중재시키도록 사용하는 것이다.

유리드미의 사용은 성장하는 일반 아동 및 장애아동이 일반적으로 가지고 있는 심신 협응 및 행동속도 조절의 어려움, 리듬장애, 방향감각 및 관계 짓기의 어려움을 개선하고 건강을 증진하는 효과가 있음이 관찰되었다(Kircher-Bockholt, 1992; Poplawski, 1998). Heymann(2005)은 현대인의 잃어

버린 자연과의 관계성을 회복하기 위해 유리드미 동작작업이 필요함을 말하였다. 불건강한 사람들의 동작들은 왜곡되고, 근육에 쥐나 경련이 일어나고, 비틀어지고, 얼어붙고, 튀어 나오는 움직임 등의 통제 불가능한 특징을 보인다. 그러므로 유리드미 작업을 통해 우주 및 자연으로부터 움직임을 받아들이고, 중력과 무게의 중심점이 가볍게 흘러가도록 한다. 즉, 우리 유기체 신체 내에서 우주생명력과 지구생명력의 양극이 치우치지 않도록 연결하여 조화롭고 균형 있는 흐름을 얻는 것이다.

여기에서 인간 유기체가 조화로운 리듬동작을 통해서 인간 의식의 확대, 중력/부력의 통합, 양극에너지의 조화 및 의식의 정향성을 이룬다고 말했던 Steiner(1990, p. 140)의 글을 소개한다.

> 인간 유기체는 조화로운 리듬동작을 통해서 신체동작 속에 들어 있는 중력을 극복하면서 자기 존재를 지구로부터 하늘을 향해 들어 올린다. 그리고 매순간 나오는 제스처들을 통해서 자신의 정서를 확실하게 표현한다. 즉, 신체 유기체는 조화로운 리듬동작을 통해서 영적 세계를 받아들이는 수용기관이다. 왜냐하면 이런 움직임들이 영적 세계에서 우리 몸속으로 내려오기를 원하기 때문이다. 만약 진정한 인간 성장 및 발달이 계속된다면 우리는 초감각적인 것들이 우리 신체감각 속으로 하강하는 일을 의식적으로 감당해야 한다. 과거에는 이러 일이 무의식적으로 보이지 않게 일어나는 것을 의식화하지 못했지만 이제 우리는 신체감각을 보이고 알아차릴 수 있는 동작을 통해서 의식의 영역으로 가져와야 한다. 그리한다면 우리는 신이 가는 길을 의식적으로 알아차리고 따라갈 수 있을 것이다.

Kircher-Bockholt(1992)는 동작의 수준이 중력 수준에서 에테르체 및 아스트랄체 수준을 거쳐 인간만의 자아 수준의 동작인 직립보행을 한다고 했다. 직립은 땅의 중력과 하늘의 내에서 연결시키고 리듬 있는 균형의 걷기가 창조된다는 것이다. 3원적 인간관에 나타나는 양극적 육화모형들을 보면 하늘

(빛)/지구(어둠), 부력/중력의 양극성 사이에 있는 인간 유기체의 리듬 있는 직립보행이라는 인간의 존재조건이 매우 강조됨을 알 수 있다. 그리고 직립보행의 춤과정에서 유리드미라는 동작예술의 흐름 가운데 혈액순환의 리듬과 호흡리듬이 1:4로 만나면서 리듬 있는 균형이 생기는 순간들이라 했다.

조화롭고 리듬 있는 육화원리에 관해서 Gaynor(1999)와 Halpern(1978)은 인간의 원형기관인 후두가 소리를 듣거나 소리를 낼 때 모든 만물의 움직임과 진동이 후두 속에서 같이 일어나서 인간 전체의 몸을 움직이고 진동시키며 노래도 하게 한다고 했다. 이것은 언어와 음정이 인간이라는 악기를 사용해서 내적 자연인 신체가 우주행성의 본질에 접촉하고 공감하게 만드는 것이다. 이것은 인간이라는 소우주가 우주에너지와 연결됨을 의미한다. Geraets(1995)와 Kirchner-Bockholt(1992)는 모두 유리드미 치유원리와 관련하여 신체에너지 또는 생명에너지를 얻는 방법이 중력(무거움)에 부력(가벼움)을 얻는 방법이라 했다.

3. 리듬조율의 표현예술치료: 몸의 공감

1) 리듬이란

심리치료에서의 상담자/내담자 사이뿐만 아니라 모든 개인 내적 그리고 개인 간의 관계에서 언어 차원을 넘어 몸으로 하는 공감을 이해하기 위하여 Kossak(2015)은 리듬조율에 대해 광범위하게 연구하였다. 그는 음악가로서, 연주가로서의 35년 그리고 1994년도 이래 건강상담전문가로서, 2010년도 이래 세계표현예술치료학회(IEATA) 공동회장 그리고 미국 보스턴의 레슬리 대학교 표현치료학과 교수(2006~2013)로서의 경험을 가지고 음악 · 동작 통합치료의 중요 원리를 연구하여 표현예술치료에 공헌하였다.

그는 리듬(rhythm)이 움직임과 소리의 강하고 규칙적인 반복적 패턴이라고 정의하였으며 생물학적으로는 심장박동, 신경체계, 대사체계의 맥박과 관련이 있다 하여 우리 몸과의 관련성을 강조하였다. 우주리듬과 관련하여 전체 우주는 그 자체로서의 유일한 리듬법칙에 의해 움직이는 단일 메커니즘으로 인용하여 설명하였다. 앞서 이미 언급했듯이 파도의 고저, 밀물/썰물의 조수, 달의 차고 기울음, 계절의 변화, 우주 행성들의 움직임 등 우주 전체의 체계는 우주운행이라는 단일의 리듬법칙에 의한다는 설명이다. 이 관점은 우주물리학의 관점에서 인간은 사고, 정서, 몸 의식의 상태 등을 포함하여 모든 만물과의 내적 상태로 연결되어 작용하는 단일체계로 본다. 그러므로 리듬체계로서의 인간은 기본적인 우주맥박 또는 우주파동 그 자체라 한다. 그러므로 인간이라는 생명존재는 반드시 두뇌파장과 심장리듬이 우주리듬과 관련되어 있기에 인간의 신체적 · 인지적 · 영적 건강을 유지하기 위해서는 어떤 건강한 리듬을 수립할 필요가 있음을 강조하였다. 이 건강한 리듬은 생명의 구조와 질서를 창출하고 대인 간의 모방행동 및 의사소통을 촉진하고 언어발달, 행동기능, 신체자아감, 개인 고유의 존재감을 발달시키는 효과가 있다(Kossak, 2015).

특히 몸으로 하는 공감인 체화된(embodied) 공감은 심리치료의 현실화를 가능하게 한다(임용자 외, 2016; Kossak, 2015). 몸으로 하는 공감의 원리는 체화되는 리듬 또는 체화된 리듬(embodied rhythm)이 존재하기 때문에 가능하다는 뜻이다. 소리와 빛(색채 포함)이 가진 파장과 리듬 속에는 진동하는 움직임이 있어서 이 진동구조에 의해서 한 개인의 몸속에서 심장박동, 혈액순환, 호흡 신경체계의 리듬이 이루어질 뿐만 아니라 사람의 관계 사이에도 그리고 개인과 환경 및 우주와의 관계 속에서도 공감적으로 공명이 일어나기 때문이다. 단적으로 말하면, 인간관계 사이에 일어나는 공감이란 단순히 감정과 언어 차원이 아니며 개인의 리듬과 리듬 사이에 움직임의 공명(resonance)을 통해서 일어나는 몸리듬의 일치를 말하는 것이다. Kossak(2016)은 그의 워크숍에서 산책하는 사람의 사례를 들어 공명을 설명하였다. 어떤 사람이 숲 속에서 숲을 바라보면서 산책하는 이가 자신이 아니라고 매우 여러 번 느꼈다. 어느 날 숲 속을 산책하던 그 사람은 숲이 그를 바라보면서 말을 걸고 있었고 자신은 거기서 경청하고 있었음을 느꼈다. 그 사람은 숲이라는 화가는 우주에 의해 물들어야 했고, 숲이 우주를 물들이길 원하지 않는다고 생각했다. 이 이야기의 메시지는 숲과 산책하는 사람 사이에, 숲과 우주 사이에, 그리고 이들 셋 사이에 공명하는 공감이 있었음과 결국 세상만물은 우주에 의해 전개된 현상임을 의미했다.

2) 치료적 리듬조율

현대사회에서 많은 사람은 자기 자신, 주변 사람들, 주변 환경, 신비적인 영성과의 관계에서 리듬의 조율(attunement)이 깨진 상태에 있다. 관계리듬의 부조화는 단절감, 소외감, 불안 그리고 우울을 야기한다.

Kossak(2016)은 치료의 핵심 도구를 위해 개념화한 리듬조율을 상호 리듬이 조화롭게 되기, 타인과 하나되는 기분 그리고 개인이나 공동체가 심리적/정서적/몸의 의식들을 체화하는 느낌으로 정의했다. 또 Erskin(1998: Kossak, 2015에서 재인용)은 은유적 존재로서의 타인의 리듬, 정서 및 경험을 이해하고, 두 사람 간의 공감이 깨지지 않도록 상호 호혜적 정서와 공명의 반응으로 연결되고, 더 높은 공감 차원에 이르도록 타인을 촉감각적이고 정서적으로 느끼는 타인감각이라 정의했다. 만약 깊이 있게 경청하고 조화로운 리듬적 에너지를 허용하면 매 순간의 리듬조율을 배울 수 있고 창조적인 표현의 기회가 생긴다. 특히 소리, 이미지, 움직임, 언어, 연기 및 놀이를 통해 리듬조율의 느낌을 이해하고 더 나아가서 초월적 영성경험과도 연결된다. 리듬조율의 훈련은 치료자와 내담자 모두에게 안정감을 주고 체화된 공감을 통해 강력한 치료적 도구가 된다.

자아초월 심리학의 관점에서 치료적 리듬조율이란 개인이 타인, 다른 생물, 주변의 다른 대상, 환경, 신성, 우주 그 자체와 연결되고 합일하는 감각경험에 이르는 것을 말한다. 마치 인본주의 심리학자인 Rogers가 말하는 강화된 지각, 감사, 이해가 동반된 절정경험(peak experience)으로 비유된다. 개인은 자기 자신으로부터 벗어나서 신비한 무언가로부터 흘러나오는 자기충족적(self-fulfilling) 상태에서 최고로 충분히 기능하는(fully functioning) 유능감을 경험한다는 의미와 같다.

Levine(1999)은 표현예술치료에서 치료적 매개활동으로 예술, 놀이, 제의식(ritual)을 들고 있다. 역사적으로 종교적이고 신비주의적인 전통에서 제의식 활동의 형식으로 주로 소리, 움직임, 이미지 등의 예술을 사용한다. 이 역사적이고 신비한 전통은 포스트모던 표현예술치료의 실천으로 이어져서 자아초월 심리학적 경험의 기회가 된다. 그래서 Kossak(2015, 2016)도 그의 치료적 리듬조율의 연구를 자아초월 심리학의 수준으로 연결시켰다. 다시 말하면, 치료적 리듬조율은 리듬적 흐름(rhythmical flow)의 체화, 깊은 경청의 체화(체화된 경청), 신체감각적 알아차림, 체화된 마음챙김이 일어나서 서로 연결되고 합일되는 경험이다. 그래서 그것은 체화된 지능, 체화된 인지, 체화된 공감, 체화된 정서 등 모든 심리학적 경험의 체화를 의미한다. Levine(1997, 양희아 역, 2016)은 트라우마 증상이 촉발된 사건 자체에 의해 야기되는 것이 아니라 방출/해소되지 못한 에너지가 얼어붙어 버린 잔여물이고, 이 잔여물은 우리의 몸과 영성에 혼란을 초래하게 만드는 장소인 신경체계에 갇힌 상태로 남아 있다고 했다. 트라우마 사건의 후유증은 침입적 사고와 정서와 마음의 이미지를 조절하지 못하는 조절불능의 리듬조율 실패를 초래한다. 쉽게 말하면, 과거의 외상적 사건은 기억나지 않으나 증세로서의 시각적 감각, 청각적 감각, 다른 몸 감각상의 침해를 계속 받는 것이다. DSM-IV의 트라우마 정의를 살펴보면, 트라우마란 외상적 사건이 신체적으로 아무런 직접적인 해가 되지 않았음에도 불구하고 생리적으로 체화된 경험이다. 심지어 직접 경험하지 않고 위협적 사건으로 지각하거나, 타인이 당한 폭력적 행위를 목격하거나, 친한 동료의 예기치 않은 죽음, 폭력으로 당한 죽음 등 폭력적 사건을 들은 경험만으로도 트라우마와 같은 증상으로 남는다.

Kossak(2015)은 리듬조율과 트라우마의 치료를 관련시켜 연구하였다. 그는 트라우마의 심리적 후유증을 요약하였는데, 사회로부터의 소외감과 외로움, 분노의 폭발과 침입적 기억, 무기력감과 함께 개인적 힘과 통제력의 상실, 과도한 긴장, 과도한 놀람 반응, 집중력장애 등을 들었다. 생물학적 증상으로는 심장박동의 가속화, 식은땀, 가쁜 호흡, 심장 떨림, 수면장애, 식욕 상실, 성기능 저하 등을 들었다.

Kossak(2015)은 상상심리기능의 세 가지 유형으로 주로 꿈, 백일몽/황홀상태, 예술활동을 중시하였다. 그의 표현예술치료에서 치료적 조율 워크숍을 다음과 같이 10단계로 설정하였다.

① 준비단계: 치료의 시공간에 친숙해지기
② 안전단계: 소리, 리듬 악기들과 편안해지기
③ 초기 모험단계: 소리와 리듬을 사용하여 전 단계의 편안함에서 나오기, 앞으로 움직여 나오기와 뒤로 물러나는 주기의 순환동작하기
④ 위험단계: 전 단계의 모험을 감수하면서 모험/안전의 양극적 시도와 반복적 순환 증가시키기
⑤ 조율 부조화단계: 연결/단절, 실험하기, 혼돈 상태의 경험
⑥ 공감단계: 개인 내적, 개인 간의 연결과 공감의 경험
⑦ 이완단계: 소리 및 리듬의 발견에 의한 심리적 이완하기
⑧ 공조단계: 소리와 리듬의 공명이 나타나고 6, 7단계의 공감과 이완을 다시 시작하기
⑨ 변화단계: 의식의 변화를 체화하기
⑩ 조율단계: 리듬조율의 신체 내에 체화되기

지금까지 인간 치유와 성장에 있어서 우주적 요소로서의 영성을 포함하여야 함을 직간접적으로 여러 차례 언급하였다. 우주영성치유의 궁극적 원리에 의하면 인간존재는 우주 및 자연의 리듬이 인간 내적으로 모든 수준에 편재되어 있으므로 우리는 자연의 생명리듬을 유지하며 생존할 수 있음을 알 수 있다. 신체 수준, 정서 수준, 인지 수준에서뿐 아니라 영적 수준에서도 우리는 건강한 리듬의 조율이 필요하다. 트라우마 연구의 전문가인 Levine(1997, 양희아 역, 2016)도 모든 피조물이 지닌 것, 이것이 바로 리듬이라고 했다. 그러므로 이 리듬의 회복을 위하여 외상 사건에 의한 트라우마이건 또는 반복적이고 만성적인 학대 정서에 의한 트라우마이건 간에 원시 이전 수준에서 작동하는 내적 몸움직임의 충동을 감각 및 감각느낌에 의해 경청하라 하였다.

제6장

알아차림의 통합심리치료

이 장에서는 단순히 표현매체의 연결이나 복합적 사용이라는 의미가 아니라 예술표현과정에 깊이 적용된 심층심리의 자료를 알아차리고 이 알아차림을 삶의 의미로 연결하는 통찰을 얻기 위해서 쓰였다. 알아차림춤의 실천방법과 함께 삶의 생생한 의미를 얻기 위한 언어표현의 실천방법도 소개해 본다.

1. 알아차림의 심리치료적 적용

1) 알아차림의 3수준과 그 사용방법

게슈탈트 접근의 알아차림 기법은 현재의 감정, 신체적 상태 그리고 환경에 대한 알아차림과 지금-여기에서의 체험을 중시하고, '나-너' 관계의 대화를 강조하는 현상학적 · 실존적 접근이다. 게슈탈트 접근은 대립되는 양극적인 심리기능의 이해를 통해 전체성을 강조하고 정신과 신체를 서로 뗄 수 없는 하나의 통합적인 전체로 이해한다는 점에서 동양의 음양이론, 도가, 선 사상 및 요가와 유사성이 있다(유계식, 2000, 2001).

게슈탈트 심리치료방법은 현재 지금-여기의 알아차림(awareness) 자체이자 전부로 여겨진다. 알아차림이란 말은 의식적 인지 차원에서 인식, 지각, 경각심 등의 의미를 알기 쉬운 우리말로 표현한 것이다. 현대 심리치료에서 중시하는 알아차림이라는 기술은 동양명상뿐 아니라 수천 년 동안 세계의 전통적 종교에서도 가르쳐 온 방법이다. 알아차림이라는 일반적 영역의 후속연구들이 마음챙김(mindfulness)이란 개념으로 좀 더 구체적이고 심화된 기법으로 발전시켜 신체/심리 통합치료에서 알아차림 기법은 각광을 받고 있다. 예를 들면, 알아차림 명상에 기반을 둔 변증법적 행동치료적 방법(Mckay, Wood, & Brantley, 2009, 이영순 외 공역, 2013) 그리고 감각행동 심리치료(sensorymotor psychotherapy; Ogden, Minton, & Pain, 2006, 김명권 외 공역, 2019; Ogden & Fisher, 2015)의 이론과 실제에는 마음챙김의 방법이 심리치료의 최종 목표이며 구체적 방법으로 적용되었다. 많은 서양 심리학자가 알아차림과 마음챙김을 빌려다 심리치료 및 예술치료에 상호 통용적으로 적용하고 있음에 유념하면서 우리가 이제 무엇을 어떻게 실천할지를 통찰해야 할 단계이다.

게슈탈트 심리치료의 일환인 게슈탈트 예술치료에서는 예술의 창조적인 과정과 심리치료의 창조적인 과정 사이의 유사성을 강조한다(Amendt-Lyon, 2001, 조환진, 2012에서 재인용). 이는 여러 예술형태의 적용을 통해 개인적 사건이나 대상, 사물을 시각화함으로써 미해결과제와 더불어 자신의 욕구와 감정에 대해 마음의 그림으로 게슈탈트를 형성하여 알아차림을 쉽게 만들고 또 이 알아차림을 작품으로 표현하고 동일시할 수 있다는 특징으로 인해 모든 예술과정을 게슈탈트라고 간주한다. 특히 게슈탈트 심리상담에서는 신체적 · 정서적 · 인지적 측면의 세 가지 수준의 알아차림과 이에 대한 작업이 통합적으로 이루어질 때 생생한 체험이 일어날 수 있다(유계식, 2009).

이와 같은 게슈탈트 접근은 동작중심 표현예술치료 작업에서 알아차림의 3수준과 그 반응의 표현을 위해서 그대로 적용되고 있다. Halprin(2003)은 알아차림을 3수준으로 구별하였다(〈표 6-1〉 참조).

〈표 6-1〉 **알아차림의 3수준**

자각 수준	알아차림의 내용
신체적 수준	신체 부분과 동작, 감각, 호흡, 자세, 제스처, 충동
정서적 수준	불안, 기쁨, 평안, 흥분, 분노, 슬픔 등의 감정과 느낌
인지적 수준	계획, 기억, 상상, 환상, 이미지, 연상

〈표 6-1〉에서 언급된 3수준의 알아차림은 지금-여기의 순간 알아차림이 중요하다. 지금-여기의 알아차림은 매 수준별로 초점이 맞춰진 영역에서 행해진다. 그러므로 미세하고 구체적인 알아차림이 이루어지지만 이들이 연결되어 감정이나 이미지 수준으로 그리고 삶의 의미 수준으로 통합되는 것이 심신치료의 목표이다.

예를 들어, 신체적 수준에서 자신의 가슴 부분에 어떤 일이 일어날까에 의식의 초점을 둘 때 근육감각, 호흡, 자세, 제스처 및 감각충동들이 서로 연결되어 알아차림이 이루어져야 할 것이다. 또한 이 세부적 알아차림들이 신체 수준에만 머물지 않고 정서적 수준의 감정이 직면되고 삶의 이미지가 알아차림 되어야 심리 수준의 치료와 변화로 나아갈 수 있다. 그러므로 3수준의 각각의 알아차림은 신체/정서/인지 수준으로 연결 · 통합되어야 심신치유에 있어 유의미한 변화를 이끌 수 있다. 이를 위한 Halprin(2003)의 방법론적 제안은 다음과 같다.

① 수준별로 그리고 각 수준의 요소별로 하나씩 초점을 두어 알아차림을 한다.

② 각 요소별로 두 가지 요소를 상관시켜 알아차림을 한다.

③ 한 가지에 초점을 둔 알아차림의 요소를 수준별로 올라가거나 또는 내려온다. 예를 들면, 수축된 어깨 자세의 알아차림이 신체적 수준에서의 알아차림이므로 정서 수준에서 느끼는 감정이 무엇이고 이 자세와 감정은 자신의 삶에서 어떤 의미를 나타내는가를 통찰하는 것이다. 신체 수준에서 정서 그리고 인지 수준으로 올라가는 알아차림을 하거나, 반대로 정서 수준에서 자신감 없음에 대한 알아차림을 하고 신체 수준으로 내려와 자신의 초기 인생에서 조건화된 신체 수준의 개인 특질적 행동이나 신체부분이 어떠한지를 알아차린 후 다시 상위 수준의 삶의 이미지적인 알아차림으로 연결하는 것이다.

④ ①, ②, ③의 방법을 상호 순환적으로 반복한다.

2) 소마몸동작의 알아차림: 소마학

알아차림의 3수준은 원래 심리치료에서 인간심리의 세 가지 영역인 머리-가슴-신체운동을 심리운동, 정서, 인지의 영역으로 대별했던 심리학적 전통에서 나왔다. 사실상 심리치료의 실제에서 언어적 방법에만 의존해 왔으므로 신체동작에 대한 알아차림은 거의 무의식 영역의 미지상태에 묻혀 있다. 일찍이 Reich의 소마심리학(somatic psychology)을 시조로 한, 몸에 묻힌 감정과 이미지의 기억을 이용하는 심리치료는 여러 가지 다양한 소마동작 연습을 중시하는 소마학(somatics)이라는 다른 노선으로 발전하였다.

Hanna(1986, 1988)는 소마학이란 제3자가 바라보는 몸이 아닌 제1자가 인지하는 몸인 소마(soma)를 다루는 학문이라고 정의했다. 소마몸은 제3자적 관점에서 인식하고 분석되고 치료되는 물질적 신체가 아니라 정서, 인지 및 영성을 담고 있는 에너지 차원의 살아 있는 역동적 생명체이다. 예술무대와 경기장에서 몸의 기술중심으로 관람하는 무용이나 스포츠는 제3자적 관점에서 보는 대상으로서의 몸이다(김정명, 2014; 임용자 외, 2016).

소마몸이 심리학 분야에서 처음으로 연구된 계기는 Reich의 무장이론(amouring)에 있으며, 그의 무장이론에서 소마심리학이 시작되었다. 처음에는 신체심리학이라 번역하였지만 좀 더 정확한 개념을 전하기 위하여 제3자적 입장의 신체와 구별되도록 소마심리학이라 부를 것이다(임용자, 2004a, 2008). 무장이론이란 인간의 초기발달의 기억이나 트라우마 관련 정서 및 이미지 등 심리적 경험의 기억은 주로 신체 내의 근육, 특히 깊은 근육 내에 긴장 및 수축의 형태로 저장된다는 것이다. 이렇게 변질된 근육은 경직되고 뻣뻣하여 신체 유기체 내에 조화롭게 흘러야 할 우주 생명에너지(그 용어로는 오르곤 에너지)의 조화로운 흐름을 방해한다는 것이다. 그 결과, 각 신체부분들에서 막힌 에너지의 흐름 때문에 심리적 그리고 신체적 증상이 초래된다고 제시하였다. 이후 무장이론의 원리를 수용한 수많은 소마운동의 연구와 실천이 이루어져 왔다. 전통요가는 물론 알렉산더 기법, 오르곤 기법, 펠덴크라이스, 필라테스, 롤핑기법, Hanna의 소마기법 등 수많은 신체중심의 소마기법은 신체부분 그리고 신체동작을 이용해 정교한 알아차림을 적용하는 것이었다. 그러나 소마학의 실제에서 소마동작 연습들이 신체적 동작 수준에 머물고 정서나 이미지 차원의 심리치료로 연결되지 못하고 있는 안타까운 실정이다.

즉, 신체 수준의 심신 긴장과 막힌 에너지의 해소에 그칠 뿐이었고 소마동작기법이 예술매체를 적용하는 예술치료로 발달하지 못하였기 때문에 신체 수준의 연습과 수련에 머무는 경향이 있어서 정서, 인지, 영적 수준의 발달로 통합되지 못했던 아쉬움이 있다. 반면에 Halprin(1978)의 동작제의식이라 불리는 소마동작기법은 요가 펠덴크라이스를 통합한 통합예술치료로 개발되었다. 그래서 동작제의식은 신체부분의 즉흥, 동작의 은유 및 알아차림을 가능케 하였고 그림, 글쓰기 등의 다른 예술매체를 활용하여 동작중심 표현예술치료로 교배되었다.

신체 수준의 알아차림을 구체화하고 의식확대를 위해 감각영민성을 높이고 미세한 동작 알아차림이 가능하도록 제7장에서 더 자세히 다룰 것이다.

한편, Ogden 등(2006, 김명권 외 공역, 2019), Ogden과 Fisher(2015)는 감각운동 심리치료(sensori-motor psychotherapy: SP) 연구를 통해 동양적 명상기술인 마음챙김을 심리치료에 적용하였다. 즉, 신체감각중심의 알아차림에 기반을 둔 마음챙김(mindfulness) 명상을 심리치료과정에 통합하여 실천하였다.

마음챙김이란 자신이나 자신의 경험을 판단하거나 비난하지 않고 지금 이 순간의 자신의 생각, 감정, 신체적 감각과 행동을 알아차리는 능력을 말한다. 이 마음챙김의 기술 네 가지는 다음과 같다. 첫째, 지금 이 순간에 집중적으로 주의 기울이기, 둘째, 생각/감정/신체감각을 인식하고 주의 기울이기, 셋째, 순간순간의 의식의 흐름에 주의 기울이기, 넷째, 이 생각을 감정과 신체감각으로부터 분리하기이다(Mackay et al., 2009, 이영순 외 공역, 2013). 신체감각중심 마음챙김 기법은 게슈탈트의 유명한 명제인 머리를 벗어나서 더 심층 수준의 은밀한 신체 수준의 내적 감각에 조용히 집중하는 명상적 방법으로부터 시작한다. Ogden과 Fisher(2015)는 여러 수준의 알아차림 중에서 신체감각중심, 특히 척추 정렬, 호흡, 만트라(반복적인 언어소리) 및 신체감각에 집중한 내적 알아차림 훈련을 한 후 이 알아차림의 목적으로 마음챙김이라는 인지적 차원의 통찰 및 깨달음과 연결 및 통합하는 것을 강조한 것이다. 이 통합치료의 과정은 머리중심의 사고에서 하향식(top-down) 알아차림으로 내려와서 신체감각중심의 알아차림 경험을 한 후 다시 머리의 인지 수준으로 올라가서 인간존재와 삶의 의미를 알아차리고 마음챙김을 하는 상향식(bottum-up) 통찰과정과 그 실천방법의 변증론적 순환을 말해 준다. 결국 감각운동 심리치료는 변증법적 행동치료의 핵심 기술로 간주되었고, 그 목적은 하향식/상향식의 치료적 순환을 거쳐 높은 인지 차원의 의식확대 선상에서 마음챙김이라는 통찰과 깨달음을 얻는 것이다.

감각운동 심리치료의 순환적 과정을 위한 Ogden과 Fisher(2015)의 광범

위한 실천 기법과 워크숍 자료에 의하면 인간 신체의 신경생물학적 원리와 동물행동적 원리에서부터 시작하여 궁극적 치료의 목적인 마음챙김의 다섯 개 구성요소—몸감각(body sensation), 움직임(movement), 5감각지각(5sense perception), 정서(emotion), 인지(cognition)—를 순환하는 알아차림과 마음챙김의 현재화가 실천된다. 이 치료과정의 워크숍 자료에 의하면 인간 심리의 핵심 원리인 트라우마와 애착관계에서 체화된 은밀한 비언어적 기억과 암묵적 행동들의 현재적 영향을 알아차림으로부터 시작된다. 더 구체적으로 말하면, 과거 영향과 관련된 신체 내적 감각과 신체부분, 예를 들면 세상을 살아가기 위해 움직이는 다리/발 및 척추 자세, 타인에게의 접근을 하기 위해 필요한 손/팔의 제스처, 타인과의 자아경계를 위한 거리 등은 무의식적으로 표현된다. 이 은밀한 무의식적 움직임에 대한 알아차림과 신체감각 알아차림을 인지적 통찰 수준으로 끌어올려서 삶의 의미를 깨닫는 명상적 마음챙김이 실천된다. 그러나 친밀하고 익숙하지만 은밀하게 반복되는 비언어적 메시지에 대한 현재적 알아차림과 익숙하지 않은 새로운 방식과 이를 위한 자원개발이 필요하다. 이런 의미에서 변화되고 변형될 내담자의 미래를 위해 명시적 언어표현과 함께 몸으로 체화하는 마음챙김이 필수적이다.

이와 같이 동양의 알아차림 및 마음챙김 명상을 신체부분의 감각운동에 적용하는 이유는 3~5분 정도의 쉽고 간단한 명상 수행이 스트레스를 감소시킬 뿐 아니라 일상의 삶 속에서도 평안감과 넉넉한 넓은 맘(sense of speciousness)을 갖도록 만들기 때문이다. 특히 최신의 연구들에서는 마음챙김 명상이 대뇌 영역의 회복탄력성을 만들고 대뇌로 하여금 인지 차원에서 신체의 모든 미세한 부분까지 스캔하여 구조적 통합을 이루도록 하기 때문에 명상적 방법이 소마몸동작과 방법론적으로 통합되었다(Martin, 2011).

이렇게 신체 내적 심층구조에서부터 의식확대의 높은 인지적 영역까지 망라하는 변증법적 순환방식의 심리치료는 동작중심 표현예술치료의 3수준의 알아차림의 상호 순환적 적용방식에서 그리고 NLP 심리치료에서 언어의 심층구조와 표층구조 사이에서의 의사소통과정에서도 유사한 과정을 가진 실천 모델들과의 유사성을 보여 준다. 즉, 심층 무의식으로 향한 깊은 하강과 이와 반대방향인 메타인지 차원으로 상승·확대가 된 신화치료에 이르기까지 인간의 무의식에 대한 의식화의 범위를 확대하려는 도전으로 보인다. 그러나 감각운동 심리치료나 NLP 심리치료에서는 행위지향적인 예술표현 활동이 적극적으로 적용되지 않고 있으며 명상적 방법의 마음평정, 명료한 사고, 정서적 수용의 내적 집중훈련을 실천하는 동양식 명상이 더 기초적이다. 그렇다고 동양명상처럼 홀로 조용히 하는 명상이 아니라 끊임없이 변화하는 상담자/내담자의 역동관계 내에서 나타나는 언어표현(소리 및 언어 만트라처럼 계속적으로 반복되는 화두나 소리 포함)과 말하는 과정에서 나타나는 은밀한 신체언어적 태도에 대한 알아차림과 몸으로 표현하고 체화하는 마음챙김의 심리치료 효과를 얻기 위해 행위지향적인 모든 예술치료자가 배워야 할 심리치료의 핵심을 전해 준다. 여기서 우리는 신체부분 및 내적 감각중심의 마음챙김과 더 적극적이고 긍정적인 예술매체의 표현이 알아차림과 마음챙김의 심리치료에 어떻게 효과적으로 통합되어야 하는가의 과제를 실천해야 한다.

3) 영적 수준의 알아차림

융의 정신원형이론이나 Steiner의 3원적 인간관에서 제시된 대극적 양극성이 정서중심의 예술활동을 거치지 않는다면 우리 몸은 정신영성과 상극적 양극화를 극복하지 못할 것이다. 그렇다고 해서 중간매개체인 정서 차원의 예술활동이 몸과 영성의 사이에서 상호 순환하지 않고 예술의 영역에만 머문다면 우리 몸과 영성은 이원화되고 예술은 행위의 영역에서 치유의 의미와 지향성을 잃고 말 것이다.

한편, 융의 상상심리학 및 적극적 상상기법과 함께 예술치료가 대두되어 환상과 상상의 기능이 인지 영역에서 중요시되면서 우리의 뇌는 치료 영역에서 생각하는 뇌가 아니라 이미지로 상상하고 신체감각 및 움직임의 경험을 알아차리고 통찰해야 하는 뇌의 기능이 중시되었다. 그러므로 심리치료적으로 예술매체를 적용하는 예술치료에서는 환상, 상상 및 연상 기능이 인지적 영역에 적용되는 것이 주목할 만한 일이다. 중간매개체인 예술이 신체감각이나 감각느낌과 같이 신체부분에만 결합되어 작용할 것인가, 아니면 융과 Hillman의 상상심리학의 덕택으로 신체동작 예술이 인지적 영역과 매개되어 신체와 통합된 예술이미지의 알아차림이 높은 인지 수준의 정신 영역으로 모두 들어 올릴 것인가의 문제가 주제이다.

현대 심리학의 분야에서 제3세대의 심리학 운동과 함께 대두된 자아초월심리학은 신체동작 예술의 방법론의 개입이 요구되었다. 특히 융 학파 춤동작치료자들은 적극적 상상과정에서 발견된 진정한 동작과 동작의 원천들을 심신에너지를 매개로 하여 우주영성과 관련시키는 일을 하였다. 이런 일이 가능한 이유는 인간 정신원형 속의 에너지는 개인의 정서와 이미지를 분리하지 아니하고 하나로 포함하여 역동적 작용을 하므로 춤동작치료를 통해 개인의 신체에너지는 우주에너지와 연결되어 우리 삶에 드러나고, 표현되며, 삶의 의미를 준다고 관찰하였기 때문이다.

Adler(1999a, 1999c)에 의하면 만약 개인이 속한 사회문화의 가치규범에 따라 집단의식의 체화에 갇힌 상태에서 몸이 거주하는 시공간이 한정된 의식을 가지고 살아간다면 그 사람의 의식은 일시적이고 확대된 의식의 영원한 한 부분이 될 수 없다. 특히 그림자 영역 속에서 개인적 증상 위주의 개인 특질적 동작패턴에 갇혀 있거나 또는 개인주의와 적응위주의 자아발달 수준에 머물게 된다면 보편적 집단의식을 위협할 뿐만 아니라 집단 영성을 체화하지 못한다고 우려하였다. 그녀는 지구의 안과 밖 그리고 인간의 내부와 주변에 작용하는 에너지는 결국 높은 질서를 가진 우주에너지라 했다. 이 우주에너지가 하나의 단위세포들 수만 개가 모여서 우리 외모뿐 아니라 인간의 몸 전체를 이루는 데 있어서 물질적 특성인 시공간적 형태의 형성 및 인간 생명

신체의 형성 그리고 형성된 물질적 실체의 흩어짐을 가져오는 현상들이 우리 인간 삶의 가장 주요한 주제인 탄생과 죽음의 현상을 일으킨다 했다. 물질이 형성과 흩어짐 그리고 영성이라 부르는 영역까지 포함된 인간 전체에 작용하는 것도 결국 높은 우주질서에 의한 것이라 했다. 그래서 인간 신체구조 속에서 반복되는 우주행성의 기본 구조에서 우리가 우주질서의 보편성을 찾자 해서 그녀는 부분적 활동패턴에서 전체성 활동패턴을 찾을 수 있다는 프랙털 기하학(fractal geometry)의 원리를 이용하여 설명하였다. 이 원리는 우리 몸 전체를 이루는 수만 개의 단위세포 하나하나도 우주 전체의 활동이나 리듬 패턴을 가지고 있다는 설명에도 해당된다. 즉, 작은 부분의 단순구조가 반복되면서 전체와 유사한 특징을 나타낸다는 것이다. 파도, 구불구불한 리아스식 해안, 혈관 분포형태, 창문에 낀 성에, 산맥 모습 등이 프랙털 형태의 원리를 드러내는 것이다. Adler는 진정한 동작을 통한 춤동작치료에서 신체부분적 움직임과 집단 구성원과의 사이에서 이루어지는 에너지의 작용방식에서 시공간적으로 이루어지는 직 · 곡선의 움직임의 형태, 모임과 흩어짐, 흐름과 막힘, 마비됨과 살아 있음 등을 관찰하였다. 프랙털 기하학의 형태는 참자기 이미지인 만다라 특징을 나타내는 부분과 전체 통합의 이미지를 나타낼 뿐만 아니라 우주원리의 상징을 나타낸다는 뜻과 일치한다.

그러나 진정한 동작이 개인 차원에서만 나타나는 것이 아니라 영성 차원에서 집단의식을 체화하기 위해서 동작자(mover)와 목격자(witness)의 관계 알아차림에서 이루어짐을 강조하였다. 융(1961: Chodorow, 1997에서 재인용)이 내담자중심으로 내담자의 연상과 선택을 따라가는 비분석적 현상주의 치료로 가기 위해서 분석자 대신에 목격자의 역할을 강조함에 따라서 분석심리학과 춤동작치료에서도 목격자와의 관계 알아차림을 중시하였다. 목격자의 개념은 개인치료에서의 내담자/상담자 또는 동작자/목격자의 2자관계에 국한되지 않는다. 목격자는 집단 내에서의 구성원들 간의 관계에서 동작하는 가운데 보고, 듣고, 관찰하고, 느끼고, 상상하는 심리적 역동을 체험한다.

Adler(1999b)가 이같이 집단관계 내에서의 체험을 강조하는 것은 집단 속에서 집단무의식과 집단의식의 체화를 통해 의식을 확대하고 영성통합으로 나아가는 방법론을 말해 주는 것이다. 만약 집단무의식을 체화하지 못하고 집단의식으로 확대하지 못하고 자기 내적으로도 영성통합이 안 되고 분리되는 경우에는 소외로부터 오는 절망과 고통이 심하다고 하여 진정한 춤동작치료에서 영성체화를 강조하였다. 영성과 관련하여 자유를 몸으로 체화하고 자유와 관계를 배우는 방식으로의 진정한 춤동작치료를 강조하였다.

이런 주장은 Johnson(1991) 및 정신통합 심리학의 영성편재론과 같이 우주영성의 패턴은 물질 차원 및 동식물 차원, 인간의 신체심리의 모든 차원에서 연결되어 높은 우주질서의 패턴을 엿볼 수 있다는 가능성을 말한다. 그러므로 어두운 그림자 영역에서 나오는 진정한 동작이 인간의 무의식에 갇혀 있지 않고 춤동작으로 보이고 알아차림을 통해 의식의 영역으로 확대되어 영적 영역과 연결됨은 적극적 상상을 통한 실천이 가능하다고 본다. 그것은 신체동작에 사용되는 에너지를 무의식/의식/초의식 그리고 지구/우주의 에너지와 동일시하면서 연결하고 춤동작을 통해 영성으로 체화하는 것이다. Adler는 적극적 상상과정의 모든 신비한 경험을 언어구조로 표현하고 경험 나누기를 함으로써 자기통합을 넘어 타인 및 세상과의 관계변화를 이룰 수 있다며 진정한 동작을 신비 차원에 남겨 두지 않고 언어로 표현할 것도 중시하였다.

초개인심리학 및 초월심리학으로 불리는 영성이론을 배경으로 영성의 체화를 강조하는 동작예술치료에서는 융 심리학이나 게슈탈트 심리학에서나 다 같이 심층 원형적 에너지, 정서, 이미지의 내용을 영적 이미지와 결합시켜 그 의미와 내용을 언어로 표현하기 때문에 결국은 언어표현으로 인간 삶과 인간의 인격 측면에 대해 말하고자 한다. 융 심리학에서는 신화, 동화 및 민담을 빌려 표현한다 할지라도, 신화로 외현화한 이야기들은 결국 나의 것으로 소유해서 나의 이야기를 스토리텔링하는 방법을 통해 내면화하는 치유방법을 사용한다면 자기의식 및 자기신화적 방법의 영성치유가 가능하다고 전

술했다.

그래서 영성치유를 위해서는 치료의 독특한 접근방법인 예술, 놀이 자기의식의 방법을 사용한다. 치료의식으로서의 춤을 추는 것은 춤이라는 표현과 오락의 요소들을 이용하여 춤동작을 탐색하는 춤(일명 즉흥동작)이 삶 속에서의 나와의 관계, 타인과의 관계, 환경과의 관계를 알아차리는 수단이 되어서이다. 춤추는 가운데 자기를 드러내고, 타인과 관계를 맺고, 지지받을 뿐 아니라 창의성을 기른다.

영적 단계로 나아가기 위해 동작, 감정, 인지의 세 가지 수준의 알아차림 방법을 통합하기 위해서 세 수준을 상호 순환적으로 반복해야 함을 강조한다(Brown, 2004; Halprin, 2003). 이런 주장은 정신통합원리에서 말하는 영적 편재성에 의거해 3수준의 영역 어디에서나 알아차림의 반복적 수행은 결국 인간 심신 모든 영역과 연결되어 영적 통로를 향한다는 뜻이다. 4수준의 영적 수준 역시 언어능력을 넘어선 영역으로 예술 안에서 상징적으로 나타나지만 결국 알아차림의 주체인 각 개인은 영적 알아차림의 표현을 위해 은유적 의미의 시언어를 사용한다.

Halprin(2015)은 영적 변형을 가져오기 위한 동작을 촉진시키기 위해 환기기법(evocation), 기원기법(invocation), 집단기법(convocation)을 제안하였다. 환기기법은 신체감각, 정서, 이미지를 불러일으키기 위해 알아차림, 초점 맞추기, 지금-여기 머물기, 지금-여기 경험 촉진 등 3수준의 알아차림과 게슈탈트 기법을 활용하는 것이다. 기원기법은 개인적인 삶의 자료와 그 원형적 의미가 되는 은유동작들을 탐색하고 돕는 것으로, 융의 원리를 동작중심 표현예술치료에 적용한 것이다. 집단기법은 목격자와 동작자가 상호작용하면서 집단적인 경험이 될 수 있도록 경험을 공유하는 방법이다. 이 기법은 집단원 간에 공감을 필요로 하므로 언어적 공감 이외에 동작과 리듬으로 체화 공감하는 여러 가지 방법이 적용될 수 있다. 만다라 이미지의 형태를 리드미컬하게 발로 걷는 과정에서 집단 리듬 및 리듬의 공명에 의해 절정경험(peak experience)이 가능한 방법이다.

알아차림의 심리치료 적용에 있어 융의 적극적 상상이 단순히 조용한 명상적 탐색과 그 예술적 표현의 단계에 머물고 알아차림의 언어적 표현과 구체적 심리치료과정이 뒤따르지 않으면 단순히 예술표현 활동으로 끝나고 삶의 의미 통찰과 삶의 적용 및 변화는 쉽게 얻지 못한다. 〈표 6-2〉는 3수준의 알아차림을 통합하여 언어로 표현하는 방식이다. 이 알아차림의 수준들은 신체감각 수준, 정서 수준 그리고 상징이미지 수준을 알아차림으로 연결하여 표현해 주는 반응방식이다. 이렇게 언어적 표현으로 연결해 주지 않는다면 아무리 알아차림이 있었을지라도 의식 수준으로 명료하게 의식화하지 못하고 나 자신의 인식과 자각으로 소유하지 못할 것이다.

〈표 6-2〉 **3수준 알아차림의 의사소통 모델**

감각 모델	정서 모델	인지 모델
내가 ……를 볼 때 (when I see ……)	나는 ……를 느끼고 (I feel ……)	나는 ……를 상상한다. (I imagine ……)
내가 ……를 들을 때 (when I hear ……)	나는 ……를 느끼고 (I feel ……)	나는 ……를 상상한다. (I imagine ……)
내가 …… 동작을 할 때 (when I move ……)	나는 ……를 느끼고 (I feel ……)	나는 ……를 상상한다. (I imagine ……)

다음은 호흡춤에 의해 경험하는 영적 이미지와 감정의 알아차림을 서사시적 언어로 표현한 것이다(Halprin, 2015). '그대'라는 우주생명의 상징적 은유를 사용하여 호흡 속에 포함된 신비한 영적 실재를 알아차림 하는 언어표현은 마치 언어마술을 지닌 것 같다.

훗날, 나는 그대를 다시 발견할 것이네.
그대는 피부라는 옷 안에서 지금도 여전히 춤추고 있네.
호흡리듬 속에 아직도 남아 있는 그대 발자국을 보았네,

나는 들숨과 날숨 사이를 매번 옮겨 가는 그대를 지켜보네.

……중략……

침묵의 빈 공간을 뚫고 내쉬는 호흡

그대가 오고 가고,

올라오고 내려갈 때마다

그대는 매번 삶과 죽음으로 흘러가고 있네.

그대 춤의 자취 속에서 그대가 남기는 어떤 것,

지극히 단순한 어떤 것, 그건 우리와 함께 신마저 사랑에 빠지는 것이라네.

영적 수준의 언어표현들을 보면 예술매체의 적용에서 오는 신체감각, 동작차원, 감정 및 정서, 인지적 표현에서 시적 은유 및 추상적 개념의 표현이 많이 나타남을 볼 수 있다. 영적 알아차림의 시에서는 호흡리듬 속의 아스트랄체가 영적 실재를 실어 들어오고 나감을 은유하였고 이 영적 실재가 우리 몸과 상호 육화하고 있는 영적 생명을 은유적으로 알아차리고 표현하는 시처럼 보인다.

〈표 6-3〉은 초월적 특성을 나타내는 언어표현들이다(Brown, 2004, 임용자, 김옥경 공역, 2007, p. 234).

치료회기에 있어서 이런 추상화 작업은 매우 의식적인 작업이다. 그러나 이런 시적 은유의 언어 및 개념적 언어를 사용하여 추상성을 개입시키는 일은 반드시 예술활동적 경험과 신체 내적 체험에서 얻은 자료들을 가지고 인지적 수준에서 공식화하고 의식화하는 일이다. 말하자면 작업의 전체과정은 머리(인지 차원), 가슴(정서 차원), 사지(동작 차원)의 전 과정으로 연결 · 통합되는 내려오기(top-down) 과정과 사지, 가슴, 머리로 올라가기(bottom-up) 과정의 방식을 전체적으로 포함하지 않으면 모든 언어의 개념이 공허해질 수밖에 없다.

〈표 6-3〉 **초월적 특성의 단어**

미	열정	파악	용기
창조성	에너지	힘	열광
영원	무한	보편성	자유
해방	비애착	협력	우정
형제애	자매애	관대	호의
선의	감사	감동	감탄
경이	조화	유머	포괄성
수용성	기쁨	축복	빛
사랑	질서	인내	현실
존재	진실	갱신	신뢰
신념	고요	평화	냉정
조용	봉사	고요	평오
단순성	통합	전체성	이해
생기	의지	지혜	책임

4) 알아차림의 종단적 사용

3수준의 알아차림의 현재적 사용방법은 앞서 설명하였다. 알아차림의 종단적 기법은 심리치료단계에서 알아차림의 시간 연속적 그리고 순환적 사용을 말한다. 즉, 알아차림의 종단적 적용은 심리치료의 과정에서 순간순간의 알아차림이 시간상 종단적으로 구조화되면서 변화와 성장으로 이어짐을 말한다. 알아차림의 적용은 개인의 삶과 존재의 현재적 상황과 관련하여 순간순간의 마음챙김이 발달상으로 이어져서 변화와 성장에 이르는 시간 경과로 통합되는 치료기제이다. 그러므로 어느 수준의 알아차림이든지 수평/수직적 연결 사용은 연속적 치료과정 자체로 이어져서 종단적 결과로 나아가야 한다.

예를 들면, 치료의 첫 단계에서 삶의 상황에서 나타나는 작업주제나 문제를 탐색해야 한다. 그래서 삶의 상황과 관련하여 문제의 이미지와 감정 그리고 신체의 3수준에서 알아차림을 통해 표현되고 3수준의 알아차림의 자료들이 서로 연결되어야 한다. 알아차린 주제나 문제들은 그다음의 치료단계인 직면단계에서 더 깊은 심층 감정의 알아차림으로 이어지고 그 자료들이 예술매체들과 언어매체들로 표현된다. 직면은 곧 문제의 감정들과 이미지들이 해소되거나 변화되는 과정에 이른다. 그리고 변화된 감정과 이미지들은 삶으로 전환되어 새로운 의미를 구성하고 성장의 단계에서 삶의 의미와 변화가 이루어진다. 매 단계로 이어지는 변화의 순간들은 상호작용적 연속성을 가진 알아차림의 순간들의 연속이다. 즉, 삶의 상황, 치료단계, 다시 삶으로 되먹여지는 알아차림의 연속체로서의 흐름이 곧 치유되고 성장하는 삶의 과정이다. 단적으로 말하면, 심리치료에서 과정 없는 결과란 있을 수 없고 특히 순간순간의 알아차림의 과정 없이 성취되는 결과가 있을 수 없다.

[그림 6-1]은 5단계 심리치료과정에 알아차림의 횡단적 투입 후 그 자료들을 종단적으로 조직하기 위해 5단계의 과정과 알아차림의 관계를 쉽게 표현한 모델이다.

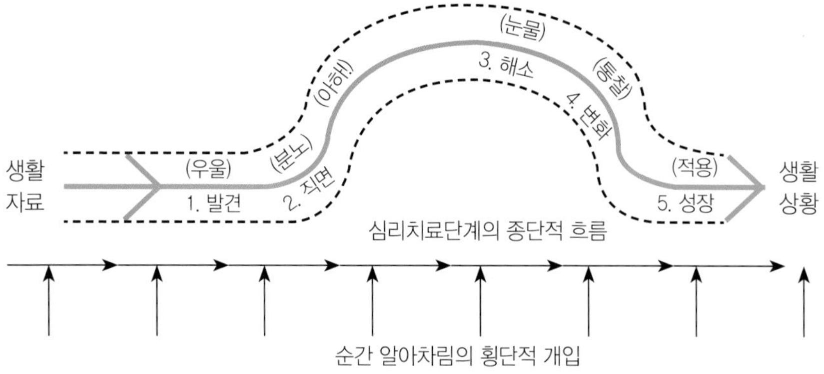

[그림 6-1] **치료의 5단계 과정과 알아차림의 관계**

또 다른 알아차림 사용의 종단적 모델을 이해하기 위해 Gendlin(1991, 손혜숙 역, 2000)의 심리치료단계인 초점 맞추기 과정을 살펴본 후 이 과정에 감각 표상 알아차림을 적용하려 한다. 우선 [그림 6-2]에서 초점 맞추기 과정을 도해적으로 이해해 보려 한다.

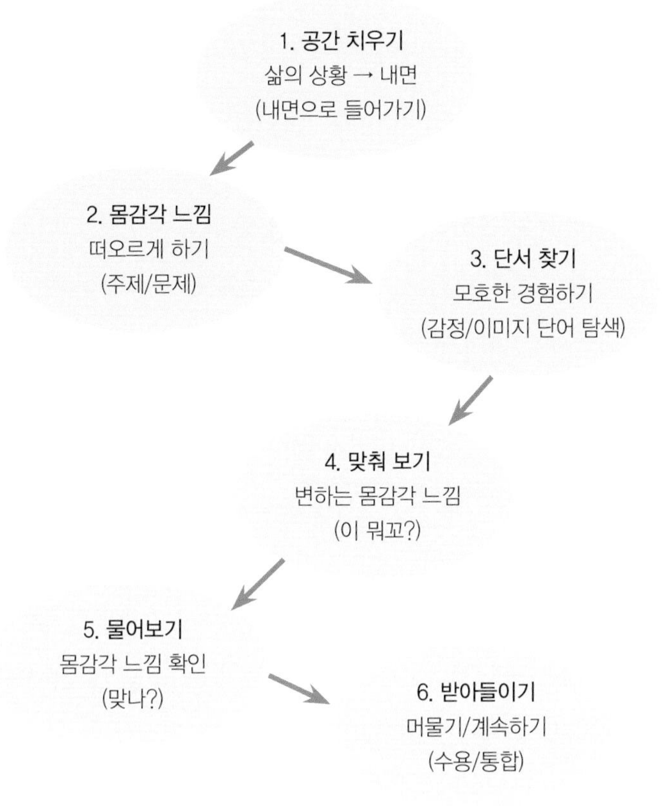

[그림 6-2] **초점 맞추기 과정**

첫째 단계인 '공간 치우기'란 내면으로 들어가기 위해 평상시에 외부의 정보에 기울여져 있던 우리의 감각과 주의가 내면을 향해 들어가는 것이다. 현재 여기에서 내면을 살펴보는 것을 방해하고 있는 것이 있는지 알아차리고 외적 · 내적 환경을 정돈한다는 의미에서 '치우기'라는 말을 사용하였다.

둘째 단계는 몸감각 느낌(felt sense)을 사용해서 탐색하고 싶은 주제나 문제를 떠올리는 단계이다. 그것이 가끔 현실의 삶에서 원하지 않는 느낌, 감정, 행동, 자세, 몸감각, 생각, 자기대화, 심상(이미지) 등이어서 자기가 진정으로 원하는 것과 다르다. 그러나 모호하고 불명확한 느낌으로 나타날 수 있으므로 그 모습을 떠올리고 드러내도록 기다려야 한다. 몸의 느낌으로 오지 않고 사고나 생각 수준으로 올 수 있으므로 생각과 느낌의 이면을 살펴본다.

셋째 단계인 '단서 찾기'란 이전 단계의 모호한 경험에 더 머물면서 사고 이면에서 떠오른 감각, 느낌, 이미지 등이 주려는 메시지와 그 표현에 알맞은 단어들을 탐색하는 것이다.

넷째 단계는 탐색된 언어들이 감각느낌과 맞는지 확인하는 단계이다. 그러나 몸감각 느낌이 계속 변화하므로 계속 탐색하고 맞춰 보는 과정이다.

다섯째 단계는 찾아낸 언어 단서들이 감각느낌과 맞는지 감각느낌에 물어보도록 한다. 만약 안 맞는다면 이전 단계로 돌아갈 수 있다.

여섯째 단계는 물어본 몸감각 느낌의 대답들을 기꺼이 받아들이는 단계이다. 그리고 몸감각 느낌이 원하는 것이 무엇인지, 좋은 몸감각 느낌을 얻으려면 무엇을 해야 하는지를 물어야 한다. 기꺼이 환영하면서 수용한다면 당신은 좋지 않는 몸감각에 묶여 있지 않을 것이다. 그리고 무엇이 좋지 않은 몸감각을 만들어 내는지 알게 될 것이다. 이 6단계는 계속적이고 순환적으로 반복되는 단계이다.

Gendlin의 포커싱과정은 조용한 명상적 방법으로 표상감각과 이미지를 떠올리는 방법을 주로 사용한다. 그러므로 심층의 모호한 이미지를 시각화하여 그림으로 떠올리고 이를 몸감각 충동으로 연결시키는 방법이다. 이 방법은 조용한 명상적 방법에 의해 내면화부터 시작하는 융의 적극적 상상의 예술치료단계와 매우 일치한다. 그러므로 시각/청각/운동감각의 내면 심리 예술적인 명상과정들이 언어표현으로 연결시키는 심리치료과정을 잘 나타내고 표현예술매체를 적용하기에 적절한 모델이므로 포커싱과정에 예술이미지의 알아차림을 적용한다면 보다 효과적으로 내적/외적 예술과정의 인상화(impression)와 표현화(expression)가 상호 보완될 것이다([그림 6-3] 참조).

포커싱과정은 동작표현이나 그림표현을 사용하는 표현예술치료는 아니지만 내적으로 진행되는 시각표상, 청각표상, 신체감각표상 등의 진정한 삶의 자료를 탐색하는 조용한 명상 수준에서 출발하여 예술적 표현 및 언어표현의

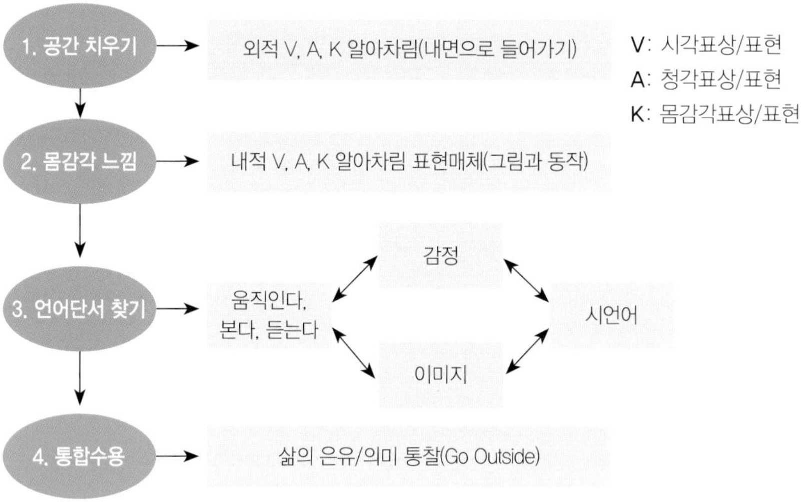

[그림 6-3] 초점 맞추기/감각표상 알아차림의 통합

적합성을 찾아내는 과정을 잘 묘사해 주고 있다. 인지 수준의 추상적이고 개념적인 언어표현을 시도하는 일은 심리내적으로 일어나는 모든 차원의 연결과 통합성을 전제하고 있기 때문이다. 그러나 김미애(2018)의 연구에서는 움직임중심 표현예술치료를 적용하여 명상 수준의 선문선답이나 불교 간화선의 수련과정에서 정서 및 동작 차원의 표현이 억압되는 과정을 잘 밝히고 있다. 그러므로 내적 자료들은 물론 감각표상을 그림으로 그리고 동작으로 그리고 목소리로 드러내는 표현예술치료과정의 필요성에 공감한다.

2. 예술이미지 알아차림의 실제

언어적 심리치료에서는 대화에 나오는 여러 가지 정보 중에서 내담자의 감정표현에 초점을 맞추면서 문제를 직면하려고 노력한다. 마찬가지로 표현예술치료에서도 내담자가 자신의 내면을 탐색하고 떠오르는 무의식 이미지와 감정들을 표현하려 할 때 예술매체를 적용하는 이유는 이성 위주의 언어적 접근에서 벗어나서 연상, 환상 및 상상기능을 이용하여 무의식 자료에 접근하는 것이 더 용이하기 때문이다. 이용하는 예술매체의 범주로는 개인이 주변의 외적 대상과 내면의 자료가 보다 생생하고 깊은 인상(impression)과 그 표현(expression)을 얻을 수 있도록 하기 위해 이미지는 미술매체를 사용하고, 신체감각 자료는 동작매체를 말하고 들리는 소리는 청각매체를 그리고 이들을 글로 표현하려면 시적 언어나 은유적 언어를 사용한다. 이와 같이 인상과 표현의 매체는 감각기관 및 감각표상과의 연결이 밀접한 예술매체를 적용한다.

3원적 인간구조와 관련하여 제3장의 [그림 3-4]를 보면 12감각군은 하위감각, 중위감각, 상위감각으로 대별되어 있다. 무의식적 신체감각들이 하위감각에 해당되고 상위감각들은 추상적 의식 수준에 속하여 대극적 양극을 이루므로 중위감각들에 의해 매개되는 관계들을 잘 표현해 주고 있다. 특히 예술의 양식들과 밀접한 시각 및 청각은 중위감각에 속하고 신체동작은 무의식적 하위감각에, 언어감각은 의식의 상위감각에 속함을 알 수 있다. 그러므로 시각예술과 청각예술은 중위감각의 매개적 입장에 있어 의식적 언어와 무의식적 동작의 대극성에 개입시킬 수 있으므로 상위감각과 하위감각을 연결해 주는 기능을 한다.

〈표 6-2〉에 나타나 있는 언어적 표현은 '내가 어떤 시각상징을 보니까 그에 해당하는 나의 정서 및 상징 이미지를 알아차린다.' '내가 어떤 말과 언어들을 들으니까 그에 따르는 나의 정서 및 상징 이미지를 알아차린다.' 그리고 '내가 어떤 동작으로 표현하니까 그에 따르는 정서 및 동작 상징을 알아차린다.'와 같은 식이다. 그러므로 인간의 감각군이 세상을 받아들이고 표현하는 관문의 역할을 하지만 결국 이들 감각의 지각과 그 내적 지각의 표현은 예술매체의 중개작용을 통해 알아차리고 통찰되어 그에 해당하는 언어적 표현을 통해 인지적 수준으로 재연결되지 않으면 무의식 속에 파편화되어 의미 없는 잡동사니가 될 것이다. 구슬이 서말이라도 꿰어야 보배이다.

상담자 및 안내자는 내담자의 표현예술치료 작업에 나타나는 예술적 이미지에 대하여 알아차리고 이를 언어표현으로 촉진하는 반영질문을 한다. 그림상징과 관련하여 자신의 감정 및 자기이미지를 알아차리기 위하여 상담자는 다음과 같은 반영질문을 할 수 있다.

"그림에 나타난 색, 선, 형태, 질감 중에서 나의 관심을 끄는 요소가 있나요?"

"그림의 색, 선, 형태, 질감 중에서 목소리가 있다면 어떤 그림의 요소가 어떤 말이나 목소리를 낼까요?"

"그림의 색, 선, 형태, 질감 중 어느 요소가 말을 할 수 있다면 어떤 말을 할까요? 상상해 보세요."

그림표현을 동작표현으로 전환시키는 촉진질문은 다음과 같이 할 수 있다.

"만약 그림의 어떤 부분에 에너지가 있어서 움직이길 원한다면 어떤 움직임을 할까요?"

"그림의 어느 요소가 몸의 어느 부분을 감각적으로 느끼게 하나요?"

"그림이 나타내고 싶어 하는 얼굴표정, 호흡, 긴장감, 신체 자세 및 제스처를 나타내 보세요."

"그림의 어느 부분이 춤을 춘다면 어떤 춤이 될까요? 그 춤의 속도, 방향, 공간 사용은 어떠할까요?"

일단 움직임의 시작이 이루어지면 동작코칭을 위하여 나타난 동작의 패턴을 반복하는 것이 그 동작의 특징과 동작상징을 알아차리고 내적 심리자료에 직면하는 기회가 된다. 충분히 반복하고 나면 그 동작의 변화를 가져오기 위해 동작의 높낮이, 속도 방향, 공간 이동을 제안함으로써 동작을 반복하면서 동시에 변화로 이끈다. 동작의 반복과 발달 이후에는 동작의 질적 변화를 위해서 지금까지 반복 · 발달시켰던 동작을 그만두거나 전혀 다른 동작을 시도하도록 제안한다. 이 일련의 동작과정에서 동작이미지의 알아차림과 동작하면서 말하기(talking with movement)를 촉진시키면 그 동작의 반복으로 인해 촉발된 감정과 이미지의 의미를 통찰하여 은유적으로 언어화할 수 있게 된다. 이것을 위해 다음과 같이 동작자에게 동작과정을 계속하기 위한 언어적 안내를 할 수 있다.

"자신의 움직임 중 어느 움직임이나 신체부분에 시선과 주의가 집중되는지 알아차려 보세요."

"그 움직임과 함께 어떤 감정이 일어나는지 알아차리고 그 알아차림을 말하면서 그 동작을 반복해 보세요."

"지금 그 움직임을 과장하거나 강조해 보세요."

"지금 그 움직임이 소리를 내고 싶어 한다면 목소리를 내면서 동작(voice with movement)을 계속하세요."

"지금 변화된 움직임과 이전의 움직임 사이를 왔다 갔다 왕복해 보세요."

"변화된 몇 가지 움직임을 연속적으로 이어서 춤춰 보세요."

"하던 움직임을 그만두고 조각이 되어 머물러 보세요."

이상의 그림작업과 동작과정을 끝낸 후에는 그 과정에서 또는 과정이 끝난 후에 떠오른 감정이나 이미지를 3수준의 알아차림 언어를 사용해서 글쓰기를 한다([그림 6-4] 참조).

시언어적 글쓰기에서는 제3자적 관점에서의 작업과정을 설명하는 것이 아니라 '나'로 시작하는 글을 씀으로써 작업과정을 소유화하고 자기귀인시킨다. 나-너의 대화하기 식의 게슈탈트 대화도 '나' 메시지나 '나' 기술문처럼 자기작업을 자기귀인함으로써 자기치유과정을 촉진시킨다. 그러고 난 후 이 모든 예술과정에서 얻은 통찰은 자기 삶의 지혜와 연결되어 삶의 은유적 의

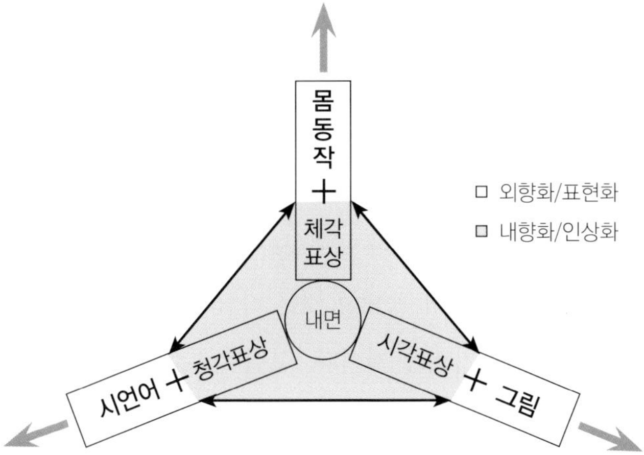

[그림 6-4] 예술매체의 순환적 도해

미를 얻는다. 이 은유적 표현이 예술과정에서 감정과 이미지로 알아차림을 한 내용을 인지적 통찰로 전환하여 지혜롭고 창의적인 삶의 행동을 만들어 내야만 표현예술치료에서 심리치료적 효과를 얻게 된다.

이와 같이 예술매체를 통한 알아차림의 과정들은 표현예술치료 영역에서 심리치료의 5단계로 공식화되었다. 5단계를 요약하면, 삶의 상황에서 가져온 삶의 주제나 문제들이 첫째 단계인 탐색단계에서 떠오르게 하고, 둘째 단계에서 보다 깊이 직면해서 만나고, 셋째 단계에서 예술과정에 의해 주제 감정과 이미지의 이완 및 해소를 거쳐, 넷째 단계에서 감정과 이미지의 변화를 접하고, 마지막 단계에서는 예술과정에서 얻은 치유와 변화를 자기 삶에 적용하는 성장단계에 이른다([그림 6-1] 참조).

3. 메타언어마술의 사용

상징적 상호작용의 존재인 우리 인간은 주로 상위감각의 하나인 언어상징을 통해 사회적 삶을 영위한다. 어린이나 동물이 감각기관에 의한 지각으로 살아가는 반면에 성인은 삶이 자신의 이성적 사고와 가치관의 영향으로 감각지각과 분리되어 있어서 감각 안에서 살아가지 못한다(Aeppli, 1993). 심신이원화의 문제로 인한 언어 위주의 심리치료 현실을 개선하고자 두뇌를 벗어난 행위중심의 각종 교육예술과 예술치료의 발달을 살펴보았다.

지성의 편향을 벗어나기 위하여 탈중심화 및 탈개념화된 각종 예술치료와 대안적 교육방법의 실천에서 필요한 것은 작금의 다양한 치료적 현실의 방향성은 무엇이어야 하는가의 문제이다. 현실적으로 서구에는 수백 개, 최소한 800개 이상의 심리치료이론 학파가 상호 연결이 없는 상태이고 그 접근기술은 아마도 1,000개 이상이 될 것이다. 바로 앞서 기술한 심신양극성의 변증론적 순환과 변형을 통해 가야 할 방향이 최근 대두된 심신통합을 위한 변증론적 방법이다. 메타인지로 심신통합적으로 순환하여 도달하는 것이다. 다시 말하면, 이성적 두뇌에서 정서적 가슴 및 행동적 팔다리로의 하강을 통해 경험한 현상적 예술치료의 심층적 자료들을 이제는 인간의 의미 있는 삶으로 전환시키고 또 영적 성숙 및 인간성 변형에 도달케 하기 위해 어떻게 해야 할까? 메타란 의미를 통해 요소 및 조직체계 상호 간의 수평/수직적 연결 그리고 관계의 재조직화, 신체행동, 정서, 인지 간의 관계 메타조직화를 한 후 인지 위의 상위인지로 통합하는 것을 말한다. 인지구슬이 서말이라도 꿰어야 보배라고 강조하겠다.

메타인지연구의 예로 Dilts와 McDonald(1997)는 대뇌의 신경논리적(neuro-logical level) 5차원, 즉 환경, 행동, 능력, 신념/정체감 단계들과 지각적 입장으로 일자적(나)·이자적(너)·삼자적(그) 입장들 그리고 과거, 현재, 미래의 시간 차원을 5×3×3=45차원 격자무늬로 구조화하였다. 그는 이런 신경논리적 차원을 참고로 하여 신경언어적 심리치료(neuro-linguistic psychotherapy: NLP)를 할 수 있는 연습 모델을 고안하였다. 이 같은 방대한 실천 모델을 단계적으로 접근하기 위해 이 절에서는 예술치료를 통해 무의식세계에 접근해서 일아차림을 한 심층 이미지 및 감정 자료들을 대뇌의 베타

인지적 영역으로 끌어올려 통찰할 수 있는 신경언어적 방법들 중에서 언어의 메타모델과 은유적 방법을 제한적으로 소개하려 한다.

1) 주관적 세상경험

Bandler와 Grinder(1975, 한국NLP상담학회 역, 2013)는 개인이 주변 세상을 인지하고 파악하여 '세상은 이런 것이야!'라고 세상 모델을 만드는 과정에서 결정적 필터링을 하게 만드는 세 가지 제약(신경적 제약, 사회문화적 제약, 개인적 제약)을 들었다. 이 제약들이 실제 세상 자체를 직접적으로 경험하지 못하고 필터링하는 안경들 너머로 세상을 희미하게 간접적으로 경험하게 만든다 했다.

첫째 제약은 신경학적 제약이다. 우리는 우리가 살고 있는 세상에 대해 시각, 청각, 후/미각, 운동감각 기관을 통해 표상을 창조하여 일반화하는 모델 및 지도를 만들어 낸다. 그리고 이 지도나 모델에 의해 행동한다. 그래서 지도는 실제 영토가 아니라고 한다. 더욱이 각 개인들은 5감각지각의 경향이 완전하지 않을뿐더러 각각이 선호하는 감각표상들이 달라서—예를 들면, 시각표상 우세형, 청각표상 우세형, 후/미각표상 우세형, 운동감각표상 우세형, 언어감각표상 우세형—개인마다 받아들이는 순서적 절차가 다르다. 말하자면 보고, 듣고, 느끼고, 행동하는 등의 순서적 절차가 다르다는 것이다. 결국 감각기관에 의해 만들어진 표상은 실제 세상과는 질적으로 다른 신경학적 코드로 전환될 뿐 아니라 개인의 선호감각표상과 순서적 절차에 의해 최종적으로 일반화된 세상 모델은 개인이 창조한 세상이 된다. 이 첫 번째 제약부터 주관적 경험의 세상 모델이 만들어진다.

둘째 제약은 사회적 규범이라는 안경으로 사회적 필터이다. 이 사회적 필터는 필수적으로 어떤 사회문화적 언어체계에서 우리 감각 영역 안에서 만들어지는 세상경험을 풍성하게 만드느냐 또는 빈약하게 만드느냐의 다양한 차이를 만들어 낸다.

셋째 제약은 우리의 세상경험이 실제 세상과 다를 수 있는 제약으로, 개인이 출생 이후 독특하게 겪어 온 개인적 역사가 기초가 되어 만들어진 표상이 있다. 인간이 성장하면서 서로 다른 삶의 경험을 하기에 개인 삶의 역사는 누구하고도 같지 않다.

이 세 가지 제약으로 인해 실제 세상과 경험의 세상은 좁힐 수 없는 차이가 만들어지기 때문에 결국 심리치료 및 심리상담에서는 내담자가 주관적 경험의 세계를 살아가는 독특하고 유일한 현상학적 실존으로 만날 수밖에 없다. 이 세 가지 제약 이외의 더 큰 제약은 인간이 언어의 논리와 문법의 규칙 안에서 우리의 경험을 표현하는 언어체계의 구조 안에서 살아가는 제약이다. 양자물리학에서도 마찬가지로 과학적 지식 획득과 표현에 제약과 한계를 지닌다. 인간의 위대한 통찰과 직관적 관찰로 얻은 과학적 진리마저도 언어적 의사소통의 장벽을 뛰어넘지 못하고 인간학적 현실에 대해서는 아무말도 못하고 침묵하고 있다.

인간의 경험을 묘사하는 말이나 문장의 수는 무한대로 끝이 없으며 또한 내담자가 어떤 문제나 혼란에 봉착했을 경우는 그 무한대의 의미를 표현할 수 없을 정도로 언어구조에 규칙과 제약이 있으므로 언어체계 안에서 이루 말로 형용할 수 없게 되고 개인 자신의 세계에 갇혀 살게 된다. 결론은 구조나 체계 없는 비논리적 특성의 실제 현실세상과 그 세상경험은 논리적 개념의 언어구조 안에서 현실적 묘사가 불가능함을 말해 준다. 그래서 개념에 의한 인지적 지도는 감각경험세계와 멀어져서 개인이 경험한 기가 막힌 일들은 이루 말로 표현할 수 없기(unspeakable) 때문에 그 대안적이고 탈중심화된 표현방법과 도전이 요구된다.

이와 같이 여러 가지 제약과 필터링에 의해 인간의 경험은 세상 그 자체에 대한 경험이 아니라 세상에 대한 감각적 표상에 의한 경험이고, 그 표상들의 총합이라 할지라도 매우 취약하고 제한적이다(Bandler & Grinder, 1975, 한국

NLP상담학회 역, 2013). 그러므로 내담자뿐만 아니라 모든 개인의 표상경험은 확장되어야 치유와 성장의 길로 나아갈 수 있다. 〈표 6-4〉는 신체감각 수준, 정서 수준 및 인지 수준의 세 가지 알아차림이 지금-여기 현장성을 가진 감각표상적 알아차림 그 자체임을 말해 준다.

〈표 6-4〉 감각표상체계에 대한 알아차림 반응

감각표상(신체적)	몸느낌(정서 수준)	이미지(상상/인지 수준)
나는 ……을 보니까 V(시각적) →	나는 ……을 느끼고 K(몸감각적 표현) →	나는 ……을 상상한다. D(기호적 표현)
나는 ……을 들으니까 A(청각적) →	나는 ……을 느끼고 K(몸감각적 표현) →	나는 ……을 상상한다. D(기호적 표현)
나는 ……이 움직이고 K(몸감각적) →	나는 ……을 느끼고 K(몸감각적 표현) →	나는 ……을 상상한다. D(기호적 표현)

2) 언어의 메타모델

원형의 내용들인 심층 수준의 에너지, 이미지, 감정들이 의식확대의 최고 높은 수준인 신화에서 시언어로 표현되는 정신치료 작업은 일상적 차원의 합리적 이성으로 이해하기 어렵다. 마찬가지로 심리치료에 찾아온 내담자들은 자신의 고통스러운 심층 무의식 자료들을 적절하게 언어화하지 못하는 혼돈과 혼란에 빠져 있다. 사회문화적 상황에서 여러 규칙과 제약으로 필터링된 언어를 통해서 심층 무의식적 원자료의 생생한 의미를 상징적이고 차원 높은 인지적 차원에서 상호작용해야 하는 상황을 말한다. 이것은 심층구조 층의 복잡하고 비논리적이고 수많은 경험이 앞서 언급한 신경학적 · 사회문화적 · 개인사적 필터링 없이 표층구조인 언어표현으로 표현되기 어렵다는 뜻이다.

이민용(2017)은 언어 위주의 내러티브(narrative) 방법과 예술치료의 한 범주인 문학치료에 관해 논의하였다. 그가 서사학적 텍스트의 관점에서 논의한 것은 언어의 심층구조의 복잡성과 비논리적이고 추상적이고 직관적인 세상경험을 합리적이고 객관적인 세상 모델로 인식하기 위한 지도, 즉 표층구조인 언어의 메타모델로 표현하기 위한 적절한 방법이 바로 내러티브라는 것이다. 전달하려는 텍스트 내용인 스토리와 그 표현을 서사적 담화와 시문학적 담화의 두 가지 층으로 대비한 것은 언어의 메타모델이 심층구조와 표층구조를 가진다는 뜻과 같다. 쉽게 말하면, 치료상황뿐 아니라 인간의 모든 삶의 경험에서 표현이라는 형식적 언어구조는 스토리의 내용을 완전히 담아내는 투명한 그릇이어야 한다는 당위적 의미이다. Hillman(1975)이 치유적 이야기는 그 자체가 상상적 말하기인 치유소설(healing fiction)이라고 한 것 그리고 융 학파의 적극적 상상에서 무의식적 자료를 예술적 표현으로 담아내기 및 신화적 방법이라 한 것 그리고 표현예술치료에서 알아차림의 표현을 시 쓰기(poet writing)나 게슈탈트 대화를 사용하는 것이 그 대안적 방법이다. 이 대안적 언어표현방법들에서 서로 일치된 치료상의 의도를 발견하게 된다. 그것은 머리의 이성적 언어방법을 피하기 위해 게슈탈트의 '머리에서 벗어나서 가슴으로 내려오라.' 라는 유명한 명제를 실천하는 탁월한 방법의 도전이기 때문이다. 머리에서 가슴을 지나 더 아래로 내려오는 도전을 한다면 춤동작치료자들은 머리에서 사지의 발까지 내려오라는 '걷기'라는 리듬의 춤을 추게 된다. 머리라는 신체 윗부분에서 신체 아랫부분으로(top-down) 옮기는 방법이다.

그러나 사지 부분으로 내려온(top-down) 방법에 의한 경험이 다시 아래에서 위로 가는(bottom-up) 방법으로 옮겨져 신경언어적 표현을 택하지 않으면 안 된다. 무의식화된 행동방법이 삶의 의미로 통찰되지 못하고 사지중심의 신체동작 수준에 머물러 있고 언어의 표층구조와 연결 · 통합되지 못한다면 아무 치료 효과가 없다. 더 나아가서 인간에게서 의식과 초의식과 두절된 무의식적 증상과 행동이 판을 치고 산다면 그 세상은 동물의 세상만도 못해진다. 그러므로 우리는 인간의 언어가 어떻게 심층 무의식의 세상경험을 언어로 개념화하는지 살펴야 한다. 과연 우리 언어는 가슴과 팔다리로, 심지어 발로 체험된 경험을 삶의 세상에 의미 있는 상징적 언어 또는 은유적 언어로 그대로 잘 표현하고 있는가?

다시 언어의 메타모델로 돌아가서 살펴본다면, 인간은 심층구조에서 진행되는 경험의 표상들 가운데 자신이 보고 싶고 듣고 싶고 행동하고 싶은 것을 골라서 언어구조의 일반화(generalization), 삭제(deletion), 왜곡(distortion)을 사용하여 가차없이 필터링하고 재처리해서 자신의 세상 모델로서 인지적 지도(map)를 만들어 내고 언어라는 표층구조에서 의사소통하게 된다. 일반화, 삭제, 왜곡이라는 세 가지 메타언어의 구조적 법칙을 사용하여 세상지도를 만들지 않으면 언어적 표층 차원에서 세상인식과 의사소통이 불가능하기 때문에 모든 인간은 다 같이 이런 짓을 한다. 그러나 연구 결과 인간 의사소통의 언어적 영향력은 겨우 8% 정도라고 한다. 나머지는 음성의 질적 요인과 비언어적인 신체언어로 경험을 표현한다고 한다. 이런 연구 결과는 언어가 표층구조로 인지적 지도화되는 순간 심층구조로부터 파생되어야 할 의미가 언어의 형식이론인 변형문법에 의해 변형되고 독립적 구조가 되어 현실적 의미는 8% 정도밖에 소통하지 못한다는 것을 뜻한다. 언어라는 상징이 심층구조와 표층구조로부터 파생되는 의미와의 연결이 끊어진다면 공허한 무의미적 삶의 언어이거나 아니면 의미가 변형되고 왜곡된 죽은 언어가 된다. 변형적 특성의 언어구조는 표층구조에서는 당연한 것 같지만, 공허하고 변질된 상징적 상호작용으로 살아가는 인간의 삶에 있어 근본적인 오류에는 무관심하게 가짜 세상에서 거짓자아(false self)로 살아가는 데 익숙하게 할 것이다. 기호적 표상(digital represantation)이 된 언어는 어떻게 태초의 생명이 있는 언어가 될 수 있는가? 이 문제에 접근하려면 언어의 심층구조와 표층구조에 따르는 메타모델의 어떤 전략이 필요하다.

[그림 6-5]에서는 인간 경험의 심층구조와 표층구조 사이에서 통합되지 못하는 필터기제 및 제약들을 가진 언어의 메타구조를 그려 보았다.

Bandler와 Grinder(1975, 한국NLP상담학회 역, 2013)에 의하면 심리상담 상황과 관련하여 일반화, 삭제, 왜곡의 문제점을 해결하고 보다 생생한 원자료

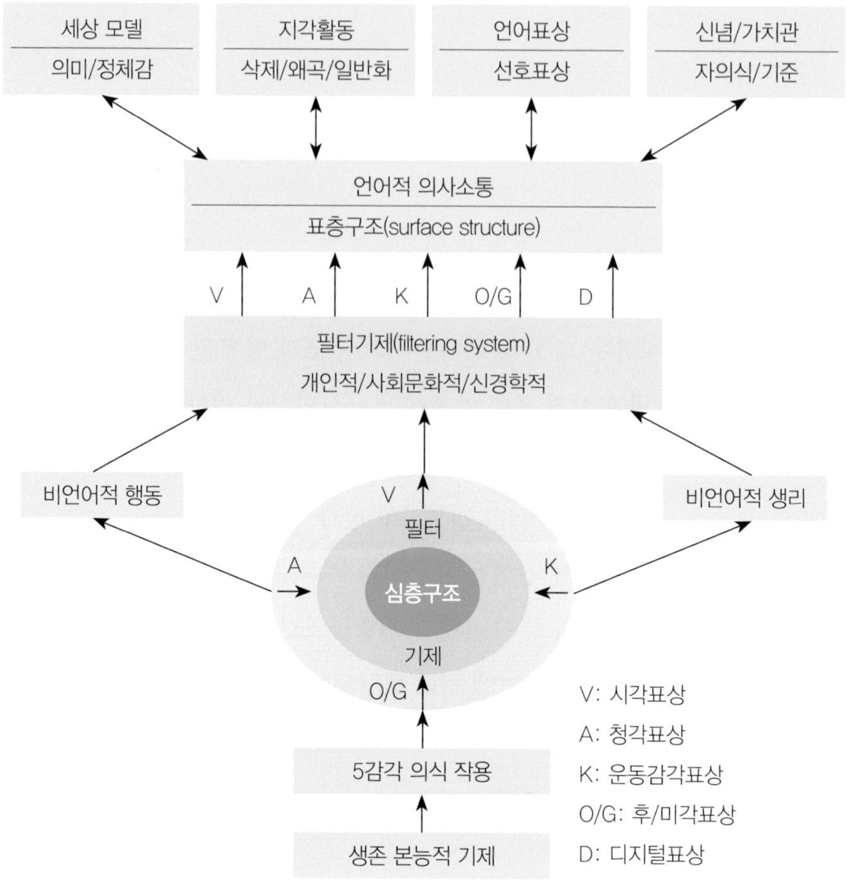

[그림 6-5] **경험의 심층구조와 표층구조**

적인 세상경험을 인식하고 살아가도록 도전하고 있다.

지도는 영토가 아니듯이 음식을 표상하는 메뉴는 음식이 아니라고 했다(Bateson, 1972: 전경숙, 2012에서 재인용). 메타모델인 언어는 디지털표상체계(digital representational system)로서 인간의 경험을 나타내는 상징적 표상이다. 개인이 자기의 세상 모델을 형성하는 과정에서 결정적으로 하는 기능들은 주관적 경험의 세계를 일반화하고, 삭제하고, 왜곡한다. 이 세 가지의 필수 불가결한 언어의 구조적 표현으로는 그 사람의 심층구조에서 진행된 세상경험들의 내용을 의식의 표층구조에서 언어표상체계를 통해 완벽하게 언지 못한다. 그러므로 마치 메뉴가 실제로 먹는 음식과 다르듯이, 또 지도가 실제 영토가 아니듯이 실제 현실과 다른 경험을 하기 때문에 현실경험 묘사의 오류나 위반이라는 특성이 있다 하여 인간이 사용하는 언어의 구조 자체에 도전해서 좀 더 현실경험에 가까운 세상 모델을 구축해 보자는 노력을 한다.

일반화, 삭제, 의미왜곡의 언어표현의 세 가지 범주 이외에 더 근원적 오류를 고려해야 할 부분이 있다. 그것은 양자물리학에서 거론했듯이 인간의 신경지각 작용에 의한 지적 개념의 습득과정에서 외부 세상 만물이 곡선적으로 움직이는 현상을 대뇌의 홀로그래픽에 점과 직선으로 디지털 입력화하는 것이다. 평면과 직선으로 부호화된 세상정보는 그 디지털기능의 신경작용을 사용해서 3차원과 4차원의 곡선적 아름다움을 실제보다 더 창조적으로 만드는 놀라운 능력도 가지고 있다. 그래서 디지털표상이라는 언어의 메타모델이 근본적으로 자행하는 신경지각 차원의 특성 그리고 여기에 사회문화적 차원과 개인의 발달 차원에서의 제약과 왜곡이 더해진다. 이러한 메타모델의 세 가지 위반과 오류를 바로잡고 좀 더 심층 경험을 표층화하기 위해서는 외부세계를 일단 감각경험표상으로 바꾸어 최초의 지각과정인 감각표상 단계의 자료들에 접해야 하므로 비언어적 행동을 관찰하고 오감각적 언어들로 표현해야 하는 막중한 과제가 있다. 그래서 언어표현의 오류를 바로잡는 도전으로 일반화에 대해서는 정보를 수집하는 언어적 방법, 제거되거나 누락된 문장의 요소들을 구체적으로 묻는 방법, 왜곡된 의미의 변화를 일으키는 도전적 질문들을 통해 의사소통을 보완할 뿐 아니라 언어표현 시에 사용하는 문장의 변형을 가져와서 생생한 사실과 경험의 의미를 충분히 전달하지 못함을 바로잡으려 한다.

언어적 메타모델 전략으로 일반화에 대해서는 구체적이고 직접적인 정보를 수집하는 질문하기, 삭제된 대화에서도 역시 누락된 문장의 요소들을 구체적으로 묻기, 왜곡된 의미 및 잘못된 인과관계의 추론에 대해서는 그 의미의 변화를 일으키도록 질문하는 방법들이 구체적으로 연구되었다. 다음의 예를 참고해 보자(전경숙, 2012).

첫째, 일반화에 대한 도전질문으로 가령 "나는 사랑을 받지 못해."라고 말하는 내담자에게 "누가 너를 사랑하지 않는 거야?"라고 묻거나, "나는 도움이 필요해요."라고 말하면 "무슨 도움이 필요하지요? 어떻게 도움을 받아야 합니까?"라고 묻거나, "그 일은 안 될 거예요."라고 말하면 "무엇이 특별히 안 되지요?"라고 물어서 내담자 자신의 의식에서 상실되었던 심층구조의 특정 경험에 연결하고 확인함으로써 누락된 정보를 수집하고 내담자의 의식적 감각을 확대하는 기회를 가진다.

둘째, 삭제에 대한 도전질문으로도 삭제된 참조사항들을 통해 '누가' '무엇을' '언제' '어디서'에 대한 정보를 얻는 질문을 함으로써 좀 더 완전한 의사소통을 시도한다.

셋째, 타인의 마음 읽기를 통해 의미를 왜곡하기는 편견과 관련되어 좀 더 심각하게 인간관계를 그르치고 세상경험을 왜곡한다. 좀 더 객관적인 의미와 경험의 진실을 향해 의미변화를 일으키기 위해서는 많은 질문이 사용되어야 한다. 예를 들면, "엄마는 나를 미워해요."라고 말하는 내담자에게 어떻게 그 사실을 알게 되었는지, 엄마에게서 무슨 말을 듣거나 보아서 그런 사실을 알았는지를 질문한다. 만약 내담자가 잘못된 인과관계를 추론하였거나 어떤 일반화를 하여 의미를 결정하였다면 내담자가 결정한 그런 인과관계의 공식이 언제나 반드시 100% 정확한 것인지를 탐색하는 질문을 할 수 있다. 혹시나 내담자가 결정한 인과관계적 공식이 안 맞을 때도 있는지 탐색질문을 한다.

3) 치료적 은유

은유란 융의 원형적 이미지 및 정서 그리고 보이지 않고 모호하게 지각되는 관념을 이해하기 위해 어떤 한 가지 상황을 유사하게 보이는 다른 상황으로 논리적인 많은 설명이 없이 대체하거나 두 가지 상황을 동일시하여 유추하는 언어적 사건이다(전경숙, 2014). Dilts(1983a, p. 74)는 은유(metafore)란 "어떤 것이 마치 다른 어떤 것과 같다고 말하는 언어적 사용법"이라 정의하였다. 의식/무의식의 상태와 관련하여 인간의 무의식적 및 잠재적 경험의 대부분이 의식적 자아 선상에 도달하지 못하므로 인간의 경험의 무의식적 상징을 이해하기 위하여 다른 상징, 사물, 이야기 표상들을 사용하여 비유적으로 이야기하는 것이 은유이다(Seiryu, 2009).

정신과 의사인 Milton Erikson의 밀턴 모델은 내담자의 의식의 변화를 일으켜서 이완상태를 유도하는 음성기법과 언어사용기법을 말한다. 그의 밀턴 모델에서는 다른 사람의 내적 경험에 영향을 주기 위한 언어적 안내기법으로 구체적 정보를 확대하는 메타모델 언어와는 반대로 애매모호한 언어표현을 사용한다. 그래서 밀턴식 은유는 내담자의 경험에 맞추지 못하는 경우가 없이 공감함으로써 내담자 자신이 원하는 경험의 정보를 스스로 찾고 스스로 선택하도록 안내한다. 이 방법은 일반화, 삭제, 의미왜곡이라는 메타모델 위반을 바로잡지 않고 오히려 상담자가 일반화, 삭제, 의미왜곡들을 적극 활용한다(전경숙, 2012).

밀턴 모델에서는 상담자가 내담자에게 할 수 있다(could, can), 할 것이다 또는 할지도 모른다(might), 궁금해하다, 놀라다, 희망하다, 의심하다, 호기심을 가지다 등의 말을 활용한다. 예를 들면, '당신은 어쩌면 지금 당장 혹은 어쩌면 상담을 마친 직후에 또는 어쩌면 집으로 돌아가는 길에 변화가 일어나지 모르겠습니다만, 당신은 알고 있을 것입니다.'라고 말하면서 내담자에게 자신이 변화할 것이라는 암시를 주는 것이다. 이런 말은 어떤 가능성, 능력, 선택권이 내담자에게 있다고 인정하고 암시를 주는 암시적 지시 언어(implied directive language)이다(Gunnison, 2003, 설기문 역, 2009).

〈표 6-5〉에서는 밀턴 모델과 메타모델의 언어를 비교하였다. 감각표상에 의한 생생한 경험에 접근하려고 감각표상언어들을 사용하는 반면에 밀턴 모델 언어 사용에서는 반대로 일반화, 삭제, 의미왜곡을 적극적으로 활용한다.

그 밖에 일반적인 은유 사용의 방법으로는 직유법(그녀는 태양 같다), 은유법(그녀는 나의 태양이다), 인용법(Shakespeare는 "적당히 사랑하라. 그런 사랑이 오래가는 사랑이다."라고 말했다. 또는 "급사랑에 생이별한다."라는 속담이 있다)이 있다. 우화, 일화 및 신화를 활용하는 방법일 경우, 내담자의 등장인물에 대한 동일시가 작용하면 강한 영향을 미치게 된다.

치료에 사용되는 은유를 알기 위해 상징(symbol)과 동종이형(isomorphism)의 두 가지 유형을 소개하였다(전경숙, 2012; Dilts. 1983a). Dilts(1983a, p. 74)는 치료적 은유의 사용은 "마치 ~인 것처럼(as if ~) 현상"의 발달이라 하였다. 이 발달에서 상징주의(symbolism)과 동종이형(isomorphism)이라는 두 가지 주요 요소를 강조하였다.

〈표 6-5〉 밀턴 모델과 메타모델의 언어

밀턴 모델 언어의 사용	구체적 위반 범주	메타모델 언어의 사용
너는 네 능력을 언제나 유지할 수 있어.	보편적 일반화	언제나 유지할 수 있어?
너는 가끔은 회식에 참가할 수 있어.	필요성/가능성 모델작용	참가하면(못하면) 무슨 일이 일어날까?
너는 다른 사람의 다양한 의견을 이해할 수 있니?	전제	누구의 의견? 어떤 의견을 말하는 거야?
너는 새로운 사고를 할 수 있어.	삭제	어떤 것이 새로운 사고야?
네가 사람을 보는 관점을 바꾸는 것은 괜찮은 일이야.	참조인 삭제	누구를 보는 관점을 바꿔?
너는 이완으로 더 깊이 들어갈 수 있어.	비구체적 동사	구체적으로 어떻게 더 깊이 들어가지?
너는 자유를 경험할 수 있어.	명사화	구체적으로 어떻게 자유를 경험해?
눈을 감으면 이완이 잘 돼.	원인과 결과	눈을 감으면 반드시 이완이 잘 돼? 어떻게 이완이 잘 돼?
나는 그가 나를 싫어한다는 걸 알고 있어.	마음 읽기	그것을 어떻게(누구를 통해) 알게 되었어?

(1) 상징적 은유의 사용

아주 단순한 형태의 상징의 예로 내담자에게 지식적이거나 내담자 경험세계를 침범하지 않으면서 간접적으로 암시적 메시지를 주려 할 때 상징적으로 유사성이 있는 다른 것과 연결해서 표현할 수 있다. 예를 들어, "옛날에 어린왕자가……." "어느 바다 속에 살고 있는 숭어 한 마리가……." "인생은 나그네 길이야." "시간은 돈이란다." 등과 같이 내담자가 경험한 어떤 것과 유사성이 있는 다른 어떤 것을 관계 짓는 것은 내담자가 자기경험을 어떻게 지각하고 사고하고 행동해야 할 것인가를 구조화시키는 데 도움이 된다(전경숙, 2012).

상징이 교육과 치료에서 중요한 이유는 분명하다. 서양심리학은 구체적 사실에 초점을 두어 분화만 있고 동양명상적 사고에는 잘 알려지지 않은 본질통찰을 강조하므로 언어적 표현에 의한 의사소통이 어렵다. 통찰과 깨달음이 깊어질수록 입을 다물고 말을 못한다. 그러나 상상을 통한 이미지나 상징 형성은 인간 대뇌의 기능이라는 결론에 따라 행해진 심리치료의 현실에서 알아야 할 것이 있다면 이미지와 감정이 둘이 아니라는 상호 밀접성을 중요시해야 한다. 때문에 대뇌의 상상에 의한 상징의 형성은 지성과 감성 사이에 연결고리가 되어 지성과 감성이 서로 만나게 하는 양다리 역할을 한다는 것이다. 그래서 상징에 의한 은유는 지성/감성의 분리 그리고 머리/몸의 분리를 해결하는 열쇠가 된다. 그러므로 교육과 치료 현실에서 하나의 개념적 틀을 깨고 새롭고 다른 개념뿐 아니라 다른 세상을 이해하고 창조하기까지 이른다. Hillman(1975)이 주장한 상상과 정서의 중요성은 바로 여기에 있다. 정서가 빠진 인지적 개념은 생명 없는 죽은 사고와 죽은 언어가 된다.

치료에서 언어의 본질로 인해 정확하고 과학적인 언어의 상호작용이 이루어질 수 없는 이유를 더 설명한다. 언어는 원래 어렴풋한 상징적 이미지가 또 다른 어렴풋한 상징적 이미지로 대체될 뿐 아니라 심리치료라는 현상의 장에서는 내담자의 심층 무의식적 자료를 의식의 차원에서 표현하고 이해해야 하는 어려움이 있기 때문이다. 그래서 무의식에 접근 가능한 예술매체를 통한 예술상징을 이용하기 위하여 대표적으로 그림, 동작, 시 쓰기 등을 활용한 대안적 스토리텔링을 사용한다. 이때 우리는 예술상징과 관련하여 알아차림과 통찰의 은유적 언어로 의미를 표현해야 한다. 치료자는 내담자 자신이 그림의 요소들(색, 형태, 텍스처 등)을 사용하여 은유적 언어로 표현하고, 그림의 요소들을 동작표현으로 전환시키고, 동작표현을 그림과 시적 표현으로 전환시키도록 안내하고 촉진시킴으로써 궁극적으로 자기 삶의 은유적 의미를 통찰하게 한다. 이와 같이 예술치료에서 사용하는 상징은 상담자가 메시지 전달을 하기 위해 내담자에게 제시하는 은유가 아니라 내담자가 자기치유를 위해 스스로 자발적이고 창조적으로 만들어 내는 것이므로 신화, 민담 및 동화에 이용되는 상징적 은유와 차이가 있다. 만약 내담자에게 제시된 상징적 은유를 이해하지 못하거나 동일시하지 않거나 또는 내담자가 자발적으로 창조한 상징이미지가 아닐 경우, 내담자에게는 아무 의미도 없고 치유 효과도 없다.

내담자가 사용했던 상징의 임상적 예를 간단히 들어 본다. 호주의 한 젊은 여성이 유학생활이 힘들어 병이 나서 상담에 왔다. 그 여성은 자신의 병에 대한 전체적 인상을 '털 뭉치(hair ball)를 삼킨 고양이'로 상징했다(임용자, 2004). 또 다른 사례로 복잡하고 어지러운 난화 그림 속에서 조그만 풍선처럼 보이는 숨은 형태를 발견한 어느 여성 내담자는 오랫동안 잊혀 있던, 여러 명에게서 성폭행을 당했던 어린 시절의 트라우마 기억을 재경험하게 된다. 또 어떤 중년 여성 내담자는 척추를 움직이는 소마운동을 하다가 그게 몇 번 척추인지 아무도 모르는 부분의 움직임에서 아주 어린 시절 부모가 부부싸움을 하던 중 밀쳐서 벽에 부딪혔던 바로 그 국소적 부분과 함께 초기 애착발달상의 관계 트라우마를 상기해 낸다. 이러한 사례가 바로 내담자의 개인적 상징이 깊은 무의식적 자료를 언어로 표현할 수 있는 놀라운 기회가 된다. 이렇게 내담자들이 치료에 사용하는 상징의 방법은 한 마디로 말해서 신체행동으로 체화된 또는 체화되는 어떤 특성, 대상 또는 상태를 상상적으로 만들어 내거나 다른 어떤 것으로 대체하는 일이다(Dilts, 1983b).

우리가 예술치료자로서 적용했던 예술상징에 대한 알아차림을 촉진하기 위한 질문들의 예를 들어 본다. 대표적으로 "만약 당신의 몸, 동작, 신체부분 등이 말을 할 수 있다면 무엇이라고 말할까요?" "만약 당신의 그림(색, 형태 등)에 목소리를 준다면 무슨 말을 할까요?"와 같은 반영질문을 한다면 내담자의 말이나 글들은 예술적 상상에서 나온, 그러나 자신의 무의식 자료들이 나타내는 표현이므로 치료적인 표현이 된다. 특히 신체부분과 몸동작을 묘사하는 언어로 삶의 은유적 의미를 말하는 표현방법은 세상을 몸으로 살아가는 인간존재가 체험하는 생생한 삶의 의미를 표현하게 하므로 치유와 성장에 보다 효과적이다. 그러므로 신체기능과 관련하여 감각표상적 언어들로 표현하는 언어들에 특별한 주의를 기울임이 필요하다.

동작중심 표현예술치료의 주요 프로그램인 신체부분 은유작업에서 사용되는 동작언어 목록을 살펴보면 신체부분이나 부분적 몸동작을 사용하는 의사소통이 직접적으로 삶 속의 체험을 강력하게 의미하고 표현하는 힘이 있음을 알 수 있다. 손동작과 팔동작을 표현하는 삶의 은유의 예로는 아끼다, 손사래 치다, 손뼉 치다, 망가뜨리다, 두 손 모으고 기도하다, 뒷짐지다 등이 있다(임용자 외, 2016, p. 158). 다리동작과 발동작과 관련된 은유의 예로는 스스로 일어나다, 한발 끼어들다, 한발 물러나다, 제자리걸음을 하다, 줄행랑치다, 입장을 취하다, 뒤돌아서다, 양다리 걸치다, 문어발 치다 등 무수히 많다(임용자, 유계식, 안미연, 2016, p. 161). 이와 같은 동작과 관련하여 은유적 표현을 하는 것은 내담자 편에서 보면 자기 자신의 몸을 도구로 사용하여 상징과 은유를 표현하는 것이므로 동일시, 자발성, 창조성의 효과가 강력하고 신체동작중심의 통합효과도 매우 크다.

직접적으로 외부로 동작표현을 하는 방법은 아니지만 내담자의 내적 경험세계에서 보다 생생한 원자료인 감각정보에 접근하려는 시도로 감각표상언어를 사용한다. 예를 들면 다음과 같다. 손을 대 본다/걸려 넘어지다/팔짱을 끼다(동작표상), 떨리는 목소리/우지끈거리다/딸랑거리는 종소리(청각표상),

수평선 위에 뜬 달/희미한 그림자/알록달록 꽃무늬/얼굴이 붉어지다(시각표상) 등과 영어식 표현의 '……라고 생각한다.' '……같이 보인다.' '……처럼 들린다.'와 같이 주절로 시작하여 정말 말하고 싶은 내용은 종속절을 포함하는 표현들은 서구인의 일상 대화에서도 개인의 경험의 출처를 분명히 표현하는 흔한 문법구조를 띤다.

Bateson(1975: 전경숙, 2012, p. 387에서 재인용)은 "모든 것은 다른 모든 것에 대한 상징이다."라고 했고, 조영미(2017)는 언어의 개념 및 본질은 언어란 어렴풋한 기표(기호적 언어표현)가 또 다른 어렴풋한 기표(기호적 언어표현)로 대치되는 은유의 과정이라 했다. Gendlin(1991, 손혜숙 역, 2000)은 그의 심리치료기법인 초점 맞추기 과정에서 언어표현 이전의 무의식 차원의 흐릿한 앎과 지식 및 정보를 감각느낌을 통해 알아차림을 하도록 구조화하였다. 그러나 흐릿한 감정과 이미지와 느낌이 있는 신체 알아차림을 통해 언어화하는 과정은 마치 종교적 수행과정에서 깨달음을 얻는 간화선에서 불교 스님들의 언어표현방법과 같이 '이 뭐꼬?'의 물음처럼 되풀이해야 했다. 그 이유는 은유의 알아차림과 통찰 이후에 언어의 표층세계인 삶의 현장에서 인간은 언어적으로 적합하고 투명한 상징적 상호작용을 하는 노력을 계속해야 하기 때문이다. 이런 연구들은 우리 세상이 알 수 없는 상징과 그 이미지 투사로 이루어져 있음을 시사하기 때문에 왜곡된 투사를 줄여서 이 세상을 좀 더 투명하게 보고 행복한 세상으로 변화시키기 위해 시도하는 걸로 보이며, 그러기 위해 세상에 투사하기 이전에 좀 더 생생하고 직접적이고 분명한 무의식 자료에 접근하려는 도전이 계속되어야 함을 깨우쳐 준다.

전경숙(2014)은 심리치료자를 위해 은유의 특성과 실제를 요약하였다. 은유의 치료적 특성을 들자면, 은유란 비논리적 이야기지만 개인의 사적 영역을 침범하지 않으면서 우뇌활동을 자극하여 모든 연령의 사람들이 재미있고 자연스럽게 즐기며 결과적으로 그들에게 유익한 알아차림과 깨달음 그리고 감동을 준다. 그 이유는 심층 내면의 감정과 이미지를 통합하여 표층으로 표현하는 상징언어를 사용하기 때문이다. 은유는 또한 상대의 무엇을 정확하게 지적하거나 분석하지 않고 유추시킴으로써 오래 머무를 수 있게 하고 깨달음과 감동으로 이끈다.

은유는 경험의 상징을 이해하도록 또 다른 상징, 물건, 이야기의 표상과 연결시킨다. 좀 더 설명한다면, 첫째, 같은 것으로 보이는 두 상황을 많은 설명 없이 동일하다고 유추시킨다. 둘째, 어떤 사건에 대한 감정 및 생각을 다른 것과 연결시킨다. 예를 들면, 삶에 대한 감정 및 사고를 일일이 지각하고 느끼고 행동하기를 통해 이해하기 어려울 때 '인생은 나그네이다.' 또는 '사는 것은 짐이다.'와 같이 간단하게 개념화할 수 없는 경험들을 한 문장으로 구조화하는(one word reframing) 힘이 있다. 셋째, 경험의 의미를 이야기하기, 즉 언어표상을 통해 경험하여 직관에 이르도록 한다.

전경숙(2014)은 상담의 실제에서 은유를 창조하기 위해서 다음 3단계의 안내과정을 제시했다. 결국 상담자는 의식의 확대 영역에서 언어마술의 힘을 발휘하는 고급 임상수련과정이 필요하다고 강조하였다.

첫째, 내담자의 정보를 입수하는 단계이다. 내담자가 자신의 문제 진술과정에서 사용하는 모든 명사, 동사, 형용사를 통해 내담자의 은유적 언어를 파악해야 한다. 그 내용들을 통해 내담자의 세상 지각이 만들어 낸 세상 모델(model of world)의 구조를 만나서 그 속에 어떤 요소들이 어떻게 관계를 맺고 있는지를 이해하고 유지해야 한다.

둘째, 내담자의 성취 결과(outcome)를 결정하는 단계이다. 진술내용이 무엇이었나? 그 내용을 간단하게 자르고(chunking) 연결하며 의사소통방법과 반응방법(사용하는 표상과 언어패턴, 제스처 등)을 파악해야 한다.

셋째, 이야기를 조직화하고 상황을 결정하는 단계이다. 현재 상태와 원하는 상태를 파악하고, 이야기 속에서 의미 있는 사람은 누구인지, 성취의 방해요인과 성취요인을 찾고, 가치관 및 신념의 구조/상황의 구조를 보존 · 유지하는 가운데 원래 상황을 재조직한다. 그리고 최종적으로 내담자에게 은유를 전달한다.

(2) 시문학 사용

교육자나 상담자 편에서 제시하는 전통적 은유의 방법으로 모든 연령의 사람이 즐길 수 있고 위압적이지 않은 신화나 민담 및 동화를 아용하는 시문학적 방법을 더 살펴보자. 융의 고대신화 연구(Walker, 2002, 장미경 외 공역, 2012; Welch, 1982, 심상영 역, 2000)에 의하면 고대의 영웅이나 성자들은 그들의 삶의 경험과 역사를 원형상징의 이미지로 경험하여 스토리텔링을 했다. 고대 국가나 민족의 사건과 관련된 영웅의 역사적 발자취는 서사(epic)로 쓰인 장시의 형식으로 드러난다. 그래서 고대신화의 형식은 서사적인 시문학에 속한다.

이민용(2017)은 현대 시문학적 심리치료연구를 위해서 서사학을 심리학의 기억이론과 결부시켜 인지서사학이란 관점에서 문학치료의 효용성을 도출하였다. 그의 결론은 기억이란 입력할 때마다 그리고 회상하고 인출할 때마다 재구성되고 재심상화되는 역동성을 가졌으므로 고대신화나 민담이 내담자의 자기서사 형성의 기초를 제공한다 하여 서사학과 시문학 치료를 연결하였다. 그리고 상담자/내담자 간의 치료적 대화는 일종의 서사담화로 보기 때문에 내담자 자신의 자기서사는 재구성될 수 있어서 문제가 해결된 새롭고 건강한 자기서사의 스토리텔링이 될 수 있다고 했다. 특히 원형의 교과서라 불리는 수많은 신의 원형이 나타나는 신화는 개인이 신화적 이미지를 동일시하거나 현상학적 자기신화적 관점에서 본다면, 내러티브 문학에서 자기내러티브는 자발적이고 창조적으로 자기서사를 통해서 애매모호하고 잘 알 수 없었던 무의식적 신화판타지를 객관적으로 외현화할 수 있을 뿐 아니라 개인신화라는 스토리텔링의 방법으로 현상화하고 의식화할 수 있다는 것이다. 결국 융 학파의 신화치료는 원형적 이미지와 자기신화의 만남 속에서 자기창조의 개인신화적 스토리텔링을 하는 방법에서 강력한 치유 효과와 자아발달의 힘이 될 수 있다.

Hillman(1983)은 내담자의 비구조적 현상으로 나타난 경험소설 같은 치료 사례 이야기들은 결국 심층심리학 이론에 의해 과학적이고 논리적으로 분석될 수 있다고 가정하지만 실제로는 치료적 대화가 이미지에 의한 상상적 말하기이기 때문에 치유소설이 된다고 하였다. Hillman(1983)이 이렇게 심층정신분석치료를 자아의 상상기능을 통한 시문학치료와 같다고 동일시하는 이유는 다음과 같다.

첫째, 융이 시문학 분야에 미친 가장 위대한 업적은 심층 심리치료과정에서 인간 내면의 상징적 이미지의 의미를 표현하고 해석하는 언어를 제공할 수 있다는 것이었다. 둘째, 의학치료적 관점에서는 비판을 받을 수 있을지라도 현대인은 고대신화 이야기와 같이 개인의 이야기를 개인신화 차원의 이미지로 스토리텔링하므로 심리치료에서 나타나는 느낌이나 이미지의 표현은 환자 자신을 위한 내면자료의 접촉으로 매우 중요하다. 자기 감정접촉이 없이는 진정한 치료와 교육이 일어나지 않는다. 그러나 심층심리학적 자료인 융의 원형적 감정과 이미지를 의식으로 떠올려 언어화하는 방법으로 은유를 이용한다.

(3) 동종이형의 원리

Dilts(1983a)가 은유방법의 중요 요소로 제시한 동종이형(isomorphism)이란 서로 다른 반응들 사이의 상징적 유사성을 말한다. NLP 관점으로 바꾸어 더 구체적으로 말하면, 감각표상들 사이의 형식적 유사성이 있지만 반응행동들이 다양함을 말한다. 예를 들어, 시각표상이라는 구체적 형식은 같아도 어떤 같은 대상이나 사물의 특성일지라도 시각 지각적으로 경험하는 하위 요소들의 내용은 주관적으로 경험하고 그 반응양상이 다름을 의미한다. 그래서 경험의 형식면에서 같음을 강조하려고 동질동상이라고도 한다. 반면에 동종이형이란 모든 동식물 및 사물의 범주는 같으나 형태의 다양한 전개 때문에 모든 개체는 다양한 현상적 존재이지만 어떤 보편적 공통성에 의해서 같은 종류나 원형에 속할 수 있는 보편적 관계를 가짐을 말한다. 예를 들면, 나무라는 종류에 속하면서 나무들은 '잎'이라는 원형적 개념 속에서 갖가지 잎사귀들의 형태를 피어 낸다. 인간의 자아라는 관점에서 인간은 개인자아의 고유성과 독특성을 가지므로 인간이야말로 종류(species)에 있어서는 보편성을 가지지만 개성과 외모가 다른 현상학적 실존이어서 종류는 같고 발현형태는 개인마다 유일무이하기에 동종이형의 대표적인 존재이다. 즉, 인간이 원형의 측면에서 구조나 원리의 공통성과 보편성을 가지지만 원형의 현상학적 의미의 파편은 하나도 같지 않고 유일무이하다는 원리와 같다. 그래서 동종이형의 치료적 이용에서 현상주의 및 실존주의 심리치료가 바탕이 되어 융의 원형, 집단무의식, 문화무의식, 원시무의식 등의 집단적 공통성을 가지면서 개인의 증상적 문제 및 자아실현의 개성화과정이 누구와도 같지 않음을 인정하고 인간중심 및 내담자중심의 치료관계를 가지기 위해 도움이 되는 원리이다. 내담자가 어떤 증상적 행동이나 전이 및 투사를 일으키는 것 자체는 내담자가 어떤 새로운 상황에 대처하기 위해 이전의 경험을 조직하고 일반화하는 동질동상의 행동이다.

동종이형의 원리에 의한 은유치료의 방법들 중의 또 다른 예로 표현예술치료의 신체부분 은유라는 형식적 유사성을 이용하여 신체의 보편적 기능을 증진시키는 심신 치유의 효과를 나타낸다. 예를 들면, 여러 신체부분 중에서 어깨라는 신체부분의 동작을 탐색하고 춤추면서 떠오르는 이미지 및 감정과 함께 개인적 삶의 주제들이 발견/직면되고, 해소/변화를 거치는 과정에서 개인적인 삶의 경험과 관련되는 의미들을 통찰하고 알아차리게 된다. 그러나 이 개인적 삶의 경험들은 인간이 자기 몸 전체와 어깨라는 신체부분이 참여된 삶의 경험이므로 인간의 보편적인 신체해부학적이고 생리적인 기능의 맥락과 만난다. 어깨는 몸무게를 짊어지고 유지하기, 팔동작의 힘과 안정성 제공하기, 팔과 연결되어 팔기능을 증폭시키기, 팔이 갈비뼈에 연결되도록 하기 등의 신체기능과 관련되어 무거운 것 나르기, 팔이 밖으로 잘 뻗치도록 돕기,

가슴 보호하기, 책임 짊어지기 등 삶의 주제들이 체화되어 들어 있다. 그러므로 개인적 삶의 주제들은 보편적인 원형적 주제 속에서 구체적 삶의 경험과 은유적으로 만나게 된다. 수축된 어깨와 자세, 각지고 올라간 어깨, 젖혀진 어깨, 굳은 어깨와 등은 개인의 삶의 자세들을 몸으로 보여 주고 있는 것이다. 예를 들면, 과도한 책임이 어깨를 무겁게 만드는 것은 공통의 심리적 연상주제를 가지지만 어떤 상황에서 어떤 책임을 짊어지고 살아왔는지 자기 삶의 고유성에 대한 알아차림과 통찰은 개인마다 각양각색일 것이다. 보편적 동질성과 개인적 현상의 다양성 및 고유성이 마주치는 융 학파의 원형적 사고와 그 의미의 파편들이 무한히 다르다는 점에서 원형의 현상화를 보게 된다. 즉, 추상적 개념의 언어가 아닌 감각표상들을 사용하는 언어가 보다 감각자료의 생생한 표현인 동시에 표상이미지를 이용할 경우만이 내적 자료로부터 나오는 진정한 상징이고 은유의 표현이 된다. 융이 말하는 집단무의식의 오랜 역사적 경험과 개인무의식적 경험자료들이 감정과 이미지의 기억으로 포함되어 있는 인간의 신체부분과 기능은 단순한 물질적 신체와 기능이 아니라 영혼을 담고 있는 성배로 비유되기 때문이다.

다음은 동화를 이용하여 개인의 주관적 경험의 세계를 알아차림 하는 은유적 교육방법으로 적절한 재미있는 사례이다(전경숙, 2012, pp. 384-385).

옛날 옛날에 섬에 살았던 사람들은 해가 바다에서 뜨고 바다로 진다고 믿었습니다. 한편 해변에 살았던 사람들은 해가 바다에서 뜨고 산으로 진다고 믿었습니다. 또한 산으로 둘러싸인 곳에서 살았던 사람들은 해가 산에서 뜨고 산으로 진다고 믿었습니다.

어느 날 섬에 사는 사람, 해변에 사는 사람, 산에 사는 사람들이 서로 같이 모여 해가 뜨고 지는 것에 대해 열렬한 토론을 하는 계기가 생겼습니다. 섬에 사는 사람은 해가 바다에서 떴다가 바다로 진다고 주장했고, 해변에 사는 사람은 해가 바다에서 떴다가 산으로 진다고 주장했고, 산에 사는 사람은 해가 산에서 떴다가 산으로 진다고 주장했습니다. 서로 자기들의 주장이 강하여 며칠을 이야기해도 같은 결론을 내리지 못한 채 혼란이 생기게 되었습니다.

무엇이 이 사람들의 생각을 서로 다르게 만들었을까요? 각자의 입장에서 가진 집착이 같은 것을 볼 수 없게 만들었습니다. 아무도 자기 입장에서는 틀린 사람이 없었습니다. 그러나 과연 해는 정말 어디서 뜨고 어디로 질까요?

상담과정에서 내담자의 세계를 침해하지 않고 자연스러운 치유 효과를 얻기 위해 상담자가 적용할 수 있는 은유적 표현의 특성을 정리해 보면 다음과 같다(전경숙, 2012, 2014).

첫째, 장소 및 장면의 변경 적용이다. 어떤 장소에서 생겼던 사건이나 장면에 대해 체험했던 생각, 감정, 행동의 유사성이나 동질성을 다른 장소에서 생긴 사건이나 장면에 대해 유추적으로 제시하는 것이다.

둘째, 비논리적인 신체감각적 인식과 이해이다. 정확하고 구체적으로 의미 있는 설명과 정의를 할 수 없으나 신체감각적으로 이해할 수 있는 비논리적 경험을 하는 것이다.

셋째, 감정 및 사고의 연결성이다. 한 가지 사건에 대한 어떤 감정이나 생각을 다른 사건에 연결시켜 생각하고 느끼는 것이다.

넷째, 경험의 구조화이다. 개인이 원함(want)과 목적 달성을 위해 자신이 지각하고 사고하고 행동한 내용들을 구조화하는 것이다. 효과적인 목적 달성을 위해 더 적절한 감각표상이나 상징언어를 발견할 수 있다.

민화 및 신화 치료의 경우 또는 밀턴 모델이라 일컫는 은유적 언어표현에서는 상담자가 내담자의 내적 경험에 영향을 주거나 안내하기 위하여 상징과 은유를 제시하거나 암시를 주는 언어모형을 사용한다. 그래서 앞서 언급한 언어의 메타모델을 적용하여 내담자의 경험에 대해 구체적인 정보를 확충하는 것이 아니라 그 반대로 상징과 의미를 모호하게 만들어서 내담자가 다른 사람이나 다양한 경험을 잘못 맞추거나 이해할 수 없는 경우가 없게 만든다. 이런 방법과는 달리 내담자가 사용하는 의미 있는 상징이나 내담자의 상징적 언어를 그대로 따라가며 반응하는 방법도 있다. 특히 인본주의 표현예술치료에서는 내담자의 표현을 그대로 반영하며 따라가는 과정을 중시하므로 내담자가 사용하는 예술적 상징이나 의미 있는 언어를 경청한다. 상담자가 내담자에게 알맞는 민담과 신화를 찾아내거나 은유를 창작하는 것보다 오히려 내담자가 자기상징을 찾아가도록 선도하는 것이 효과적이라 여긴다.

높은 인지적 차원의 알아차림을 위해 제6장 전반에서 설명하였던 알아차림의 여러 수준, 다양한 예술매체의 순환적 사용, 언어마술의 메타방법 시도들은 궁극적으로 인간이 인간 이해와 인식을 확대시키고자 하는 방법들이다. 게슈탈트의 명제처럼 전체와의 관계 속에서 부분을 이해하고 전체에서 떨어져 나가고 해체된 부분을 전체에 다시 투입하면 그 전체는 수많은 부분의 총합 이상의 수준에 도달하는 것이다.

김한미(2012)는 전체/부분의 순환적 방식의 성악 발성교육에서 소리는 몸의 각 부분의 총합적 구조에서 만들어지는 결과라고 보고, 이를 '해석학적 순환(hermanuetical)'이라고 설명하였다. 해석학적 순환이 가능한 것은 부분은 전체에 의해 그리고 전체는 부분에 의해 비로소 그 의미가 확정되기 때문이라 했다. 그래서 임용자 등(2016)은 표현예술치료의 철학에서 인간존재의 고유하고 유일한 실존가치를 끝없는 의미파생의 해체심리학에서 찾을 수 있다 할지라도, 상담심리치료 및 통합예술치료에서 사용하는 탈중심적 기법들을 통해 다시 높은 인지 및 영성 차원으로 중심화하고 전체성을 지향할 것을 강조하였다. 앞서 신화와 관련시켜 원형심리학과 상상심리학에서 논했던 바와 같이 양극 대극과 대극합일의 하나와 둘 그리고 셋이라는 1/2/3의 치료방법론 역시 끝없는 정반합의 변증론적 인간발달과정을 실천하는 훌륭한 접근이 될 것이다.

정서 역기능적 행동을 변화시키기 위해 변증법적 행동치료(Dialectical Behavior Therapy: DBT)가 마음챙김과 결합하여 새로운 DBT 기술인 DBT 마음챙김(DBT Mindfulness) 기술로 발전하였다(Koons, 2016). 적어도 80가지에 달하는 DBT 매뉴얼의 전략들로부터 나오는 수천 개의 DBT 기술 및 기법들을 가지고 치료자들은 매회기마다 치료를 위한 기법 선택의 어려움에 직면한다. DBT는 원래 변증법의 깊고 정확한 이해를 바탕으로 하는 원리중심의 치료로 대극통합의 변증법적 대화이고 이들 대극적 양극사이에서 균형, 움직임, 통합을 통한 창조적과정이다(Swenson, 2016). 그러므로 우리 치료사들의 과제는 치료의 주제(thesis)/반주제(antithesis)의 긴장과 모순을 통합(synthesis)으로 이끌 수 있는 융의 원형적 대극성과 그 통합모델 그리고 변증법적 모델을 형성하는 데 주목해야 한다.

일찍이 Dilts(1975; 1983b; 1998)도 NLP 분야에서 플라톤의 변증법을 기초로 어떤 원리나 이론을 공유하고 배합하여 여러 가지 기법을 창출하는 방법을 연구하였다. 이 방법은 인간의 사고 및 행동을 체계적으로 분석하여 단계적 전략을 만들고 단계적으로 프로그램화하는 일이다. 단적으로 말하면, 어떤 아이디어를 공유함으로써 어떤 이론과 기술의 완전한 배합에 의해 더 다양한 기술을 만들어 내는 혁신적 방법이다. 그러므로 치료자의 개인적 작업 특성과 필요에 따라 여러 가지 다양한 매뉴얼이나 워크북을 참고할 수밖에 없다. 특히 DBT 및 NLP 방법론 창출을 위해 관련 자료가 방대함을 일러둔다.

제7장

만다라 알아차림춤의 실제

지금까지 만다라 알아차림춤의 실천을 위해 융의 분석심리학 연구를 위시하여 이론적 배경과 그 원리들을 살펴보았다. 이 장에서는 만다라 알아차림춤의 실천과정을 설명하고 실천구조와 실천사례를 제시하고자 한다.

1. 만다라 알아차림춤의 실천과정

1) 한국적 연구의 정당성

저자는 1996년도 이후 (사)한국 슈타이너 교육협회를 통해 10여 년간 Rudolf Heymann 등 여러 유리드미 교수로부터 유리드미 동작예술을 수학하였다. 개인적으로 영국 잉글랜드 남동부 서식스주에 있는 페리더르 슈타이너 예술센터(Peredur Center for the Arts)의 유리드미 학교에 수개월간 수학하면서

Hajo Dekker 교수로부터 유리드미 동작예술을 사사받았다.

유리드미 동작예술의 지속적인 연구를 위해 2005년 발도로프 교사자격 청구논문으로「전체성 교육으로서의 오이리트미(유리드미)에 관한 연구」를 제출한 후 발도로프 교사자격을 취득하였다.

한편, 2002년 9월에서 2003년 5월 사이에 미국 타말파 연구소(Tamalpa Institute)에서 동작중심 표현예술치료사과정을 졸업하고 2005년도에 타말파 프랙티셔너 자격을 취득하였다. 표현예술치료의 실천경험은 만다라 알아차림춤의 형성과정에서 춤동작과정의 알아차림을 정교하게 하는 데 결정적 역할을 하였다. 그리하여 유리드미라는 예술의 높은 기술성과 형태미를 추구하는 과정에서 심리상담 전문가로서 알아차림의 높은 감수성과 낮은 예술적 기술의 다양한 춤동작과정이 가진 치유 효과를 중시하게 되었다.

저자는 이미 심리상담 전문가로 실천하는 동안 언어적 심리상담의 한계를 극복하고자 유리드미 동작예술의 실천기법을 집단상담 및 개인상담 과정에 적용한 후 동작중심 표현예술치료, 세계의 포크댄스 및 각종 댄스 분야의 자격증 취득 및 수련과정을 거치면서 신체 수준의 움직임을 심리상담에 통합하여 실천한 지 20여 년 이상이 되었다.

동작통합의 심리상담을 위한 타당성 있는 이론적 배경이 된 융의 영성심리학, Assagioli의 정신통합 심리학, Steiner의 교육예술로부터 영성개념을 도출하고 영적 수준을 지향하는 춤동작치료의 실천기법을 위해서는 게슈탈트의 알아차림 기법, Steiner의 교육예술과목, 특히 유리드미 동작예술의 실기 그리고 표현예술치료 원리와 Anna Halprin의 동작제의식기법 등을 만다라 형태 걷기를 통한 심리치유의 이론 및 실천적 배경에 통합하였다.

심리상담가들을 대상으로 표현예술치료 및 심리상담과 통합한 프로그램을 실시한 것 이외에도, 세계문화오픈(World Culture Open: WCO)의 지원을 받아 만다라 치유춤이라는 일반적 명칭하에 서울 안국동 WCO의 W스테이지에서 일반인을 대상으로 2014년 5월 1일부터 2016년 12월 8일까지 임상교육을 실시한 바 있다. 또 2014년 8월부터 현재까지 한국심리학회 산하 게슈탈트 표현예술상담 연구회 주최로 전문 심리상담자를 위한 만다라 알아차림 춤동작수련을 주 1회 2시간씩 현재까지 계속해 오고 있다.

만다라 이미지를 활용한 알아차림 춤 프로그램을 고안한 의도는 다음과 같다. 최신 춤동작치료 분야에서 무용예술의 기술적 묘기성과 형태미의 과시보다는 개인과 공동체 치유와 성장이라는 목적하에 전인적(holistic) 인성교육과 치유의 의도를 가진 실천 모델을 연구하기로 했다. 이런 목적에 교육예술, 표현예술 및 상담심리치료가 합류하면서 몸동작중심의 예술표현에 정서 및 인지 기능을 통합하는 통합예술치료의 실천을 통해 전인적 인간으로서 '온전히 기능하는 인간(fully functioning person)' 성취를 추구하려 하였다.

이와 같은 목적을 위해 예술 및 예술치료의 개혁을 보여 주는 대표적인 배경원리로 독일에서 Steiner가 창안한 유리드미, 스위스 음악교육자 Dalcroze의 유리드믹스, 만다라 형태와 관련된 만다라 형태 그리기 그리고 더 나아가서 후기 융 학파 댄스치료자들이 도교 사상을 댄스치료에 도입한 적극적 상상이라는 예술치료들이 도입되었다. 특히 현대의 서양 심리치료는 모두 동양적 명상 수행방법들인 알아차림, 마음챙김 등을 그대로 상담심리치료뿐 아니라 춤추는 명상 및 움직이는 상상이라는 개념으로 댄스치료와 예술치료에 도입 · 적용하고 있으며 이것을 우리가 역수입하고 있는 형편을 절감하였다. 그러므로 동서양의 심리치료와 예술치료가 통합된 것을 그대로 역수입해서 사용하는 차원과 동양전통을 그대로 고수하는 차원을 넘어 현대 한국인의 인성과 행동양식이 함께 표현되는 춤동작치료를 실천하고자 하는 의도를 가지고 있다.

만다라 알아차림춤의 주요 내용으로 만다라 형태를 발로 리듬 있게 걷기는 형태유리드미의 직접적 인용이다. 신체생물학적 근거를 가진 기본적 이미지인 나선형과 동양의 음양사상을 상징하는 태극만다라(taegeuk mandala)의 양극 대칭의 형태에 대한 관심과 더불어 융의 대극원리가 그대로 춤동작과정에 실천된다. 만다라 알아차림을 위해 적용된 형태 및 이미지들은 형태유리드미 춤과 각종 민속무용(folk dance), 특히 스코티시 포크댄스에서 그대로 찾아볼 수 있다. 이렇게 만다라 형태를 리듬 있게 걷는 만다라 형태 걷기와 알아차림춤을 정규적이고 장기적으로 수련해 오고 있는 한국의 심리상담자들과 표현예술치료자들이 이 춤의 효과와 적용에 대해 많은 관심을 가지고 있다.

2. 만다라 알아차림춤의 실천지침

앞서 서술한 이론적 배경, 실천원리 그리고 저자의 경험적 방법을 통합하여 만다라 알아차림춤의 실천에 적용한 원리에 따라 구체적인 방법을 안내하려 한다. 전체적인 원리로는 현상학적 심리치료 관점에서 자신의 심리내적 요소에 대하여 '내 마음은 내가 안다.'는 관점에서의 자기알아차림과 알아차림의 체화 그리고 의학적 관점의 제3자적 관점의 몸이 아닌 제1자적 관점의 주관적 현상의 소마몸을 기초로 '내 몸은 내가 안다.'라는 신체심리학 및 소매틱 관점의 '소마' 신체의 원리에 기초를 두었다. 그래서 내 몸과 내 마음의 알아차림과 그 체화 그리고 통찰되는 삶의 의미구성에 초점을 둔다. 리듬 흐름의 걷기춤을 추는 동안에 자기알아차림뿐 아니라 집단 구성원 전체와 개인 그리고 개인과 개인의 관계 알아차림으로 나아간다.

만다라 알아차림춤의 또 다른 원리는 중력 수준의 동작제의식에서 탐색되는 우리 신체의 미세한 부분, 관절 부분까지 부분화하고 분절화(articulation)하도록 미세동작의 이완에 집중하는 동시에 분절화가 시작된 부분적 움직임은 다른 신체부분과 연결하여 특히 척추중심으로 몸 전체에 이완된 에너지가 흐르도록 하는 것이다. 초점이 맞춰진 부분적 움직임이 선도(leading) 역할을 하면서 신체의 다른 모든 부분이 이완된 상태의 연결로 따라가는(following) 전체적 리듬 흐름을 얻는 것이다. 이때 호흡과 동작의 관계에서도 선도하기/

따라가기의 순환적 관계를 알아차림 해야 한다.

다음으로는 이상의 주요 실천원리에 기초해서 만다라 춤동작을 통한 알아차림을 증진시키기 위해 구체적인 실천지침들을 마련해 보았다.

첫째, 유리드미 걷기에서 적용한 알아차림 걷기의 전형적 특징이 있다. 만다라 형태를 발로 걸어갈 때 앞발바닥 중심(on the ball)의 종종걸음으로 두 발을 항상 교차하며 걷기, 움직이는 가운데 좌/우, 앞/뒤로 다양하게 걷는 방향감각 느끼기와 체중 싣기 및 체중 이동의 조절, 바닥과 발바닥의 접촉 및 접지감 조절 및 균형을 잡는 것이다. 이런 복잡한 걷기에 대한 지침을 제공하는 것은 90% 이상의 무의식 영역에 속하는 인간 신체동작자료의 의식화를 통해 생명감각, 균형감각 및 동작감각을 발달시키기 위함이다. 걷기중심의 춤을 통해 신체동작을 의식적으로 알아차림 하는 건강한 걷기를 실천하는 과정은 심리치료의 목표인 무의식의 의식화를 위한 가장 훌륭한 방법인 게슈탈트 알아차림의 과정이다. 이런 안내를 제공하지만 모든 사람의 걷기의 다양성과 차이 그리고 자신의 개인 특질적 동작에 대한 알아차림이 중요하다. 무의식적 차원의 신체감각 및 동작을 춤추는 일은 자기알아차림을 위한 무한대의 영역을 탐험하고 도전하는 일이다.

둘째, 자신의 몸 안에서 중력(무거움)과 부력(가벼움)의 균형과 조화에 의해 작용하는 직립 정렬감을 느끼면서 여러 방향과 형태의 역동적 직립보행을 하는 것은 인간존재의 제일 조건이다. 볼 수도 없고 보이지도 않지만 실제로 신체 내적으로 작용하는 직립보행을 하면서 정렬감의 유지는 척추의 건강한 굴곡과의 역동성 및 반(反)역동성을 통하여 알아차릴 수 있다. 가시적이고 의도적인 직립이 아닌 자연스럽게 이완된 직립 정렬과 이완된 직립보행의 움직임을 알아차린다. 이와 동시에 자신의 의도적인 움직임이나 개인 특질적 동작 특징이 직립보행의 역동적 움직임과 상호작용할 때 어떤 자연스러운 동작의 형태가 발생하는지도 몸느낌으로 체험하고 알아차린다.

셋째, 자연스러운 동작과 함께 자신의 내적 에너지 및 신체부분의 움직임 형태의 흐름이 끊기지 않고 부드럽게 계속되도록 하면서 집단원과의 공동 흐름에 참여하는 것이 강조된다. 그 이유는 만다라 형태의 동작이 자기내적 리듬의 흐름(rhythmic flow)의 체화를 얻게 할 뿐 아니라 공동체와의 리듬조율 능력을 얻기 위함이다. 개인의 에너지와 동작형태의 리듬 있는 흐름과 집단의 리듬 흐름이 일치할 때 몸으로 공명 및 공감을 체험하고 신비경험 및 절정경험을 할 수 있으며 최고의 긴장 해소를 경험하게 된다. 개인 리듬과 관계리듬의 조율이 일치하지 않는 것은 관계 알아차림의 중요 계기가 되므로 알아차림이 우선시된다.

넷째, 음악을 들으면서 만다라 걷기춤을 추는 동안에 음악의 요소들인 음정, 박자, 리듬, 특정 멜로디들이 내 몸 안에서 또는 내 몸의 특정 부위에서 어떤 감정과 이미지를 촉발하는지 알아차림을 한다. 음악의 박자는 강박적으로 정확하게 맞추는 것이 아니라 자신의 신체리듬의 흐름이나 집단원들의 집단 리듬의 흐름이 어느 부분에서 정지하거나 멈칫하지 않고 자연스럽게 이완적으로 흘러가느냐 아니면 집단의 흐름 속으로 같이 편승하느냐를 알아차리기 위해 사용되는 것이다. 그리고 나 자신과 음악의 관계를 통해 일종의 외부자극에 해당하는 음악적 요소들과 나의 몸, 마음 간의 관계에 대해 알아차림을 한다. 음악의 요소들은 우리 몸과 서로 리듬과 관련성을 가지면서 개인 내적 그리고 관계적 공명과 공감 아니면 그 반대의 효과를 가지므로 리듬이 개인의 동작 및 행동과 밀접한 역동성을 가지고 있다. 음악적 리듬이 우리의 신체 생명동작인 동시에 자신의 신체동작의 형태를 어떻게 만드는가를 알아차림 하는 일이 중요하다. Steiner의 유리드미 동작예술에서 반드시 마이크가 없는 생음악 연주가 동반되는 이유는 자연리듬의 공명과 리듬조율을 중시하기 때문이다. 음악 없이도 개인 리듬과 관계리듬이 조율되어 좋은 흐름의 리듬을 이룰 수 있기 때문이다.

다섯째, 만다라 걷기춤 수련을 하는 동안에 자신의 개인 특질적 동작이 어떤 식으로 개인 리듬과 집단 리듬에 동참하여 나타나는지 알아차림을 한다.

개인 특질적 동작은 개인의 초기발달이나 트라우마로 인한 정서패턴과 함께 조건화된 동작 및 행동 패턴으로 리듬 흐름의 만다라 걷기를 통해 개성 있고 창조적으로 보이도록 나타날 수 있다. 이 개인 특질적 동작이 리듬 흐름과 감정 및 이미지와 관련하여 어떻게 작용하는지에 대해 알아차림을 하는 것이 부드러운 흐름과 함께 이루어지는 직면이므로 자신의 심리정서적 패턴에 대한 심각하고 고통스러운 직면 대신 부드러운 직면과 창조적 사용이 가능하므로 치유와 성장과정에서 매우 도움이 된다.

여섯째, 만다라 형태를 걸을 때 중력/부력의 균형 있는 자세를 유지하기 위해 시선 및 몸의 방향과 걸어가는 곡선 형태의 길(way)을 구별하며 걷는다. 곡선으로 가는 길에 주의집중을 하려고 발을 내려다보는 경향을 피하는 것이 좋다. 대신에 만다라 서클인 경우는 센터의 직립선을 상상하고 정면으로 센터를 바라본다(facing center). 이 자세는 만다라 형태의 나선형과 중력/부력의 직립선이 우리 몸 안에서 양극적 흐름으로 작용하는 방식이다. 이것은 융이 말했던 정향성 및 Steiner의 12감각 중 정향감각(sence of orientation)의 원리와 관계된다. 우리 만다라 이미지 춤이 무대예술을 목표로 하지 않으나 원의 중심을 향하지 않고 라인 댄스처럼 사방의 벽을 향해 몸을 돌려야 할 경우, 가는 길을 향해 몸을 돌리지 않고 어느 한쪽 벽 또는 원의 중심을 마주하면서 다양한 직 · 곡선의 길을 걷는다.

개인의 척추가 어디를 향하면서 자신의 발은 어떤 형태의 직 · 곡선의 길을 가느냐의 방법에서 몸의 자세 및 척추의 자세와 건강 간의 밀접성을 알아차려야 한다. 즉, 사회문화적 생활의 측면에서 좌절과 후퇴를 반복하는 분위기에서는 가슴 및 척추의 수축(contraction) 및 주저앉음(collaption)의 자세로 고정되어 가는 반면에 반대로 대응과 도전적 삶에서는 척추의 확대(extension) 및 과도확대(hyper-extension)로 고정될 경우 그 어느 쪽도 척추의 신축성과 유연성을 잃어서 척추 정렬(alignment)과는 다르게 척추 왜곡을 피할 수 없으므로 대응 위주로 사는 서구 문화권에서도 척추 및 근막 증후군의 고통을 피할 수 없음을 유의해야 한다.

일곱째, 만다라 형태를 리듬 있게 걷는 동안에 자신의 에너지를 사용하는 방식으로의 댄스치료에서 애용하는 자신의 에포트 요소들—시간요소(빠르게/느리게), 공간요소(직선적/곡선적) 및 무게요소(무거움/가벼움)와 동작의 형태요소, 몸의 내적 직립선에서 전후/좌우/높낮이, 각 신체부분의 형태 등—이 전체 집단 리듬의 흐름 속에서 어떻게 나타나는지에 대해 자기알아차림을 한다. 에포트/형태의 양극적 요소는 동작의 특성과 질을 가시적으로 보여 주는 동시에 에포트의 특징들을 언어적 표현으로 나타낼 때 개인 특질적 동작의 묘사뿐 아니라 삶의 과정에 내재된 심리행동과정의 은유와 의미를 알아차림 하는 기회가 된다. 게슈탈트 심리치료의 주요 원리인 알아차림의 실천에서 에포트/형태의 기호적 분석이 아닌 물리적/심리적 알아차림을 위해 게슈탈트 형성과 해소가 얼마나 중요한가를 경험한다. 춤추는 동안에 현장에서 즉시적으로 일어나는 내적/외적 요인에 대한 알아차림의 수련은 매우 치유적이다. 이와 동시에 삶의 개인 특질적 심리행동 패턴의 동작 에포트/형태 요소들을 집단의 리듬 흐름 속에서도 매우 자발적이고 감각 충동적인 개인 즉흥 표현으로 나타내는 일은 진정한 무의식적 생명을 나타내는 흥미로운 일이다.

〈표 7-1〉에는 에포트 및 형태 요소에 따르는 동작특징의 양극성과 경영관리 영역에서 이루어진 Ramsden(1992)의 성격연구를 참고로 요약하였다.

여덟째, 춤추는 동안에 자신만이 알아낸 섬세한 알아차림은 표현매체를 바꾸어 그린 그림(난화, 면 그림, 개념화), 알아차림의 시적 글쓰기, 자기동작표현 그리고 이 알아차림을 삶에 대한 동작은유로 말하기 등을 통해 삶의 의미와 통찰을 얻어낸다. 춤의 경험을 예술매체를 바꾸어 표현하는 일은 머리에서 몸동작으로, 특히 팔다리로 내려와서 표현의 수준을 달리하는 것이 위에서 아래로 탈중심화하는 임계적 치료과정임을 명심해야 한다. 위/아래로 탈중심화된 작업을 이번에는 다시 개념적 수준에서 새로운 삶의 의미를 구성하여 언어로 의식화하는 아래에서 위로의 작업으로 순환하는 일이다. 그렇지

〈표 7-1〉 에포트/형태 관련 동작특징과 심리과정

한쪽 극 동작의 질/심리과정	중립적 에포트 요소	다른 극 동작의 질/심리과정
• 곡선의 동작: 초점 분산된 동작 • 심리과정: 자료 탐색에서 연결적으로 조직화 가능	공간요소	• 직선의 동작: 초점 집중된 동작 • 심리과정: 자료 탐색에서 정확한 분석 가능
• 저압력의 동작: 가벼운 동작 • 심리과정: 행동 결정에서 우회 가능성, 신축 가능성	무게요소	• 고압력의 동작: 확고하고 강한 동작, 행동 속도에 영향을 줌 • 심리과정: 행동 결정에서 저항적/압력적, 강한 행동 가능성
• 저속 동작: 느린 동작, 감속적 동작 • 심리과정: 행동 속도에서 속도 조절 가능, 행동 시기 선택 가능, 발달의 허용성, 융통적	시간요소	• 가속 동작: 빠른 동작 • 심리과정: 행동 속도에서 빠른 행동의 기회 포착, 빠른 행동속도, 시기적절한 행동 가능성
• 자유로운 동작: 통제가 적은 동작, 부드럽게 이완된 동작	흐름요소	• 속박된 동작: 묶인 동작, 통제가 많은 동작
한쪽 극 동작의 질/심리과정	**중립적 형태요소**	**다른 극 동작의 질/심리과정**
펼치는 동작 • 심리과정: 탐색 범위에서 행동반경의 확대, 여러 대안 만들기, 넓은 행동반경	수평적	둘러싸는 동작 • 심리과정: 탐색 범위에서 여러 가능성의 수집, 가능성의 포함, 여러 가지 접근방법 사용
올라가는 동작 • 심리과정: 중요성 평가, 목적의 명료화/최적성, 찬반 무게 두기	수직적	내려가는 동작 • 심리과정: 중요성 평가, 현장성 중시의 문제 설정, 중요성의 위계 설정
앞으로 나아가는 동작 • 심리과정: 행동진도 예측, 점진적 목표설명, 결과/전망 예측	전후적	뒤로 물러나는 동작 • 심리과정: 행동진도 예측, 실질적 행동단계 계획, 실질적 행동진도 평가

않다면 우리는 의식/무의식의 통합, 인지/정서/행동의 통합이 일어나지 않고 분리와 파편화과정만 지속될 것이다. 상징의 은유를 알아차리고 이를 언어

표현으로 개인 삶의 의미를 구성하는 일이 동작과정의 알아차림과 별개의 일이 되지 않도록 메타인지적 마음챙김 및 은유적 의미 통찰 과정과의 연결이 매우 중요하다.

끝으로 강조하고 싶은 점은 어떠한 몸움직임 또는 춤이든지 간에 알아차림이 없다면 인간의 의식이 결여된 무의식으로 해체되고 분리된 충동에 의한 증상에 지나지 않거나, 우리의 몸이 관람자의 눈에 비치는 시각적 형태미 위주의 의식 도구로 전락할 뿐이라는 것이다. 그러나 자신의 몸동작이 무엇을 말하려는지를 순간순간 구체적으로 알아차리고 그 알아차림을 높은 차원의 의식에 통합하고자 한다면 앞서 언급한 바와 같이 언어 및 비언어의 심층 감각에서부터 나온 어떤 단서이든지 은유적 알아차림의 언어로 표현할 수 있어야 함을 말해 둔다. 우리가 몸짓이 은유적으로 말하려는 것을 몸과 마음의 알아차림으로 그리고 영적 마음챙김으로 통합한다면 우리는 우리가 가는 길을 알아차리고 그 길을 따라갈 수 있을 것이다.

우리가 춤추는 동안에 삶의 경험을 탐색하고 지혜를 배우는 치유 및 성장의 도구로서 춤의 의미에 대해 알아차림을 한 것을 담은 어느 표현예술치료사 Pernille Overo의 시를 소개한다(https://www.statetheta.com/trainingsandcourses/tamalpa_uk.html).

내 삶의 춤

내게 춤추기란 삶을 사는 것이다.

지금 여기서 나는 지금까지 경험한 내 모든 삶을 춤출 수 있다.
내가 지금까지 경험하지 않았던 삶, 장차 경험하길 원하는 삶
그리고 경험하길 원치 않는 삶을 모두 춤출 수 있다.
그것은 마치 풍부한 잉여의 삶을 사는 것과 같고

그리고 그것은 진정한 삶이다.

나는 내 춤에서 좀 더 많은 것을 배우고 싶다.
나는 그 지혜의 삶을 더 많이 살고 싶다.
내 몸 속에 들어 있는 그 지혜의 삶을

내가 춤출 때 알고 있는 그 모든 것을
내가 춤추지 않을 때 내 삶에서도 알기를 원한다.
나는 나의 삶을 춤추고 싶다.

이상에서 열거된 요소들에 관련된 만다라 알아차림춤은 머리 위주의 이성적 사고가 춤을 추는 동안에 가슴과 팔다리까지 함께 춤추면서 체화된 사고와 체화된 공감능력을 기르는 데 효과적이다. 체화지성 및 체화정서가 치료에서 중시되는 당대에 와서는 100년 전에 시작된 지능지수(IQ) 연구가 더 이상 신뢰를 주지 못함을 이미 우리는 알고 있다. 이성 위주의 사고와 정서에서부터 신체움직임까지 통합된 사고 및 정서가 충분히 기능하고 온전히 기능하는 것이 오늘날 우리 사회의 교육과 치료에서 절실히 요구된다.

만다라 이미지 춤에서는 매우 간단한 규칙들을 적용하면서 에너지 사용방식의 에포트 요소들 그리고 몸의 모양과 형태적 요소들이 자신의 내적 이미지와 감정과 함께 만드는 역동성에 대해 자기알아차림을 하고 집단관계 속에서 관계 알아차림을 발달시킨다. 이 과정은 오직 NLP 심리치료의 목표인 감각영민성(sensory acuity) 및 융통성에 초점을 두고 실천된다. 마찬가지로 심신기능의 통합적 발달을 도모하는 표현예술치료의 실천원리에서도 전문적 예술기술을 중시하는 것이 아니라 높은 감수성을 목표로 하기 때문에 높은 감수성/낮은 기술성(high sensitivity/low skill)의 원리를 지켜야 한다.

인간의 삶의 체험은 몸의 경험을 통해 이루어짐에도 불구하고 대부분 얼굴

부분의 시각(75%) 및 청각(15%)적 지각에 의해 경험되고 비언어적인 신체감각운동의 체험은 대부분 무의식에 의해 진행된다. 그러므로 신체감각적 경험을 언어로 표현한다면 알아차림의 효과는 인간의 페르소나 수준의 상호작용을 넘어 무의식을 의식화하고 치유성장사회를 향하는 데 어마어마한 공헌이 된다. 만다라 알아차림춤을 추는 동안에 3수준의 알아차림이 바로 신체무의식을 언어표현으로 가능하게 하는 작업으로 연결된다. 이런 일을 위해 언어감각 알아차림에 도움이 되는 신체움직임을 표현하는 동작적 표현언어 목록을 확대할 필요가 있으며 이들 언어가 은유가 되어 개념적 언어와 관념적 언어와 연결되어야만 공허하고 무의미한 언어가 되지 않는다. 그러므로 예술치료와 심리치료를 위한 알아차림춤 과정에서 은유적 의미도출의 수련은 언어중심의 치료를 넘어선다. 결국 언어감각뿐 아니라 신체/생명 에너지 사용에 의한 모든 미세한 몸동작까지 그 인상들을 알아차림 하여 높은 인지차원으로 통찰해 내지 않는다면 순간순간의 알아차림이 영특하다 하더라도 삶의 의미를 성취하지 못하고 흩어진 모래알같이 공허한 알아차림이 된다.

유리드미의 일반적 치유 및 건강 효과와 표현예술치료의 개인 및 공동체의 치유 및 발달에서 심신통합적 관점을 고려하면서 동시에 만다라 이미지 표현예술치료의 실천경험에 의해 다음과 같이 그 기대효과를 적용대상별로 요약해 본다.

첫째, 일반 아동 및 청소년을 위하여 주지화 교육 및 입시교육의 사회심리적 병폐를 예방하고 신체, 정서 및 인지 능력을 도모하고 전인적 성장 · 발달을 돕는다.

둘째, 지적 발달장애 및 치매 성향의 일반인들을 위해 동작중심의 알아차림과 체화학습을 통해 지적 능력을 향상시키고 치매예방교육의 효과를 가진다.

셋째, 빈 둥지(empty nest) 증후와 우울 성향의 중년기 여성을 위해 직립정렬의 걷기와 정향감각 연습을 통해 우울을 감소시키고, 자아존중감 및 진로효능감을 기른다.

넷째, 전통적 남성성중심으로 살아온 심신이 건강하지 않은 남성을 위해 부드러운 흐름의 여성성을 체화하여 건강한 양성성을 기른다.

다섯째, 트라우마 증상 및 중독 성향의 일반인들을 위해 혼돈의 나선형연습과 정향성 찾기 연습을 하고 이를 통해 리듬 있는 심신통제능력을 기른다.

3. 만다라 알아차림춤의 단회기 구조와 스코어

1) 단회기 구조

여러 가지 예술치료 및 집단상담의 1~3시간짜리 단회기 구조는 아주 단순하게 준비단계, 작업단계, 종결단계로 구조화할 수 있다. 그러나 주 작업단계를 개념적으로 2단계로 나누는 경향이 있다. 예를 들면, 융 예술치료에서는 고백단계, 교육단계, 변형단계로 나누었다(Jung & Jaffé, 1961, 조성기 역, 2007). 후기 융 연구자인 von Franz(1980: Chodorow, 1997에서 재인용)는 자아를 내려놓는 단계, 무의식 환상이미지의 단계, 표현적 형태의 단계, 윤리적 직면과 적용단계로 구조화하여 표현예술치료를 실천하는 데 도움이 되고 있다. 또 Halprin(2000, 임용자, 김용량 공역, 2002)은 적극적 단계와 유사하게 시작의 원, 탐색단계(내향화), 표현단계(외향화), 종결의 원으로 4단계 구조를 제시했다. Halprin(2003)은 그녀가 동작중심 표현예술치료자라 할지라도 심리치료를 적극적으로 개입시키기 위해 심리치료의 5단계인 발견단계, 직면단계, 해소단계, 변화단계, 성장단계를 제시하였다. 이러한 4~5단계가 지침상으로 많은 도움이 되지만 회기과정에서는 단계의 명확한 경계가 모호한 경우도 있어서 이전 단계 및 이후 단계로 반복해서 왕복하든가 혹은 3~4단계로 단순화되는 사례들이 허다하다.

만다라 알아차림춤 예술치료를 위해 구성된 회기구조는 다음과 같다.

(1) 만남단계

상담심리치료 집단과 마찬가지로 집단 구성원들이 만남의 원(check-in circle)으로 둘러앉아 최근 자신에게 일어났던 좋은 일과 나쁜 일에 대해 말하면 상담자는 이를 경청하면서 내담자의 현재 감정을 묻는다. 만약 마라톤 집단으로 계속되는 경우에는 만남단계에서 나눈 자기 이야기에 대해 첫 그림을 그려 두면 사전-사후 그림자료로 유용하다.

(2) 동작단계

동작단계는 두 단계로 나뉜다. 첫째 단계에서는 바닥에 접촉하여 중력 수준의 만다라동작을 하고 둘째 단계에서는 부력 수준의 걷기를 한다.

첫째 단계는 중력 수준의 만다라춤 동작단계이다. 만다라 알아차림춤 집단을 시작하기 위한 준비동작으로 중력 수준의 동작을 이용하여 만다라 동작제의식을 한다. 만다라 동작제의식(MR)의 간단한 원리는 신체부분별로 분절화동작에서 시작하여 다른 신체부분들이 연결·통합되도록 처방되지 않은 자유로운 만다라 직·곡선의 움직임을 한다. 중력 수준에서 시작되지만 바닥 수준과 직립 수준의 사이를 왕복할 수 있다.

둘째 단계로 부력 차원의 직립보행을 하는 만다라 형태 걷기동작을 시작한다. 주로 3박자나 4박자의 흘러가는 리듬에 따라 걷기 위해 우선 원으로 선다. 직립정렬의 척추 자세로 원의 중심을 향하면서 전후좌우의 만다라 형태의 길을 따라 리듬 있게 종종걸음으로 발을 교차하면서 걷는다. 이 단계에서는 집단 리듬의 흐름과 관계리듬의 조화를 위해 개인의 긴장 없는 자연스러운 흐름의 동작이 중요하다. 그러나 개인 특질적 동작과 동작 에포트 요소들(시간, 공간, 긴장 흐름)이 무의식적 자료로 드러나는 것이 특징이다. 춤추는 동안에 이것들에 대한 구체적인 알아차림이 이루어지는 것이 중요하다.

(3) 표현예술단계

이 단계에서는 그리기, 글쓰기, 동작 표현하기, 경험 나누기의 과정이 필요하다.

우선 만다라 춤동작에서 3수준으로 알아차림 된 자료들은 난화 그림이나 면그림을 치료적 컨테이너로 사용하기 위해 그림 그리기를 할 수 있다. 글쓰기에서는 춤동작과 그림의 매체활동을 통해서 3수준으로 알아차림 된 내용들을 문장으로 표현한다. 이 알아차림의 글과 그림을 이용해서 동작표현을 한다. 이렇게 매체를 순환적으로 이용해서 표현활동을 한 후 소집단 또는 전체 집단에서 알아차림의 과정과 내용을 나눈다. 이들 표현매체의 순환은 순서적 단계가 정해진 것이 아니라 상호 순환적으로 왔다 갔다 할 수 있다.

(4) 종결단계

이상과 같이 만다라 알아차림춤으로 시작되는 예술치료 집단과정은 놀이 및 창작의 과정으로 전환하여 공연의 형식을 빌려서 소집단으로 발표할 수 있다. 이런 소집단 공연은 표현예술치료과정의 결과로 추수된 것이지만 훌륭한 춤예술의 공연으로 손색이 없다.

만약 시간이 제한적이라면 전체 집단원들이 종결의 원(check-out circle)으로 둘러앉아 전 회기과정을 요약·명료화하고 삶의 은유적 의미를 추수하여 언어적으로 나눈다. 그리고 작별인사를 하고 각자의 삶으로 돌아간다.

2) 작업스코어 구성하기

이 절에서 표현예술치료에서 사용하는 스코어(score)라는 용어의 의미를 소개하려 한다. 스코어라는 말은 점수 또는 기록하다는 뜻이 있어서 음악에서는 악보, 스포츠에서는 득점 그리고 무용에서는 무보라는 의미로 풀이할 수 있다. 한편, 1960년대 말 샌프란시스코에서 Anna Halprin이 심리학자, 건

축가인 그녀의 남편 Lawrence Halprin 및 소마틱 실천가들과 함께 피부색, 삶의 상황 및 양식, 워크숍 참여동기/의지 및 가치관이 다양한 다문화 공동체의 워크숍을 위해 시도한 실험적 연구에서 RSVP 사이클이라는 의사소통 모델이 개발되었다. 이 모델은 이후 동작중심 표현예술치료 분야에서 참가자들이 자신의 삶의 상황에 맞게 치유되고 성장되기 위한 창조적 표현예술치료 프로그램의 연구개발의 중요한 도구로 적용되었다. 뿐만 아니라 그 외 다른 다양한 분야에서도 창조적 작업 모델로 유용하게 사용되고 있다(Halprin, 1995).

RSVP란 이질집단 구성원들이 함께 창조적 협동작업을 하기 위해 필요한 작업단계들을 말한다. 즉, RSVP는 자원(resources), 스코어(scoring), 가치평가(valuaction), 실행(performance)의 약자이다. Halprin(1995)이 정의한 RSVP 사이클의 개념화는 다음과 같다([그림 7-1] 참조). 이 모델의 의도는 과정지향적 사회에서 외부의 힘에 의해 통제되거나 은밀하게 조작되지 않으면서 창조적 작업과정을 통해 구성원들의 문제를 창의적으로 해결하기 위한 의사소통 모델이다. 만다라 사이클 형태로 만들어진 RSVP 사이클은 원주상에서 양방향적으로 상호 연결되어 왕복하거나 중첩시켜 적용하는 것이 중요하다. 원의

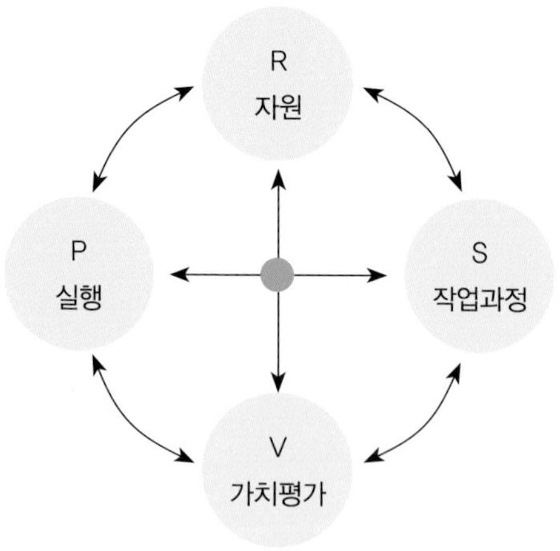

[그림 7-1] RSVP 사이클

중심에서는 개인적으로 자기중심적 작업을 할 수 있으며 원의 주위로 나가서는 집단중심적으로 작업할 수 있음을 나타낸다.

첫째, 자원(R)은 표현예술치료 작업에 사용할 모든 종류의 자원이다. 인적/물적 자원, 이론 및 실천 모델들, 참가자들의 동기 및 목표 등 가능한 자료가 무엇이든지 포함된다.

둘째, 작업과정(S)에서는 예술치료 작업 및 예술공연을 위해 주제(theme), 작업의 의도(intention) 차원 또는 목표 차원 그리고 구체적 활동 차원의 위계적 차원의 내용들이 기술되어야 한다. 이들 3차원의 기술은 구체적인 현상의 장에서 하는 행위와 활동들이 무의식 수준의 무작위적 행동으로 사라지지 않게 하기 위해 구체적인 활동의 절차와 방법을 계획하고 기술한다. 또한 이 구체적인 작업활동은 무엇을 위해서, 왜 하는지 의도나 목표 차원에서 설명해야 한다. 그리고 의도와 활동을 전체적으로 파악할 수 있는 상징적 개념으로서의 이것이 무엇인지를 명시해야 한다. 이렇게 추상적 개념과 구체적 활동이 의도라는 중간개념을 통해서 상호 연결을 타당화하지 않으면 개념과 행동은 별개의 것이 된다. 이 세 가지의 위계 역시 위/아래로의 탈개념화 그리고 아래/위로의 의미 개념화 또는 중간에서 위와 아래로의 중심개념이 상통하게 매개기능을 해야 한다는 뜻이다. 이 작업과정이 작업 프로그램의 계획단계에서 또는 실행 후 평가를 거친 후 다시 기술되는 순환과정을 거친다면 더 좋은 작업스코어가 이루어질 것이다.

셋째, 가치평가(V)는 작업과정의 계획단계에서 그리고 실생 후 사후단계에서 기술된 스코어로 공동체에서 선택된 의사결정의 예측되는 결과를 분석 · 평가하는 것이다. 가치평가란 용어는 스코어가 행동(활동)지향적이고 의사결정지향적이라는 의미를 제시하기 위해 합성된 말이다.

넷째, 실행(P)은 계획된 작업과정, 즉 작업의 활동과정을 실행하는 단계이다. 실행 및 공연의 결과와 유형이 나타나는 단계이다.

집단적 표현예술작업의 실천을 위해 스코어단계를 중심으로 시작해서 상호 순환 사이클을 적용하는 것이 편리함을 발견하였다. 스코어는 알기 쉽게 의역하자면 작업과정 기술서 또는 작업활동 기술서로 이해된다. 작업활동의 계획단계에서, 실행 전 가치평가 이후에, 또는 모든 단계가 끝난 실행 이후에 보고서 개념으로 작성되어도 된다. 이 보고서는 다음 작업을 위한 계획서로 활용될 것이다. RSVP 사이클은 표현예술치료 작업을 연구하는 질

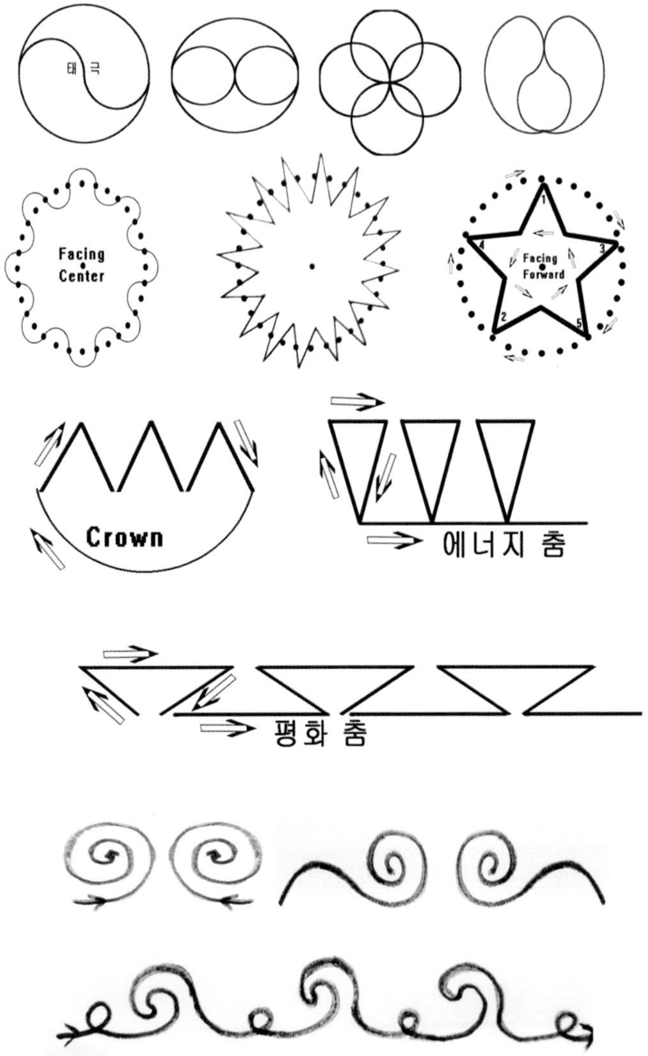

[그림 7-2] 만다라 형태 걷기의 시각적 스코어 사례

적 연구방법론으로 적합하게 사용되고 있다. 이 방법론이 표현예술치료 분야에서 사용될지라도 치료와 문제해결을 위해서는 창조적 작업이 필수적이다. 그러므로 스코어를 작성하는 일은 창조적 작업과정이므로 스코어 창작(scoreography) 그리고 스코어 창작자(scoreographer)라는 용어가 도입되었다. 춤동작 분야에서 무용악보인 무보 또는 안무(choreography)라는 무용예술의 용어와 구별하여 사용하려는 의도가 있다. 춤동작 스코어 작성의 일환으로 만다라 이미지의 기본 형태들([그림 7-2] 참조)을 활용하여 만다라 리듬 걷기를 하기 위한 직 · 곡선의 형태가 시각적 스코어로 창조적으로 제공되고 동작자(mover)들은 바닥이나 무대 위에 발동작으로 형태 그리기를 한다.

〈표 7-2〉는 3시간짜리 단회기 만다라 알아차림춤의 사례를 스코어단계를 중심으로 작성해 본 사례이다.

〈표 7-2〉 만다라 알아차림춤의 작업스코어 사례

주제	반복적 곡선 리듬 걷기
의도	1) 중력/부력의 조절감 느끼기 2) 움직임의 정향성과 걷는 길의 형태 알아차리기 3) 개인 특질적 동작과 집단 리듬의 흐름 알아차리기 4) 관계의 투사심리 알아차리기
자원	근육 경직을 느끼는 성인 남녀, 간단한 실천이론 및 그림 도해, 바닥이 따듯한 스튜디오, 맨발과 헐렁한 바지 혹은 치마 복장, 오디오 장치, 음악(〈Sou Le Ciel de Paris〉), 간단한 차와 간식
활동	1) 만남의 원(20분): 원으로 둘러앉아 자기소개 및 감정 체크를 한다. 2) 짧은 강의(20분): 배경이론과 걷기방식을 설명한다. 3) 만다라 MR(30분): 중력을 이용하여 신체부분별로 언어적 안내에 따라 이완한다. 4) 만다라 형태 걷기(30분) (1) 원의 중심을 향해서(facing center) 선후 1번과 2번이 파트너가 되어 각자 반원을 그리며 마주 보았다가 제자리 오기를 2회 반복한다. (2) 원의 중심을 향해서 1번은 오른쪽 앞으로, 2번은 왼쪽 뒤로 동시에 원을 그리며 제자리로 온다.

	(3) (1)과 (2)를 반복한다. (4) 모든 1번이 오른쪽 앞으로 반원을 그리며 오른쪽/앞 사람을 건너간 후 조그만 원 그리기를 4번 반복한다(팔동작은 대사 돌리기의 L동작 이용). (5) 모든 2번이 왼쪽 앞으로 반원을 그리며 왼쪽/앞 사람을 건너간 후 조그만 원 그리기를 4번 반복한다(팔동작은 대사 돌리기의 L동작 이용). (6) (1)과 (2)를 반복한 후 (3)에서 (5)까지의 과정을 1번과 2번 파트너가 동시에 한다. 5) 빠른 그림과 글(20분): 크레파스로 빠르게 난화 그림을 그린 후 춤동작과 그림에서 알아차린 감정과 이미지의 단어를 쓴다. 6) 그림춤 추기(20분): 그림과 글을 이용해서 2인조 파트너와 교대로 자기 표현춤을 춘다. 7) 오늘의 만다라 리듬 걷기(20분): 오늘의 만다라 리듬 걷기를 다른 음악으로 반복한 후 변화된 기분을 알아차림 한다. 8) 종결 나누기(20분): 모든 회기 전체과정을 뒤돌아보고 경험 나누기를 하고 작별한다.
시간	2019년 월 일 오후 2~5시(3시간)
장소	표현심리상담센터
대상	사전 신청자 선착순 10명
시각적 스코어	오늘의 만다라 형태를 시각이미지로 제시한다. 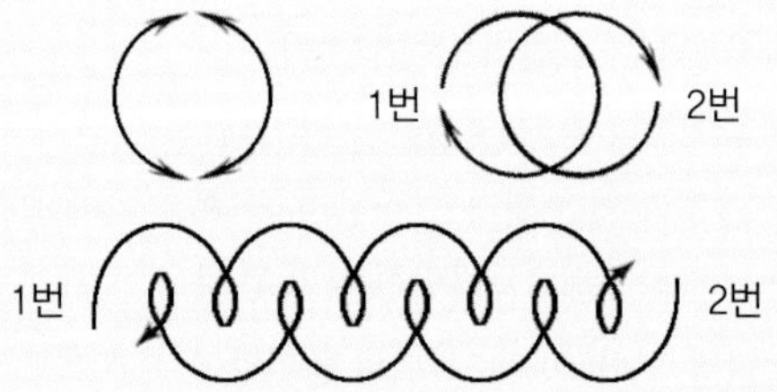

제8장

만다라 알아차림춤을 적용한 표현예술치료 사례

1. 심리치료단계로 분석된 자기작업 사례

1) '만남 악수의 춤'을 통한 알아차림

(1) 발견단계

발견단계에서는 나의 부정적인 감정에 대한 죄책감, 완벽주의, 집단에 대한 책임감이 발견되었다.

6박 3박 만다라춤을 추었다. 6박자나 3박자로 서로 마주 만나고 헤어지는 춤이다. 집단원을 마주 보아야 할 때 신나고 즐겁고 반가운 순간이 많았다. 하지만 어색한 마음이 드는 순간도 있었다. 웃어야 할 것 같은 마음이 드는 것을 알아차릴 때도 있었다. 마음속에서도 함께 반갑게 맞이해야 할 텐데 그렇지 못한 마음이 조금이라도 있다는 사실이 불편했다. 나에게 이런 마음이 없기를 바라는 것이다.

또 다른 마음은 만다라춤이 틀리지 않고 집단이 호흡을 잘 맞추어 나가길 바라는 것이었다. 나에게는 매우 익숙한 춤이었지만 처음 온 사람도 있었고 익숙하지 않는 사람도 있어 순서가 틀리기도 했다. 다른 사람이 3번을 앞으로 가고 1번은 뒤로 가야 하는 순서를 틀리거나 박자를 틀리면 그것을 교정하기 위해 나는 내 손을 재빨리 움직여 다른 곳으로 가는 그들을 잡아서 이끌었다. 제자리로 돌아가도록 만드는 나의 몸동작은 매우 재빨랐다. 나는 그런 나의 마음을 알아차렸다. 틀리는 타인의 움직임에 그렇게 빨리 반응하는 마음은 무엇인가. 또 집단이 모두 엉망이 되는 순간에 나는 약간의 장난기도 동원하여 여기저기로 뛰어다니면서 무너지는 집단을 회생하려 애썼다. 심각하지는 않았고 장난기도 부렸지만 집단의 와해처럼 느껴지는 순간에 내가 가지는 책임감과 집단을 일으키려는 마음자세를 알아차릴 수 있었다. 전체가 잘 흘러가는지 아닌지를 살피고 잘 돌아가도록 만들려는 것은 내 삶에 익숙한 주제이다. 익숙한 삶의 주제가 만다라춤에서 다시 나온 것이다.

만다라춤을 끝내고 그림을 그릴 때 안내자는 난화로 표현하도록 지시했다. 옆을 돌아보니 사람들은 단정하고 예쁜 이미지들로 도화지를 채우고 있었다. 나는 표현예술 집단작업 경험이 많고 자유롭게 그리는 것에 가치를 두기에 단정하게 그리는 것을 마땅치 않아 하는 마음이 슬쩍 올라왔다. 안내자가 지시하는 것을 왜 따르지 않을까 하는 마음이다. 안내자의 뜻을 따라야 집단의 작업은 더 깊이 있게 될 것이라는 생각이 깔려 있다. '깊이 있게 제대로'라는 슬로건이 내 마음속에 있다. 그런 주제가 그때 올라온 것이다.

또한 주변의 그런 태도에 대해 비평하는 내 마음의 태도가 다시 불편했다. 세상에 대해 부정적인 태도를 가지는 것에 대한 내 감정이 다시 올라온 것이다. 앞서 올라온 것처럼 타인에 대한 부정적인 감정을 가지는 것을 불편해하는 내 주제가 다시 올라온 것이다. 또 그것이 내 가치 기준 때문인가, 왜 그것을 마땅치 않다고 보는가를 그림으로 그리려고 하였다. 다른 사람들을 보니 무언가 예쁘게 혹은 단정하게 자신이 경험한 이미지를 그리는 모습들이 눈에 들어왔다. 그때 내 마음에 드는 불편한 감정이 또 올라왔다. 지정된 규칙대로 하지 않는 것에 대한 불편함이었다. 그리고 불편함을 감추어야 할 것 같은 마음에서 올라온 불편감이기도 했다.

(2) 직면단계

직면단계에서는 주제 탐색과 발견의 첫 단계에서 나온 내 감정을 선과 색으로 표현하여 그림에서 직면하는 과정을 거쳤다.

마음에 드는 색의 크레파스를 들고 나는 내 마음의 감정을 표현해 나갔다. 난화로 내 감정을 마구 칠해 나갔다. 얼굴을 마주칠 때 느꼈던 반가움, 기쁨, 신남, 어색함 그리고 어색함에 대한 불편한 감정까지를 모두 드러내어 도화지에 표현해 나갔다. 내 마음속에 남아 있는 에너지의 고양과 희열도 도화지에 담았다. 박자와 리듬에 맞지 않게 늦게 다가오는 손을 볼 때 그리고 원이 흩어져 우왕좌왕하는 모습을 볼 때 그것을 당기고 제자리로 돌리려는 나의 의지까지를 모두 도화지에 담았다. 모든 감정을 그대로 만나고 그대로 표현한 것이다.

(3) 해소단계

해소단계에서는 경험 나누기를 통해 불편한 감정을 해소하게 되었다.

그림에 대해 나누기를 할 때 나는 어떻게 나눌까 순간 망설였다. 어디까지 내 마음을 표현할 것인가. 나는 왜 난화를 그리지 않냐고 하면서 "난 안내자가 시키는 대로 할 거야!"라고 조금 장난스럽게 이야기했다. 원칙을 지켜서 제대로 된 작업을 하기를 바라는 마음과 그렇게 하지 않는 것에 대한 내 부정적인 감정을 드러내는 것에 대한 두려움이 집단원과 함께 언어적으로 표현함으로써 해소되었다. 타인과 다르게 작업한 것에 대한 긴장감과 불편함 그리고 원칙대로 따르지 않는 집단 전체의 모습에 나는 역행하겠다는 반항심이 마치 화가 난 듯하게 큰 목소리로 표현되었다. 안내자가 내 옆에서 웃었을 때 어색한 나의 감정에 지지를 받는 것 같은 마음이라 부정적인 감정표현의 긴장감이 더 해소되었다.

(4) 변화단계

두 번째 그림을 그리며 원의 이미지가 떠올라 전 단계들과 다른 과정이 되었다.

손으로 다른 집단원들의 손을 번갈아 잡으면서 속도에 맞추어 당길 때 나는 내게서 일어나는 내 힘을 굵은 곡선으로 표현했다. 그 힘은 전 단계에서 긴장되어 불편하고 화났던 움직임의 형태와는 다르게 곡선이었다. 그 굵은 곡선의 그림을 그릴 때에도 난 몸느낌으로 느끼면서 내 마음과 몸에 남게 되었다. 새로운 이미지 및 감정이 몸과 함께 내 몸에 머무는 경험이었다.

두 번째 그림을 그리면서 생긴 마음의 변화를 그림에 추가해도 된다는 안내자의 말을 듣자 집단조직에 대한 나의 느낌과 나의 힘이 떠올랐다. 문득 원이 더 그리고 싶어졌다. 그림에 크고 동그란 원을 추가하였다.

집단은 무너지는 것에 대한 안타까움을 전하기만 하는 것이 아니었다. 순서를 틀리고 서로 엉키기 시작했을 때 점점 깔깔거리는 웃음소리는 무너짐을 즐기는 즐거움, 유치원 아이들의 웃음소리를 상상하게 했다. 무언가 되어야 하고 순서대로 되어야 하는 것이 아니라 무너지는 것은 즐거움이 되기도 했고 의외성 역시 신나는 자극으로 경험되었다.

(5) 성장단계

둥근 원이 힘과 움직임의 그림으로 체험되어 나타난 나의 변화는 나의 삶의 상황과 연결되어 몸의 움직임과 이미지 및 감정의 은유적 표현과 의미를 구성하였다.

힘을 뚜렷한 원으로 표현했다고 하였더니 안내자는 그 힘은 누구의 것인지 그리고 원래 있던 것인지를 물어보는 질문을 하였다. 힘은 누구의 것인

가. 나는 자신을 힘이 없는 사람이라고 의식하고 있었다. 내가 집단에서 힘이 있는 것처럼 보일 때, 특히 나의 원가족 내에서 발휘하는 나의 노력과 힘처럼 보이는 것은 의무감에서 나온 필사적인 행동이라고 보았기에 긍정적 힘으로 인정하지 않았다. 하지만 나는 내가 그리는 그림에서 그리고 그림을 그리는 나의 모습에서 내 힘을 보고 느끼고 있었다. 힘은 내 안에 있고 나는 그것을 인정했다.

나는 전체 혹은 모두가 무너질 때 쓰러지지 않도록 하려고 애쓴다. 내 삶에서 그것은 안타까움에서 나오는 애씀이었다. 하지만 만다라춤 안에서 만난 나의 애씀을 알아차리자 그 모습은 다르게 변화되어 갔다. 나는 나의 애씀과 안타까움은 내가 할 수 있을 만큼의 행동이라는 것을 알아차렸다. 나의 행동은 자연스러운 반응이고 조절 가능한 반응으로 변화되고 성장되었다.

그 후 다시 6박 3박 춤을 추었다. 이전에 춤에서 내가 손을 내밀 때 느꼈던 결연함은 나의 긴장감, 무너짐을 잡으려는 나의 애씀에서 비롯되었다고 생각했기에 좀 더 여유롭고 싶었다. 하지만 굳이 노력하지 않아도 되었다. 한 만남이 떠나고 다음 만남이 오는 순간에 내가 팔을 많이 내밀지 않고, 내가 많이 돌지 않고 편안히 하자 저쪽에서 팔을 더 크게 내밀고 다가왔다. 상대는 자신의 에너지로 회전했고 나와 상대의 움직임은 우아하고 부드러운 힘으로 나를 즐겁게 해 주었다. 내가 천천히 팔을 뻗을 때 나는 우아한 귀부인을 상상할 수 있었다. 더 이상 애씀이나 불안이 아니라 아름다움과 여유로움 그리고 부드러운 곡선 가운데에 진정한 힘의 조절 등을 통해 자신감을 찾고 느낄 수 있었다.

2) 60시간 집중작업을 통한 알아차림

1시간씩 주 4회, 15주 60시간 동안 만다라 알아차림 표현예술집단 작업과정을 거친 후 나의 알아차림을 5단계로 정리한 내용은 다음과 같다.

발견단계에서 발견한 주제는 '타인의 시선을 의식하는 나'였다. '내가 지금 추고 있는 만다라춤을 끝내고 그림을 그리며 어떻게 보일까? 어떻게 말할까?' 등을 생각하고 있었던 나 자신을 알아차렸다.

직면단계의 알아차림으로 나는 직면하고 변화하려는 의지가 생겼다. 주변을 의식하고 있는 나를 강하게 알아차리고 이런 나를 받아들였다. 변화하고 싶었다.

해소단계에 해당되는 알아차림은 의식에서 생긴 불편한 감정이 해소되고 평화로움이 생겨난 것이다. 타인이 아닌 나 자신으로 중심이 옮겨 가며 자아가 강화되는 느낌이었다. 내 호흡을 알아차렸다. 평화로움이 생겨났고, 다르게 그림을 그리고 싶은 찰나 옆 사람의 그림을 보았다. 옆 사람의 그림에 있는 원을 따라 그리고 싶었다. 작게 따라 그리기 시작했는데 점점 크게 그리고 싶어졌다. 원은 나의 이미지였다. 나라는 이미지를 만나면서 원을 반복해서 크게 그리게 되었다. 원을 동그랗게 반복해서 그리면서 자기감을 강화해 나가는 효과를 가지게 된 것 같다.

변화단계에서는 내 힘이 증가하며 곡선 그림에서 직선 그림으로 바뀌어 갔다. 동그랗게 노란색의 원을 그리다 보니 속에서 올라오는 강렬한 에너지가 있었다. 그것은 진한 직선으로 그림을 가로지르는 두꺼운 직선으로 표현되었다. 직선과 직선을 교차해 그리면서 나는 자신의 에너지와 힘을 확인할 수 있었다. 이전의 그림들에서 만난 곡선, 어지러움, 불분명한 주제가 아니라 온몸으로 힘을 느끼며 직선을 죽죽 긋는 것, 예측 불가능한 삐뚤빼뚤한 직선을 긋는 것에서 나는 통쾌함과 시원함을 느꼈다. 나를 주장할 수 있었다. 나를 드러낼 수 있었고 내가 남과 다르다는 것에 대해 불편하지 않았다.

성장단계에서 나의 삶으로 가져가고 싶은 알아차림은 있는 '그대로의 나를 드러내고 자신을 신뢰하기'였다. 노란색의 큰 원을 동그랗게 그릴 때는 동그란 원을 그리는 데서 오는 완성감, 만족감이 있었다. 다시 거기에 빨간색을 더하고 진하게 반복해서 그려 나가며 그 감각을 확인하고 각인했다. 빨강이나 검정, 파랑 같은 진한 색은 과거에는 쓰기 망설였던 색이다. 마음속에서 올라오는 어떤 감정을 마주하며 약간의 망설임 속에서 선을 선택하고 강렬한 내 감정을 진하게 그려 나가면서 결연한 의지를 느끼고 표현하는 마음이었다. 마음속의 부정적인 감정을 대중 앞에 드러내는 것의 불편감을 그렇게 마주하고 직면했다.

그림에 대해 나누면서 지금 여기에서의 알아차림을 공유하며 편하게 이야기했다. 순간적으로 주변을 신경 쓸 때 그것을 알아차리고 호흡을 해야겠다는 생각이 들었다. 주변이 아닌 나 자신을 만나는 것이 내가 할 일이다.

3) 작업 후기

60시간의 집중과정 만다라춤을 추면서 경험한 일들을 다음과 같이 표현하고 싶다. 특히 수련과정에서 느끼는 여러 가지 감정을 나누고 싶다. 음악을 들을 때는 행복감을 느끼고 내가 팔을 올리고 돌리고 빠르거나 느린 발걸음을 하면서 틀리지 않을까 신경이 쓰이기도 하고 잘 될 때는 뿌듯함을 느낀다. 자랑스러움, 뿌듯함뿐만 아니라 완성해 냈을 때 느끼는 만족감, 완성될 때 느끼는 희열감을 경험하게 된다. 혼자의 경험도 중요하지만 함께 나누는 경험은 더 크다. 옆으로 자리를 옮겨 가며 옆 사람을 지나칠 때 느끼는 가까움 혹은 거리감 혹은 생겨나는 친밀감도 있고, 모두 다 같이 만다라춤을 완성했을 때 느끼는 감정은 뭐라 말하기 어려운 희열, 쾌감, 신남, 함께함, 일체감이다.

만다라동작을 하면서 3박, 6박이 헷갈리고 틀리고 맞추면서 모두 어렵게 했을 때 나는 평창 동계 올림픽에서 우리나라 팀이 우승했을 때의 함성을 떠올렸다. 함께함의 기쁨과 희열이 하늘을 뚫고 올라가는 듯 집단원은 환호하고 순수하게 기뻐했다. 시시콜콜한 이야기를 나누지 않아도 그렇게 서로에 대해 가까운 마음이 들기에 자신을 드러내고 표현하고 이야기를 나누는 것이 어렵지 않고 자기성장과 치유를 위한 시간이 될 수 있었다.

만다라 알아차림 집단춤을 60시간 동안 하면서 어떤 변화가 있었을까?

그림을 놓고 보자면 흐르는 것은 내가 어떻게 자유로워지고 힘이 있어지는 것일까 하는 부분이었던 것 같다. 4월의 첫 번째, 두 번째 그림에 이어 5월에 세 번째 그림을 그리며 '거침없이 가라.'는 주제를 적었다. 동작 후에 몸에는 열기와 더불어 내 몸의 에너지가 싱싱하고 힘차고 거침없이 삶을 걸어갈 수 있을 것 같은 자신감, 그래도 된다는 용기가 생겨나는 것 같았다. 만다라춤을 추면서 더 재미있고 신나고 힘차게 춤을 출 수 있었던 것 같다. 틀리는 것에 대한 두려움, 집단이 엉클어지는 것에 대한 신경 쓰임이 아니라 망가지는 것, 불확실한 것에 대한 수용과 그것마저도 인생의 한 가지 맛으로 즐기고자 하는 마음을 가지게 된 것이다. 네 번째 그림에서 나는 깊고 깊은 길을 떠올렸다. 만다라동작에서 걸어가는 길을 형상화하면서 내 마음에는 아름다움과 기쁨 그리고 깊은 무의식의 이야기들이 무언지 모르게 떠올랐고 그 길을 진하게 표현하고 싶어졌다. 가벼운 동작이 아닌 만다라동작을 통한 알아차림이 이어지면서 마음속에서 내 삶의 길을 마주하고 있었던 것이 아닌가 싶다.

다섯 번째 날 마주르카를 출 때 나는 신나게 추지 못했다. 무릎이 아파서 나를 보호해야 할 것 같은 마음이었다. 하지만 마주르카에서 빗겨 가는 만남, 다시 돌아가는 만남으로 사람들과의 만남과 헤어짐을 반복할 때 느껴지는 마음은 반가움, 즐거움 그리고 행복감이 있었다. 어떤 이와는 신나고 자신 있게, 어떤 이와는 어색하게 만나지만 그 안에는 만남이 있고 즐거움이 있다. 기쁨의 마음으로 만나기에 너와 내가 연결되는 마음이 행복과 안정감을 준다. 눈빛이 얽힐 때의 느낌도 행복이다.

만남에서의 느낌뿐 아니라 내 손을 들어 올릴 때 느껴지는 우아함, 하늘로 눈을 들어 올릴 때 느껴지는 어떤 순수함과 경건함이 있다. 그렇게 몰입하고 추면서 그린 그림에서 나는 동그란 동심원을 그렸다. 움직임의 동작으로 시작한 그림들이 점점 발전해 가면서 내 손은 저기 멀리 있는 저 우주의 깊은 이야기를 마주하는 것 같았다. 내 안에는 겹겹이 깊은 이야기가 있고 또 있다. 가볍게 시작한 그림에서 내 마음속 깊은 이야기의 만남은 나의 무엇, 본질을 만나는 것처럼 기쁘다.

여섯 번째 날, 마주르카와 더블 페이즐리, 6박 3박 등을 했던 것 같다. 여러 가지 천을 휘날리며 6박 3박을 했다. 천을 고르는 데서부터 나를 표현했던 것 같다. 빨강과 초록 천을 골라 휘날리며 나의 에너지를 표현하고 살아 있는 나를 마음껏 드러내는 것이었다. 전날 마주르카를 출 때의 염려를 날려 버리고 마음껏 춤을 추었다. 약간 엇박을 출 때 내 마음은 홍겹고 단조로움에서 벗어나 자극되는 기분이다. 발을 뻗다가 발목을 탁 꺾을 때의 재미는 온몸에 에너지와 창조성, 삶의 열정과 희열을 경험하게 한다. 내 안의 순수함, 열정, 호기심 등이 올라오는 것 같다.

색색의 천을 날리며 집단원이 춤을 출 때 각자의 색을 만나며 그들과 교감하고, 나와 다른 그들의 아름다움과 개성에 찬사를 보내고, 그 개성을 더 드러내도록 박수를 친다. 휘날리는 색색의 천은 삶에 있는 온갖 슬픔과 아픔뿐 아니라 아름다움과 찬란함이 있다는 것을 알려 주는 것 같다. 뻗치는 팔, 퍼져 나가는 에너지, 휘날리는 천에서 웃음과 에너지와 자유와 즐거움이 퍼져 나가는 것 같다. 신나고 기쁘게 만다라동작을 하고 그린 그림은 처음에 아이의 홍겨움이 있었다. 점차 발전시켜 나가면서 신나고 즐거운 나 그리고 위축되지 않는 자유로운 나를 만나 갔다. 진한 색과 빨간색을 쓰면서 뻗쳐 나감, 자유로움, 주장함, 드러냄을 마음과 몸으로 새겼다. 그래서 붙인 이름이 자유로운 꽃이다.

만다라 치유 동작춤을 4개월간 하면서 만난 것은 힘과 에너지, 나 자신이고 삶에의 도전이다.

4) 동작/그림매체 전환작업

전체 60시간의 회기들에서 나온 그림들로 만다라 알아차림춤을 추고 난 후에 즉흥 난화로 알아차림춤 경험을 그림매체로 전환해 표현하였다. 60시간 동안의 순간순간에 내 삶에서 가져온 자료들이 현재화된 경험들이었다. 이 예술적 경험들이 이어져서 내 삶의 은유적 의미들이 구성되었다. 나는 작업 동안 내 삶을 시시콜콜 설명하지 않았지만 나만의 스토리텔링이 계속해서 일어났다.

특히 나 자신에 의해 발견된 내 작업의 특징은 내가 춤동작에 사용했던 에너지를 그대로 난화로 옮기는 것이었다. 이것이 의도적이라기보다 나의 내적 에너지의 사용방식이 몸동작에서 직접적으로 난화 그림으로 옮겨 갔으므로 다른 집단원들의 그것과 달리 시각적 그림이라기보다 에너지의 움직임을 평면의 화지에 옮겨 온 '내 에너지의 그림' 또는 '내 에너지 움직임의 흔적'과 같다는 상상을 했다. 그래서 다음 그림들에 대해 동작/그림의 통합경험에서 통찰된 은유를 그림들에서 상징언어의 제목으로 표현해 보았다.

[그림 8-1] **힘을 찾아냄**

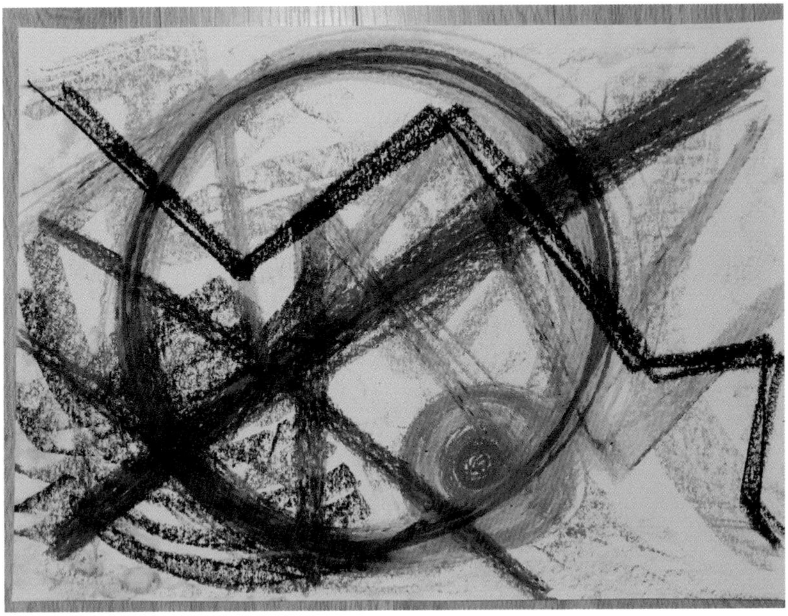

[그림 8-2] 나다, 나!

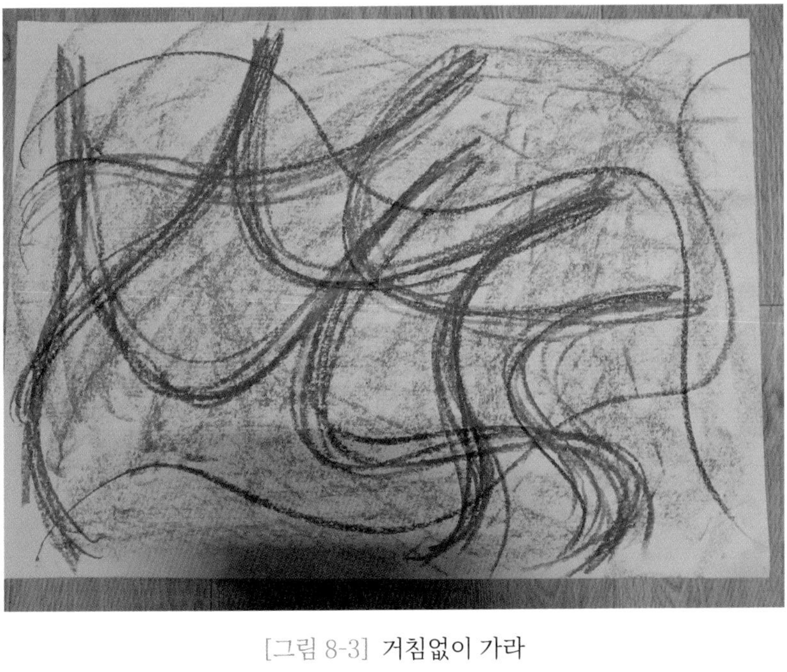

[그림 8-3] 거침없이 가라

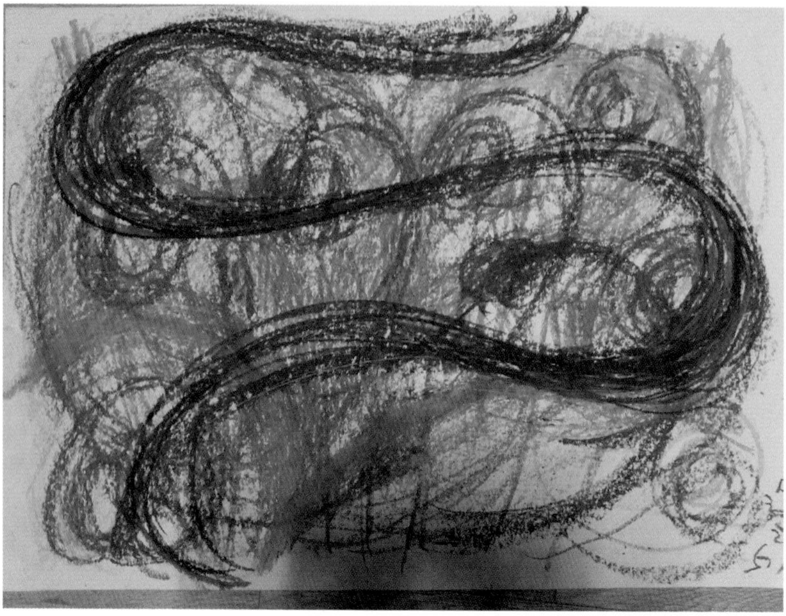

[그림 8-4] 깊고 넓은 길

[그림 8-5] 내 안의 우주

[그림 8-6] 자유로운 꽃

2. 자기동작 알아차림의 축어록 사례

1) 사례자의 개인적 배경

어린 마음에 늘 언니가 부러웠다. 첫딸이라고 언니에게만 빨간 투피스에 빨간 백과 빨간 구두를 사 주고 집에서 패션쇼를 할 때 나는 어머니에게 나도 사 달라며, 나는 언니의 투피스보다 하나 더 있는 쓰리피스를 사 달라며 졸라 댄 기억이 있다. 결국 어머니가 쓰리피스와 빨간 구두를 사 주셨지만 빨간 백은 사 주시지 않았다. 언니에게 빌려 달라고 해도 빌려 주지 않던 어린 시절의 기억이 있다. 그래서인지 나는 언니가 싫었다. 언니도 나에게는 퉁명스럽게 대하고 잔소리하곤 했지만 나는 아랑곳하지 않았다. 중학교에 들어가기 전 어머니는 2층집을 지었고, 우리 가족은 새로 지은 집으로 이사를 가게 되었다. 어머니는 집 짓는 것을 감독하다 병이 걸려 병원에 입원까지 하셨고, 나는 일요일이면 혼자 밖에 나가 만화 가게에 가서 있었고, 언니가 부르러 오면 마지못해 집에 가곤 했다. 어머니는 욕심도 많고 엄격하면서도 무서웠고 사업을 벌이시지만 뒷마무리는 흐지부지하거나 내 차지였다. 해결이 안 되거나 빌려 준 돈을 받으러 가는 것은 나를 앞세워 하곤 했다. 그와 반대로 아버지는 말이 없으시고, 야단도 안 치셨고, 뭐든 내 말을 들어주시는 분이셨다. 어머니는 아들을 귀하게 여기셨고, 딸들은 '시집 가면 그만'이라며 '시집 가기 전에 실컷 부려먹어야 된다.'는 말씀을 달고 사셨다. 나는 이 말이 싫었다. 우리는 잘 훈련된 아이들이었다. 어머니에게 대들면 맞고 자랐다. 어머니는 자신의 마음에 안 들거나 화나는 일이 있으면 아이들에게 분풀이를 하셨다. 뭔가 꼬투리를 잡아 야단을 치셨는데 그때마다 나는 말대꾸를 하여 어머니를 기운 빠지게 했다. 그런데도 어머니는 내가 하고 싶어 하는 것은 다 배우게 해 주셨다. 특히 음악 쪽으로 배우는 것을 허락해 주셨는데 어쩐 일인지 끈기 있게 배울 수 있는 기회가 사라지곤 했다.

대학 4학년 때에 어머니의 잘못된 고집(빚보증 300만 원 때문에 6,500만 원짜리 집이 경매로 넘어감)으로 길거리에 나앉을 뻔한 적이 있다. 바로 그날 아버지가 모아 둔 돈으로 간신히 아파트를 사게 되었는데, 입주는 다음 날이어서 우리 가족은 모두 여관에서 하룻밤을 지내게 되었다. 모두들 기가 막혀 놀란 가슴을 안고 아무 말도 하지 못했다. 멘붕 상태로 아무 생각도 할 수 없었다. 다음 날 우리는 학교가 끝나고서 알려 준 주소로 오라는 어머니의 말씀을 따랐다. 어머니는 자식들에게 미안한 기색이 없었고, 여전히 타인들을 믿으며 타인을 대접하는 생활을 계속했다. 그리고 3년 뒤에 어머니는 새로운 2층집을 지어 이사를 가게 되었다.

그런 일을 겪었는데도 나는 가난이 뭔지 모르는 철부지였다. 그래서 결혼할 때도 사람(인간성)만 괜찮으면 된다고 생각했고, 그래서 지금의 남편과 결혼하게 되었다. 남편은 다정다감한 사람이었으나 자신의 뿌리에 신경을 많이 쓰는 내 쪽에서 보면 이기적인 사람이었다. 자신의 뿌리에 대해서 충실한 사람이고, 나는 시댁 근처에 살고 매주 시댁에 가는 것이 부담스러웠다. 은근한 시집살이와 동서살이도 있었지만 친정에서 훈련받은 덕택에 무난히 넘겼다. 나는 힘든 게 무엇인지 잘 모르고 있어 약간은 둔감해져 있는 것 같다.

2) 심리치료단계별 이야기

(1) 발견단계: 내 안의 슬픔

나는 오래전부터 행복이란 무엇인지를 생각하면서 살아왔다. 행복이란 멀리 있는 게 아니라 바로 내 옆에 있으며, 내가 햇살을 바라보고 있고 평온한 상태에 있는 것이 행복이라고 생각했다. 그러던 어느 날 친정아버지가 위암 말기 판정을 받았다는 소식을 들은 순간부터 가슴이 에이는 아픔을 느꼈다. 차를 타고 다니면서도 흐르는 눈물을 주체할 수 없었다. 그것은 언제까지나 내 곁에 계실 줄만 알았던 아버지의 삶이 얼마 남지 않음에 대한 슬픔이며, 늘 내 편이던 든든한 보호자의 상실에 대한 슬픔이기도 했다. 돌아가신 아버지에 대한 그 슬픔을 간직한 채 어린 시절을 까마득히 잊고 살았는데, 만다라 걷기를 하면서 나도 모르게 동심으로 돌아가는 나를 발견했다. 태초의 슬픔인지 알 수 없는 슬픔을 느끼게 되었고, 어린 시절 원피스를 입고 마구 맴돌며 놀았던 기억이 나기 시작했다. 마음껏 뛰어놀고 혼나던 그때, 어머니는 신경과민으로 엄격했지만 나는 요리조리 잘도 피해 다녔고, 덜렁대는 사람이었다. 만다라 걷기를 하면서 뒤로 갈 때는 누군가와 부딪칠까 봐 두려워 소심해지고, 뒷사람이 의식되어 동작이 소심하게 바뀌면서 조심하는 나를 알아차렸다. 그러고 보니 나는 남에게 폐 끼치는 걸 싫어했다는 것을 알 수 있었다. 움츠러들고 때로는 위협적으로 가까이 하는 나는 음악에 맞추어 동작을 하면서 리듬이 나오면 흥분하여 즐거워지는 나를 발견하게 되었고, 몸이 저절로 흔들림을 알 수 있었다.

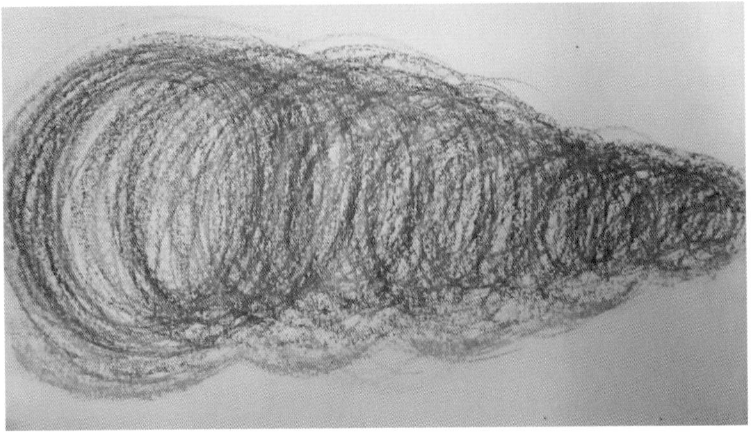

[그림 8-7] **발견단계 1**

* 내 몸의 리듬이 시작된다. 나선형으로 점점 크게 소용돌이를 일으키며 커진다.

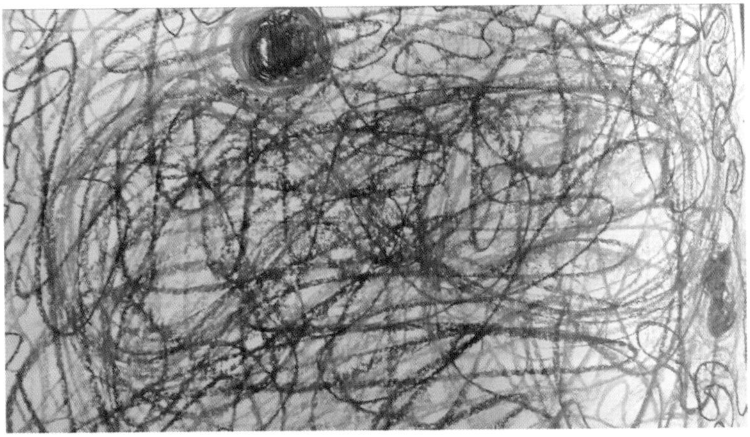

[그림 8-8] **발견단계 2**

* 내 안의 슬픔이 뭉쳐 있다(상단의 둥근 원). 아버지의 병과 죽음이 이런 뭉침으로 남아 있다.

(2) 직면과 해소 단계

나의 슬픔은 만다라춤을 추면서 만나고 헤어지는 것에 대한 아쉬움, 나의 삶의 여정에서 얼마나 많은 사람과 만나고 헤어졌던가, 아쉬우면서도 당연한 것으로 받아들이려는 순명의 태도가 있었다. 이렇게 삶에서도, 만다라춤 안에서도 만났다 헤어졌다를 반복하면서 또다시 만나는 윤회를 보았다. 이 춤이 하나의 기도로, 하나의 언어로 느껴지기 시작했다. 나의 슬픔 속에는 불안과 분노가 있었다. 그 불안과 분노를 만다라 걷기를 통해 빙글빙글 돌았다가 되감았다가 하며 푸는 과정에서 우리네 삶의 길을 보는 듯했다. 왔다가 갔다가, 휘감았다가 풀었다가, 가정 안에서의 삶도 이와 같다는 것을 깨닫게 되면서 내 마음이 편안해지기 시작했다. 춤을 추는 동안은 세상적인 것들을 모두 잊어버리고 음률에 맞춰 움직이면서 행복한 나의 기분과 몸이 하나됨을 느낄 수 있었다. 삶은 하나의 음률이고, 가정 안에서 각자의 음을 내지만 조율하며 살아가는 것이라는 것을 알 수 있었다.

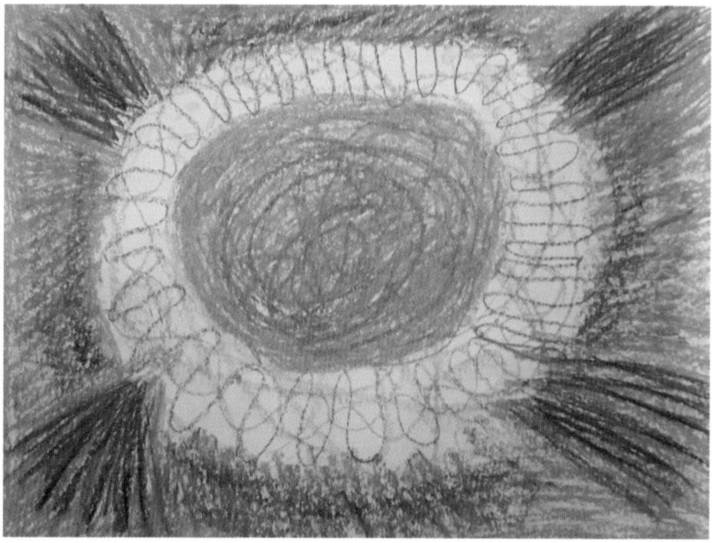

[그림 8-9] **직면과 해소 단계**

* 뭉쳐진 슬픔이 터져 나온다. 사방에서 봇물 터지듯 터져 나오듯이.

(3) 변화와 성장 단계

이 과정을 하면서 나는 오른손으로는 열심히 하고, 왼손으로는 조금만 움직이면서 오른손을 기다리며 준비하는 내 모습을 보았다. 왜 그랬을까? 생각해 보니 나는 쉬면서도 뭔가를 대비하여 준비하거나 기다리고 있던 것이다. 언제 올지 모르는 위험이나 죽음에 대한 대비라고 할까? 이 삶을 충실히 살아

가지만 온 힘을 다해서 사는 게 아니라 여지를 남겨 두어 언제라도 오른손이 힘들면 왼손으로 활동할 수 있도록 준비하고 대비하였던 것이다. 동작을 하면서 오른손이 주도할 때는 편안하고, 왼손이 주도할 때는 뭔가 불편하고 어색했다. 이 불편하고 어색함이 뭘까? 생각해 보니 왼손은 준비만 해 왔고 주도적으로 뭔가를 나서서 한 적이 거의 없었다. 그래서 앞으로 나가는 게 어색하고 쑥스럽게 느껴졌다.

이는 나의 뿌리박힌 여필종부의 역할, 아내로서의 역할, 자식으로서의 역할, 주체적이 아닌 의무적인 보조자, 즉 오른손의 보조자 역할, 오른손이 하던 일을 마무리하는 왼손을 의미했다. 왼손을 흔들며 걸으면서 나는 나도 모르게 눈물이 주르륵 흐르는 것을 알 수 있었다. 계속되는 눈물…… 그러다가 '내가 왜 울지?'라는 생각이 들면서 '뭐가 그렇게 슬픈가?'를 생각하게 되었고, 그 순간 그동안 남편에게 많이 의지했던 나 자신을 발견하게 되었다. 왼손에게 필요한 것이 독립이라는 말을 듣고 이제는 왼손이 주도적으로 나갈 수 있도록 역할의 전환이 필요하다는 것을 알게 되었다. 왼손과 오른손이 자유자재로 움직이도록 조화롭고 통합적으로 움직이기를 바라고 있었던 것이다.

개인작업을 통해 상실에 대한 두려움, 남편에 대한 의존을 알 수 있었고, 심리적 · 사회적 · 경제적으로 독립해야겠다는 나의 소망을 발견할 수 있었다. 내려놓는다는 것, 놓아 버린다는 것이 자유로움이던가? 자기의 역할에서 보조자에서 벗어나 그냥 움직이고 활동하면 되는데 나의 뼈 속 깊숙이 숨겨져 있는 순종하는 여성, 참는 여성, 준비하고 대기하는 보조자로서의 역할이 나를 무의식적으로 짓누르고 있었음을 마침내 깨닫게 되었다. 이젠 나의 삶을 보조자가 아닌 주체적인 온전한 나로서 독립적인 활동으로 나아가야겠다. 이 작업을 마치고 난 후 나는 마음이 든든해지고 꽉 차고 있음을 알 수 있었다. 어딘가 허기지고 허전했던 부분이 나도 모르게 채워진 것 같았다.

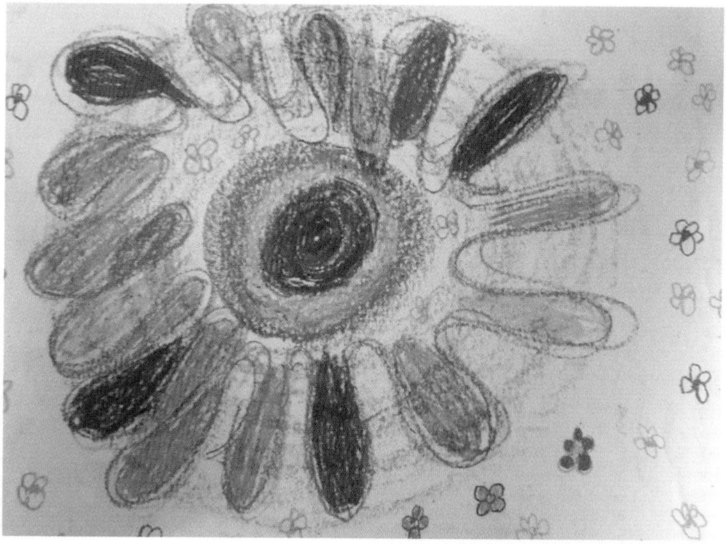

[그림 8-10] 변화와 성장 단계 1

* 자유로운 발놀림과 몸놀림. 춤추는 내 영혼의 꽃이 나의 삶을 아우른다.

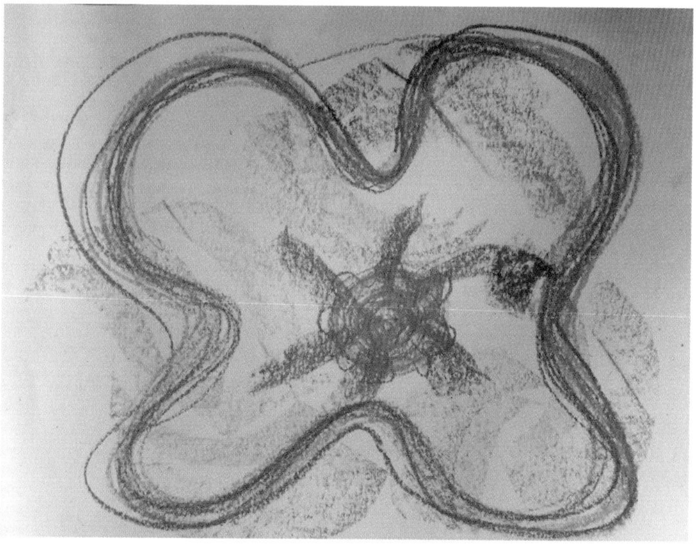

[그림 8-11] 변화와 성장 단계 2

* 자유, 온전히 '나'로서의 삶(부모로부터의 독립, 남편으로부터의 독립)

3) 축어록

작업자	내담자
1. 만다라춤 경험을 가지고 개인상담을 하곤 하는데 어떤 마음인가요?	1. 어제까지만 해도 괜찮았는데 막상 오늘이 되니까 '아, 뭘 어떻게 하지?' 이런 생각을 약간 했어요. '그래, 그럼. 그냥 되는 대로 그 자리에 앉아서 한번 시작해 보자.'라는 생각이 들었어요.
2. 그냥 앉아서 해 보자고 했어요? 그림을 가지고 얘기할까요? 아니면 지금 이 상태로 떠오르는 걸 얘기할까요?	2. 우선 만다라춤 경험을 조금 얘기해야 하는지…… 다른 걸 얘기해야 하는지…….
3. 오늘은 그림도 가져왔군요.	3. 네.
4. 그 경험들을 어떻게 말로 이끌어 내야 좋을지 얘기들을 좀 해 보지요.	4. 제가 만다라춤을 추면서 오른손은 이렇게 크게 하고(오른쪽 허리에서 앞으로 반원을 그린다), 왼손은 이렇게 작게 하고(왼쪽 허리에서 앞으로 작게 반원을 그린다), 이런 식으로 오른손은 크게, 왼손은 작게 했어요.
5. 오른손은 크게 하고 왼손은 작게 했어요?	5. 오른손을 크게 활용하면서 오른손은 열심히 하고 왼손은 오른손이 오기를 기다리고 준비하고 있는 거라고 마음속으로 얘기했어요.
6. 그럼 두 가지 동작이 합쳐져서 원이 됐네요.	6. (내담자 스스로 표현매체를 전환하려고 그림을 본다.) 그거를 표현하려고 오른손과 왼손의 움직임을 그렸는데 원이 되었어요. 원이 되고 그다음에는 왼손에 집중하고 오른손을 이렇게 그렸는데 이게 점점 커지면서 원이 됐어요(자신의 움직임을 그림 상징으로 바꾸는 과정을 설명한다).
7. 여기가 이렇게 되고 저기가 저렇게 경계선이 된 거고 이쪽으로 원이 된 것같이 됐네요. 그게 그렇게 보이나요?	7. 이게 오른손이고 저게 왼손이고, 이쪽이 원이 됐어요. 오른손이 힘이 없으면 왼손이 크게 해서 받쳐 주는 역할을 하고, 역할이 뒤집어져요.

8. 그러면 자기 삶에서 왼손은 기다림과 준비를 하는데, 그러면 오른손은 무엇을 하나요? 지금-여기 오른손과 왼손을 만다라춤을 출 때처럼 움직임이면서 상상해 보세요(내담자의 상징적 움직임을 이용해서 동작코칭을 한다).

8. (만다라춤에서 했던 개인 특질적 동작을 시작한다.)

9. 계속해서 조금만 더 해 보세요. 오른팔은 잘 휘두르잖아요. 그렇게 반복해 보세요.

9. (8번의 동작을 반복한다.)

10. 왼손은 항상 준비하고 있는 건가요? (오른손보다 작은 원을 그리는 왼손의 동작 은유를 확인한다.) 그런가요?

10. 네.

11. 오른손 동작을 할 때 느낌은 어때요? 자기 삶에서 어떤 알아차림이 드나요? (동작이미지가 주는 은유적 메시지를 상상하게 한다.)

11. 조금 슬퍼요. (오른손을 오른쪽 허리에서부터 반원을 그리며 앞으로 펼치고 왼손은 오른손을 기다려서 받고, 다시 오른손으로 움직인다.)

12. 왼손은 준비하고 기다리는 건데, 아까 말했던 거와 같은 슬픔이 왼손에 있나요?

12. (하던 동작을 반복하고 동작은 과장된다.)

13. 오른쪽은 크게 잘하는데 왼쪽에 슬픔이 있네요. 슬픔을 느끼는 왼쪽 동작은 뭐라고 말하고 싶어 하나요? (왼손으로 하여금 '나-메시지를 표현하도록 촉진한다.)

13. 오른손이 삶을 관장하는 데 힘들 때가 있으면 왼손은 항상 준비해야 돼요. 준비를 하고 있어야 해요. 뭐가 닥칠지 모르니까…… 그러니까 슬픔이…… 오른쪽을 할 때는 신이 나고요. (계속해서 대화한다.) 내 마음이 왼쪽으로 갔을 때는 좀 슬퍼요. 왼손이 왜 난 항상 준비만 해야 되냐고, 나도 활짝 피고 싶은데 난 준비만 해야 되고, 나도 역할을 바꿔 보고 싶다고 해요. (왼손이 자아의 일부가 되어) 나도 오른손처럼 활짝 피고 싶다는 그런 마음이 들어요. 내가 작아지는 게 슬퍼요.

14. 난 왜 준비만 해야 하는지 슬프네요(왼손의 대화를 반영한다).

14. 나도 확 하고 싶은데 나는 왼손이라서 방향이 익숙하지 않고 어색해요. 몸이 익숙하지 않아서 왼손으로 하는 것은 좀 어색해요. 근데 오른손이 할 때가 더 신나요. 익숙해져서 그런가 봐요.

15. 바꿔 보고 싶대요? 왼손은 동작을 어떻게 하기 원하나요?	15. (오른손과 왼손을 통합한 자아가 된 것처럼) 이제는 꼭 원이 아니더라도 오른손과 왼손을 함께 자유자재로 움직이고 싶어요(왼손도 오른손처럼 모두 자유롭게 움직인다).
16. 왼손도 신나나요?	16. (얼굴이 상기되어 즉흥 탐색동작을 한다.) 조금 열이 올라오는 느낌이 들어요.
17. 양손을 다 써 보았어요. 아까 자유자재로 움직이고 싶다고 했죠. 지금 팔, 어깨, 가슴과 함께 자유자재로 움직이다가 자유롭게 움직임을 끝내도 돼요.	17. (공간을 돌아다니다가 움직임을 끝내고 숨을 고른다.) 이제 오른손은 일상생활을 하는 거고, 왼손은 특별할 때 보조해 줘야 하는 거니까 오른손이 힘들거나 잘 안 될 때 왼손을 언제든지 사용할 수 있게끔 할 거예요.
18. 그러면 오른손의 일상생활이 뭔지를 탐색해 봅시다. 앉아서 또는 움직이면서 탐색을 해 보세요.	18. (앉아서 말을 시작한다.) 제가 예전에 결혼하기 전에 대학 4학년이었을 때 저희 집이 경매로 넘어간 적이 있어요. 학교 끝나고 집에 왔는데 짐이 바깥에 나와 있었던 때가 있었어요. 아무것도 모르고 일상생활을 하다가 어느 날 갑자기 집이 경매로 넘어간 거예요. 그래서 짐이 다 밖으로 나오게 됐는데 그때 집을 얻어야 하니까 아버지가 모아 뒀던 통장의 돈으로 아파트를 얻었어요. 아파트를 얻었는데 그날 바로 들어갈 수는 없고 그다음 날 들어가야 해서 저희 가족은 하룻밤을 여관에서 잔 적이 있어요. 그때부터 아마 일상생활을 하고 준비하는 데에 대한 내 맘은 왼손에 있었던 것 같아요.
19. 지금 현재의 일상생활은 어떤가요?	19. 그냥 살면서 어떤 일이 닥치면 준비했던 왼손이…… (울먹이며) 그거를 해결해야 하는 마음이 계속 남아 있는 것 같아요(눈물을 닦는다).
20. 어떤 일이 안 닥치고 생활을 하면 어떤 생활인가요?	20. 그냥 평범한 일상이에요.

21. 평범한 일상이요?

21. 평범한 삶인데 뭐 어떠한 잘못된 것으로 인해서 위험이 닥쳤을 때, 그때를 항상 생각하는 것 같아요.

22. 그건 일종의 위기에 처할 경우인데 그 마음은 무슨 마음인가요?

22. 그 마음은 남편이 실직하거나 위험한 일이 생길 것 같은 마음이요.

23. 아버지 같은 마음이네요.

23. 아버지 같은 경우면 나도 뭔가 대처를 할 수 있는 어떤 것을 준비하고 있어야 된다는 이런 마음이 늘 있어요.

24. 늘 있어요?

24. 그 전에 이걸 하기 전에는 몰랐는데 그 이야기를 듣고 나니까 내가 왜 그렇게 한쪽은 크게 하고 한쪽은 작게 하면서 기다리고 준비하는지 알게 됐어요. 오른손이 올 때까지 계속 기다리고 준비하며 이렇게 하는 제 자신을 따져 보니까, 그래서 한 손에는 그 마음이 늘 있어요.

25. 준비하는 마음이 어때요?

25. 기다리고 준비하는 게…….

26. 기다리고 준비하는 게 슬픈 일인지, 기다리고 준비하는 게 어떤 마음인지 살펴보세요. 왼손의 마음, 그 마음은 뭘까요?

26. 그런 힘든 일이 안 일어났으면 하는 마음이지만…….

27. 힘든 일이 안 일어나는 일상생활의 삶과 힘든 일을 준비하지 않고 기다리지 않는 삶은 어떤 삶인지, 어때야 하는 건지, 어떤 삶을 원하고 있는지 더 이야기해 보세요. 어떤 일이 닥칠까 봐 상상만 해도 눈물이 나고 불안해지는데 그렇게 하지 않으려면 자기의 삶이 어때야 되는지, 일상생활이 어때야 되는지요. 아버지도 그랬고 남편도 그럴 거예요.

27. 또 내가 그럴지도 모를까 봐 겁나는 거죠.

28. 겁나는데 그렇게 안 하려면 자신의 일상생활이 어떻게 되어야 하나요?

28. 그냥 지금 이렇게 지금처럼 유지되는 것이 필요해요.

29. 지금처럼 유지되는 것이 구체적으로 무엇인지를 알아야 뭘 하든지 준비하고 기다리는 거를 얘기할 수 있지요. 겁이 나거나 슬퍼지거나 하는 일이 어떻게 해야 없어지는지 걸어 다니면서 탐색해 볼까요? (동작으로 표현매체를 바꾸어 탐색의 시간을 가진다.)	29. (왔다 갔다 걸어 다닌다.)
30. 아버지나 남편이 일상의 삶을 위기에 몰아넣는 일이 안 생기게 하려면 어떻게 해야 할까요?	30. 남편이 사업을 안 해야 돼요.
31. 남편의 사업 때문에 불안한가요?	31. 아, 시아버지를 안 모셔야 돼요.
32. 시아버지를 안 모셔야 불안한 그런 일이 안 일어나요?	32. 네, 시아버지가…….
33. 사업보다도 시아버지 안 모시는 거요.	33. 네, 시아버지가 남편을 괴롭히지 않아야 돼요.
34. 아, 그런 게 더 깊은 곳에 있었네요. 그거 때문에 남편은 사업을 할지, 어떤 일을 벌일지 어떻게 될지 겁이 나나요?	34. 남편이 사업을 하는 것보다 시아버지가 남편을 괴롭히는 게 더 겁이 나요.
35. 시아버지가 남편을 괴롭히면 어떤 영향이 본인한테 올까요? 남편이 어떻게 될 것 같아요?	35. 남편이 못 견디고 쓰러질까 봐…….
36. 아, 남편이 못 견디고 쓰러질까 봐…… 정말 큰 걱정이네요. 겁나는 일이에요. 사업을 제쳐 놓고…… 정말 그런 것 같아요? 그게 정말 깊은 자기 안에서 직면된 거네요.	36. 네, 저희 시아버지가 남편을 많이 괴롭히고 있는데, 이분은 누군가를 욕하지 않으면 살 수가 없는 분이에요. 생각도 왜곡되어 있어서 자꾸 우리한테 돈을 천만 원 줬다 그러고, 그러면서 남편을 몰아가고 있어요. 남편은 받은 거 없는데 자꾸 줬다고 그러면서요. 본인한테 남편이 이렇게 대우를 하면 안 된다는 거를 많이 이야기해서 오늘 아침에도 얘기를 하고 왔어요. 오면서 남편이 너무 힘들어하고…….
37. 지금 떠오르는 남편은 어떤 모습인가요? 그런 상황에 처해 있는 남편의 모습이요.	37. 되게 힘들어하고 있어요.

38. 맨날 그런 모습이에요?

38. 네, (고개를 끄덕이며) 아, 항상 그렇지는 않은데 아버지를 보고 오면 그런 모습이에요.

39. 지금 현재 마음속에 남편은 두 가지 모습이네요. 평상시에는 밝은데 아버지를 보고 오면 그 얼굴이에요. 그러니까 남편의 그 얼굴 이미지 때문에 자기도 모르는 사이에 겁이 나고, 딱 보면 눈물이 나려고 그러네요.

39. 평상시에는 밝은데 아버지를 보고 오면 그래요.

40. 지금 자신의 왼손 움직임을 계속하면서 말을 시켜 보세요.

40. 네. (공간을 왔다 갔다 걸으면서) 그게 많이 걱정이 돼요. (걷던 움직임을 멈추고 손을 만지작거리며 고개를 끄덕끄덕한다. 걸으면서 왼손을 움직인다. 왼손을 깁스한 것처럼 왼손의 주먹을 쥐었다 폈다 한다.)

41. 대답은 무엇인가요?

41. (훌쩍이고 눈물을 흘리며 왼손에게) 왼손아! (왼손이 되어 말한다.) 나 독립해야 돼.

42. 정말로 그걸 원하는지 물어보세요.

42. (왼손에게) 너 정말로 그걸 원하니? 정말 독립하고 싶니? (왼손이 되어) 의지하지 않고 독립하고 싶어. 난 할 수 있을 것 같아.

43. 왼손의 말을 더 들어 봅시다.

43. (왼손에게) 그래, 왼손아. 너는 어느 정도로 독립히고 싶니? (왼손이 되어) 70%. 그만큼이면 괜찮아.

44. 왼손을 70% 정도 움직이면서 표현해 보세요.

44. (왼손이 주도적으로 더 많이 움직이면서 걸어 다녀 본다.)

45. 오른손과 왼손의 경험을 가지고 그림으로 들어가 보세요(그림표현으로 매체전환). 해 보세요. "왼손아!"라고 외쳐 보세요.

45. (왼손을 쥐고 왔다 갔다 하며 오른손으로 흐르는 눈물을 닦으며 걷는다. 훌쩍이며 눈물을 흘린다.)

46. 제발 무엇이든지 대답해도 괜찮아. 넌 안전해.

46. 왼손아! (왼손을 흔들며 왔다 갔다 한다. 팔꿈치를 허리에 대고 왼손을 흔든다.) (왼손이 되어) 나 독립해야 돼.

47. 세상에 그런 대답을 해 주다니! 정말 그걸 원하는지 물어보세요.

47. (왼손에게) 너 정말 그걸 원하니? 너 정말 독립하고 싶니? (왼손의 대답을 듣고) 의존 안 한대요. 의존 안 하고 독립하고 싶어. (왼손에게) 너 어떻게 하려고 그래? (왼손이 되어) 난 할 수 있을 거 같아.

48. 그 대답에 어느 정도 자신감이 있는지 조금 더 물어봐요.	48. 그래, 왼손아. 너는 어느 정도로 독립하고 싶니?
49. 자, 그거 70%까지요.	49. 70%.
50. 그러면 70%의 실행은 나중에 얘기하자라고 말하고 왼손에게 감사하는 과정을 가집시다.	50. 그것도 괜찮은 거 같아요.
51. 왼손과 오른손을 떠나 자유롭게 움직이며 끝내기 동작을 해 봅시다. 끝내고 싶어지면 조각이 되세요.	51. 그래, 오늘은 네가 70%까지 한다고 했으니까 내가 그거를 수렴해 볼게. 다음에 다시 만나 얘기해 보자. (왼손을 오른손보다 크게 움직이면서 왔다 갔다 하다가 자신이 원하는 장소에서 두 팔을 안듯이 쓰다듬으며 조각이 된다.)

[그림 8-12] **왼손과 오른손의 춤**

* 처음에는 왼손은 작게, 오른손은 크게, 왼손에는 준비하는 슬픔이 있었다. 이제는 오른손이 작게, 왼손은 크게, 왼손이 오른손을 도와준다.

참고문헌

고혜경(2018). 칼 융의 지하세계의 여정, The Red Book: Psyche의 본래의 언어는 이미지다. 2018 한국표현예술치료학회 춘계학술대회 자료집(pp. 2-19).

김상욱(2018). 떨림과 울림. 서울: 동아시아.

김영옥(2018). 통합문학치료의 방법 및 효능 연구: 독일 EAG-FPI의 통합치료와 미국 TLAP의 융합적 적용을 기반으로. 경북대학교 대학원 박사학위논문.

김정규(1995). 게슈탈트 심리치료. 서울: 학지사.

김정명(2014). 예술과 몸학. 조기숙 편. 감성 세대를 위한 예술인성교육(pp. 12-27). 경기: 이안에.

김정택(2018). 선과 악: 신 안에서의 대극, 대극과 그 합일의 상징을 찾아서. 한국분석심리학회 창립 40주년 학술대회 자료집(pp. 5-21).

김한미(2012). 도제식 교육으로 본 성악 레슨. 서울: 서울대학교출판문화원.

남희경(2018). 융심리학적 접근 표현예술치료: Authentic Movement. 2018 한국표현예술치료 춘계학술대회 자료집(pp. 20-28).

송은미(2017). 외상을 경험한 양육미혼모의 외상후 성장 경험. 안양대학교 대학원 박사학위논문.

유계식(2000). 신체중심 게슈탈트 집단상담 프로그램 개발과 효과에 관한 연구. 홍익대학교 대학원 박사학위논문.

유계식(2001). 신체중심 게슈탈트 집단상담 프로그램 개발과 효과에 관한 연구. 홍익대학교 대학원 미간행 박사학위청구논문.

유계식(2009). 명상과 게슈탈트치료에서의 알아차림. **제6회 명상치료학회 학술발표회 자료집.**

이민용(2017). 네러티브이론과 문학치료, 치료적 이야기와 문학치료. **2017 한국통합문학치료학회 학술대회 자료집**(pp. 26-49).

이부영(2018). C. G. 융의 대극관과 우리의 문제, 대극과 그 합일의 상징을 찾아서. **한국분석심리학회 창립 40주년 학술대회 자료집**(pp. 1-4).

이성휘(2015). **거의 모든 존재의 역사 양자형이상학.** 서울: 고즈윈.

이원영(2018). 대인공포증(사회공포증) 치료를 위한 NLP 감각적 심상기능. **제87회 한국상담학회 통합학술대회 및 사례발표회 자료집.**

이정명(2015). 트라우마 생존자를 위한 움직임 교육 프로그램 개발과 참여자 체험 연구. 명지대학교 대학원 박사학위논문

임용자(2000). 발달 및 치료도구로서의 교육예술 유리드미. **한국심리학회지, 12**(2), 185-204.

임용자(2004a). **표현예술치료의 이론과 실제.** 서울: 문음사.

임용자(2004b). 융의 적극적 상상과 표현예술치료. **제31회 한국예술치료학회 월례학술대회 자료집**(pp. 21-37).

임용자(2005). 전체성 교육으로서의 오이리트미에 관한 연구. 한국슈타이너교육협회 발도로프교사자격 청구논문.

임용자(2008). 동작예술심리치료의 이해. 이은진, 최애나, 임용자 공저. **예술심리치료의 이해**(pp. 193-306). 서울: 창지사.

임용자, 유계식, 안미연(2016). **표현예술치료의 이론과 실제.** 서울: 학지사.

전경숙(2003). **정신 · 신체 치유 심리.** 서울: 민지사.

전경숙(2012). **NLP 기본과 원리.** 서울: 학지사.

전경숙(2014). **NLP 전문자격 인증 교재.** 서울: 한국 NLP 아카데미 심리전략 연구원.

정윤경(1998). 슈타이너의 인지학적 교육론 연구. 고려대학교 대학원 미간행 박사학위논문.

정윤경(2004). **발도르프 교육학**. 서울: 학지사.

정인석(1998). **트랜스퍼스널 심리학**. 서울: 대왕사.

조영미(2017). 몸-언어 통합 표현예술치료 방법론 및 프로그램 개발 연구. 경북대학교 대학원 박사학위논문.

조환진(2012). 게슈탈트 예술치료가 우울성향 청소년의 자기표현과 대인관계에 미치는 효과. 경성대학교 대학원 석사학위논문.

종교학사전편찬위원회 편(1998). **종교학대사전**. 서울: 한국사전연구사.

최명희(2017). **상징의 심리학**. 서울: 자유문고.

최영민(2018). 역전이의 대상관계이론적 이해와 처리. **제86회 한국상담학회 통합학술대회 자료집**(pp. 5-36).

허영록(2006). 발도로프교육학의 특징. **한국슈타이너교육협회 2006년 4월 정기 세미나 자료집**.

Adler, J. (1999a). Body and soul. In P. Pallaro (Ed.), *Authentic Movement: Essays by Mary Starks Whitehouse, Janet Adler and Joan Chodorow* (pp. 160-189). Philadelphia, PA: Jessica Kingsley Publishers.

Adler, J. (1999b). Integrity of body and psyche. In P. Pallaro (Ed.), *Authentic Movement: Essays by Mary Starks Whitehouse, Janet Adler and Joan Chodorow* (pp. 121-131). Philadelphia, PA: Jessica Kingsley Publishers.

Adler, J. (1999c). The collective body. In P. Pallaro (Ed.), *Authentic Movement: Essays by Mary Starks Whitehouse, Janet Adler and Joan Chodorow* (pp. 190-208). Philadelphia, PA: Jessica Kingsley Publishers.

Adler, J. (1999d). Who is the witness? A description of authentic movement. In P. Pallaro (Ed.), *Authentic Movement: Essays by Mary Starks Whitehouse, Janet Adler and Joan Chodorow* (pp. 141-159). Philadelphia, PA: Jessica Kingsley Publishers.

Aeppli, W. (1993). *The Care and Development of the Human Senses*. Forest Row, UK: Steiner School Fellowship Publications.

Assagioli, R. (2000). *Psychosynthesis*. Amherst, MA: Synthesis Center Publishing.

Bancroft, A. (1976). *Twentieth Century Mystics and Sages*. 양억관 역(1993). **20세기**

의 신비사상가들. 서울: 정신세계사.

Bandler, R., & Grinder, J. (1975). *The Structure of Magic I.* 한국NLP상담학회 역(2013). NLP, 그 마법의 구조 I. 서울: 시그마프레스.

Bentov, I. (1981). *Stalking the Wild Pendulum.* 류시화, 이상무 공역(1987). 우주심과 정신물리학. 서울: 정신세계사.

Blatner, A. (1991). Theoretical principles underlying creative arts therapies. *The Arts in Psychotherapy, 18*(5), 405-409.

Blunt, R. J. S. (1999). *Waldorf Education: Theory and Practice.* Cape Town, RSA: Novalic Press.

Brown, M. Y. (1983). *The Unfolding Self: Psychosynthesis and Counselling.* Los Angeles, CA: Psychosynthesis Press.

Brown, M. Y. (2004). *Unfolding Self: The Practice of Psychosynthesis.* 임용자, 김옥경 공역(2007). 정신통합의 실제: 펼쳐지는 자기(self). 서울: 하나의학사.

Campbell, J., & Moyers, B. (1988). *The Power of Myth with Bill Moyers.* New York, NY: Anchor Books.

Capra, F. (1975). *The Tao of Physics: An Exploration of the Parallels between Modern Physics and Eastern Mysticism.* Boulder, CO: Shambhala Publications.

Carlgren, F. (1993). *Education Toward Freedom.* East Grinstead, England: Lanthorn Press.

Childs, G. J. (1991). *Steiner Education in Theory and Practice.* Edinburgh, UK: Floris Book.

Chodorow, J. (1991). *Dance Therapy and Depth Psychology: The Moving Imagination.* New York, NY: Routledge.

Chodorow, J. (1997). *Jung on Active Imagination.* Princeton, NJ: Priceton University Press.

Chodorow, J. (1999). Active imagination. In P. Pallaro (Ed.), *Authentic Movement: Essays by Mary Starks Whitehouse, Janet Adler and Joan Chodorow* (pp. 301-314). Philadelphia, PA: Jessica Kingsley Publishers.

Davis-Floyd, R., & St. John, G. (1998). *From Doctor to Healer: The Transformative Journey.* New Brunswick, NJ: Rutgers University Press.

de Beaufort, C. (1980). *Music and tone eurythmy on Eurythmy: Essays and Anecdotes.* Roselle, IL: Schaumberg Publication.

Dilts, R. (1983a). *Roots of Neuro-Linguistic Programming.* Scotts Valley, CA: Dilts Stragy Group.

Dilts, R. (1983b). *Applications of Neuro-Linguistic Programming.* Scotts Valley, CA: Dilts Stragy Group.

Dilts, R. (1994). *Strategies of Genius Volume II: Albert Einstein.* Scotts Valley, CA: Dilts Strategy Group.

Dilts, R. (1998). *Modeling with NLP.* Scotts Valley, CA: Dilts Stragy Group.

Dilts, R., & DeLozier, J. (2010). *NLP II: Next Generation-Enriching the Study of the Structure of Subjective Experience.* Scotts Valley, CA: Dilts Strategy Group.

Dilts, R., & McDonald, R. (1997). *Tools of the Spirit: Pathways to the Realization of Universal Innocence.* Scotts Valley, CA: Dilts Strategy Group.

Down, R. (1995). *Leaving Rooms for the Angels: Eurythmy and the Art of Teaching.* Longmont, CO: Association of Waldorf Schools of North America.

Edinger, E. F. (1972). *Ego and Archetype: Individuation and Religious Function of the Psyche.* 장미경 역(2016). **자아발달과 원형.** 서울: 학지사.

Edinger, E. F. (1984). *The Creation of Consciousness: Jung's Myth for Modern Man.* 김진숙, 김소영 공역(2016). **의식의 창조: 이 시대의 융의 신화.** 서울: 돈화문출판사.

Edinger, E. F. (1985). *Anatomy of the Psyche: Alchemical Symbolism in Psychotherapy.* 김진숙 역(2015). **연금술의 상징과 심리치료.** 서울: 돈화문출판사.

Feinstein, A. D. (1979). Personal mythology as a paradigm for a holistic public psychology. *American Journal of Orthopsychiatry, 49*(2), 198-217.

Feinstein, D., & Krippner, S. (1988). *Personal Mythology: The Psychology of Your Evolving Self.* New York, NY: G. P. Putnam's Sons.

Fincher, S. F. (1991). *Creating Mandalas: For Insight, Healing, and Self-expression.* 김진숙 역(1998). **만다라를 통한 미술치료: 자기탐구, 완성, 치유를 향하는 미술치료.** 서울: 학지사.

Fincher, S. F. (2009). *The Mandala Workbook.* 오연주 역(2011). **만다라 미술치료 워**

크북. 서울: 이음.

Gawain, S. (1978). *Creative Visualization*. Novato, CA: Nataraj Publishing/New World Library.

Gaynor, M. L. (1999). *The Healing Power of Sound: Recovery from Life-Threatening Illness Using Sound, Voice, and Music*. Boulder, CO: Shambhala Publications.

Gendlin, E. T. (1991). *Focusing*. 손혜숙 역(2000). **내 마음 내가 안다**. 서울: 아름드리미디어.

Geraets, T. (1995). *The Healing Art of Eurythmy*. Detroit, MI: The Center for the Art of Living.

Gunnison, H. (2003). *Hypnocounselling*. 설기문 역(2009). **최면상담-밀턴 에릭슨의 최면치료와 칼로저스의 인간중심상담의 통합**. 서울: 학지사.

Halprin, A. (1979). *Movement Ritual*. Kentfield, CA: Tamalpa Institute.

Halprin, A. (1987). *Circle the Earth Manual*. Kentfield, CA: Tamalpa Institute.

Halprin, A. (1995). *Moving Toward Life: Five Decades of Transformational Dance*. Hanover, NH: Wesleyan University Press.

Halprin, A. (2000). *Dance as a Healing Art: Returning to Health with Movement & Imagery*. 임용자, 김용량 공역(2002). **동작과 이미지를 통한 치유**. 서울: 물병자리.

Halprin, D. (1989). *Coming Alive: The Creative Expression Method*. San Rafael, CA: Tamalpa Institute .

Halprin, D. (2003). *The Expressive Body in Life, Art, and Therapy: Working with Movement, Metaphor and Meaning*. Philadelphia, PA: Jessica Kingsley Publishers.

Halprin. D. (2015). Body ensouled, enacted and entranced: Movement/dance as transformative art. In A. William, G. Batson, S. Whatley, & R. Weber (Eds.), *Dance, Somatics and Spiritualities: Contemporary Sacred Narratives*. Chicago, IL: University of Chicago Press.

Hanna, T. (1986). What is somatics. *Somatics, 5*(4), Spring/Summer.

Hanna, T. (1988). *Somatics: Reawakening the Mind's Control of Movement, Flexibility, and Health*. Boston, MA: Perseus Books Group.

Halpern, S. (1978). *The Turning of the Human Instrument.* Belmont, CA: Spectrum Reaserch Institute.

Heymann, R. (2005). 지구를 위한 인간의 의미와 오이리트미의 기여. **한국슈타이너교육협회 발도로프교육 자료모음집 20권**(pp. 322-325).

Hillman, J. (1971). *The Feeling Function.* 한국 MBTI 연구소 역(2014). **융의 심리유형론: 열등기능과 감정기능.** 서울: 어세스타.

Hillman, J. (1975). *Re-Visioning Psychology.* New York, NY: Hamper and Row.

Hillman, J. (1983). *Healing Fiction.* Putnam, CO: Spring Publication.

Jaffe, L. W. (1990). *Liberating the Heart: Spirituality and Jungian Psychology.* 심상영 역(2004). **융 심리학과 개성화.** 서울: 한국심층심리연구소.

Jaffe, L. W. (1999). *Celebrating soul: Preparing for the New Religion.* 심상영 역(2010). **융 심리학과 영성.** 서울: 한국심층심리연구소.

Johnson, M. (1988). *The Body in the Mind: The Bodily Basis of Meaning, Imagination, and Reason.* Chicago, IL: University of Chicago Press.

Johnson, R. A. (1986). *Inner Work.* San Francisco, CA: Harper & Row.

Johnson, R. A. (1991). *Owning Your Own Shadow: Understanding the Dark Side of the Psyche.* New York, NY: Harper Colllins Publishers.

Jung, C. G. (1950). *Aion.* 김세영, 정명진 공역(2016). **아이온.** 서울: 부글북스.

Jung, C. G. (rec.), & Jaffé, A. (ed.) (1961). *Memories, Dreams, Reflections.* 조성기 역(2007). **카를 융: 기억 꿈 사상.** 경기: 김영사.

Jung, C. G. (2009). *The Red Book: Liber Novus.* 김세영 역(2012). **Red Book.** 서울: 부글북스.

Jung, C. G., & Wilhelm, R. (1981). *Geheimnis der Goldenen Blüte: Ein chinesisches Lebensbuch*(14th ed.). 이유경 역(2014). **황금꽃의 비밀.** 경기: 문학동네.

Kato, S. (2009). **手にとるようにNLPがわかる本.** 정지영 역(2010). **간단 명쾌한 NLP.** 서울: 시그마북스.

Kirchner-Bockholt, M. (1992). *Fundamental Principles of Creative Eurythmy.* London, UK: Temple Lodge.

Knill, P. J. (1999). Soul Nourishment, or the Intermodal Language of Imagination. In S. K. Levine & E. G. Levine (Eds.), *Foundations of Expressive Arts*

Therapy-Theorectical and Clinical Perspectives. Philadelphia, PA: Jessica Kingsley Publishers.

Knill, P. J. (2005). Foundations for a Theory of Practice. In P. J. Knill, E. G. Levine, & S. K. Levine (Eds.), *Principles and Practice of Expressive Arts: Toward a Therapeutic Aeasthetics* (pp. 75-170). Philadelphia, PA: Jessica Kingsley Publishers.

Koons, C. R. (2016). *The Mindfulness Solution for Intense Emotion*. Okland, CA: New Habinger Publicatios, Inc.

Kossak, M. (2015). *Attunement in Expressive Arts Therapy: Toward an Understanding of Embodied Empathy*. Springfield, IL: Charles C Thomas Publisher.

Kossak, M. (2016). 몸의 공감. **가천대학교 특수대학원 움직임무용치료전공 주최 제1회 한국움직임표현예술치료학회 국제워크숍 자료집.**

Levine, P. A. (1997). *Waking the Tiger: Healing Trauma*. 양희아 역(2016). **내 안의 트라우마 치유하기.** 서울: 소울메이트.

Levine, S. K. (1999). Poiesis and Post Modernism. In S. K. Levine & E. G. Levine (Eds.) *Foundations of Expressive Arts Therapy-Theorectical and Clinical Perspectives* (pp. 19-30). Philadelphia, PA: Jessica Kingsley Publishers.

Levine, S. K. (2005). The philosophy of expressive arts therapy: Poiesis as a response to the world. In P. J. Knill, E. G. Levine, & S. K. Levine (Eds.), *Principles and Practice of Expressive Arts Therapy: Toward a Therapeutic Aesthetics* (pp. 15-74). Philadelphia, PA: Jessica Kingsley Publishers.

Lievegoed, B. C. (1997). *Phases: The Spiritual Rhythms in Adult Life*. London, UK: Sophia books, Rudolf Steiner Press.

Loebell, P. (2001). 슈타이너의 발도로프 교육방법론. **한국슈타이너교육협회 발도로프 교육자료 모음집 8권**(pp. 62-134).

Lusebrink, V. B. (1992). A system oriented approach to the expressive therapies: Expressive therapy continuum. *The Arts in Psychotherapy, 18*(5), 395-403.

Martin, S. (2001). Using the body's wisdom to heal trauma: A somatic expressive arts approach. Unpublished master's dissertation of Sonoma State University.

Martin, S. (2011). Using the body's wisdom to heal trauma and stress. Workshop of Tamalpa Institute.

Mckay, M., Wood, J, C., & Bantley, J. (2009). *The Dialectical Behavior Therapy Skills Workbook*. 이영순, 장금주, 지홍원 공역(2013). **변증법적 행동치료(DBT) 워크북**. 서울: 명상담담연구원.

Mindel, A. (2000). *Quantum Mind*. 양명숙, 이규환 공역(2011). **양자심리학**. 서울: 학지사.

Monges, L. D. (1979). *Rhythmical Massage*. London, UK: Rudolf Steiner Press.

Moss, R. (2007). *The Mandala of Being: Discovering the Power of Awareness*. Novato, CA: New World Library.

Nahm-Mijo, T. (1979). Spiritual and Physical Movement: An Inquiry into Human. Unpublished doctoral dissertation of University of California Berkeley.

Nelson-Jones, R. (2015). *Nelson-Jones' Theory and Practice of Counselling and Psychotherapy* (6th ed.). 김성봉, 황혜리 공역(2016). **상담 및 치료의 이론과 실제**. 서울: 시그마프레스.

Newham, T. (1999a). Voice work as therapy. In S. K. Levine & E. G. Levine (Eds.), *Foundations of Expressive Arts Therapy* (pp. 89-112). Philadelphia, PA: Jessica Kingsley Publishers.

Newham, T. (1999b). *Using Voice and Movement in Therapy*. Philadelphia, PA: Jessica Kingsley Publishers.

Nobel, A. & Bokfoerlag, C. (1996). *Education Through Art: The Steiner School Approach*. Edingburgh, UK: Floris Books.

Ogden, P. & Fisher, J. (2015). *Sensorimotor Psychotherapy: Interventions for Trauma and Attachment*. New York, NY: W. W. Norton & Company.

Ogden, P., Minton. K., & Pain, C. (2006). *Trauma and Body: A Sensorimotor Approach to Psychotherapy*. 김명권, 주혜명, 신차선, 유나래, 이승화 공역(2019). **트라우마와 몸**. 서울: 학지사.

Parfrey, R. (1998). Anapest, Iambus, Dactyl, Trochee. *Music for Eurythmy Exercises, Music for Eurythmy Introductions* (pp. 14-15). Forest Row, UK: The Association of Eurythmists in Great Britain & Ireland.

Poplawski, T. (1998). *Eurythmy: Rhythm, Dance and Soul*. New York, NY: Anthroposophic Press.

Ramsden, P. (1992). The action profile system for movement assesment of self development. In H. Payne (Ed.), *Dance Movement Therapy: Theory and Practice* (pp. 218-241). London, UK: Routledge.

Riethmueller, W. (2005). 일반인간학. **발도르프 교육자료 모음집, 20**, 1-59.

Rifkin, J. (1980). *Entropy: A New World View*. 최현 역(1999). **엔트로피**. 경기: 범우사.

Rogers, L. (1993). *The Creative Connection: Expressive Arts as Healing*. 이정명, 전미향, 전태옥 공역(2007). **인간중심 표현예술치료: 창조적 연결**. 서울: 시그마프레스.

Roper, P. S., & Schaller, P. T. (2013). *Biblical Psychology*. Baltimore, MA: Grace Publication.

Samuels, A. (1985). *Jung and the Post-Jungians*. 김성민, 왕영희 공역(2010). **C. G. 융과 후기 융학파**. 서울: 한국심리치료연구소.

Schiller, H. (2003). 일반인간학. **한국슈타이너교육협회 발도르프 교육자료 모음집 16권** (pp. 1-36).

Schnebly-Black, J. & Moore, S. (1997). *The Rhythm Inside: Connecting Body, Mind, and Spirit Through Music*. Portland, OR: Rudra.

Seligman, L. (2006). *Theories of Counseling and Psychotherapy*. 김영혜, 박기환, 서경현, 신희천, 정남운 공역(2011). **상담 및 심리치료의 이론**. 서울: 시그마프레스.

Stein, M. (1998). *Jung's Map of the Soul: An Introduction*. 김창한 역(2015). **융의 영혼의 지도**. 서울: 문예출판사.

Steiner, R. (1931). *Eurythmy as Visible Speech*. New York, NY: Anthroposophic Press.

Steiner, R. (1972). *A Modern Art of Education*. London, UK: Rudolf Steiner Press.

Steiner, R. (1974). *Eurythmy and the Impulse of Dance*. London, UK: Rudolf Steiner Press.

Steiner, R. (1980). *Uncovering the Voice*. London, UK: Anthroposophic Press.

Steiner, R. (1983). *An Introduction to Eurythmy*. New York, NY: Anthroposophic Press.

Steiner, R. (1985). *An Introduction to Eurythmy*. New York, NY: Anthroposophic.

Steiner, R. (1990). *Balance in Teaching.* Spring Valley, NY: Mercury Press.

Steiner, R. (1998). *Education for Special Needs: The Curative Education Course.* London, UK: Rudolf Steiner Press.

Stewart, L. H. (1987). A brief report: Affect and archetype. *Journal of Analytical Psychology, 32*(1), 35-46.

Stoehr, S. (1993). *Eurythmy: An Art of Movement for Our Time.* Stourbridge, England: The Robinswood Press.

Swenson, C. R. (2016). *DBT Principles in Action-Acceptance, Change, Dialectics.* New York, NY: The Guilford Press.

Vedral, V. (2010). *Decoding Reality: The Universe as Quantum Information.* 손원민 역(2011). **물리법칙의 발견.** 서울: 모티브북.

von Franz, M. L. (1971). *The Inferior Function.* 한국 MBTI 연구소 역(2014). **융의 심리유형론: 열등기능과 감정기능.** 서울: 어세스타.

von Franz, M. L. (1972). *C. G. Jung: Sein M in unserer Zeit.* 이부영 역(2016). **C. G. 융: 우리시대 그의 신화.** 서울: 한국융연구원.

Wagner, J. H. (1996). Silent conversation for spectator: The development of performance aesthetic for the absolute dance. Unpublished doctoral dissertation of Cornell University.

Walker, S. F. (2002). *Jung and the Jungians on Myth.* 장미경, 이미애, 이상희, 채경선, 홍은주 공역(2012). **융의 분석심리학과 신화.** 서울: 시그마프레스.

Welch, J. (1982). *Spiritual Pilgrims: Carl Jung and Teresa of Avila.* 심상영 역(2000). **영혼의 순례자들: 칼 융과 아빌라의 데레사.** 서울: 한국기독교연구소.

Whitehouse, M. S. (1999a). Creative expression in physical movement is language without words. In P. Pallaro (Ed.), *Authentic Movement: Essays by Mary Starks Whitehouse, Janet Adler and Joan Chodorow* (pp. 33-40). Philadelphia, PA: Jessica Kingsley Publishers.

Whitehouse, M. S. (1999b). The tao of the body. In P. Pallaro (Ed.), *Authentic Movement: Essays by Mary Starks Whitehouse, Janet Adler and Joan Chodorow* (pp. 41-50). Philadelphia, PA: Jessica Kingsley Publishers.

Woodward, R. S. (1997). Autism in the light of anthroposophy. Unpublished master's dissertation of University of Bristole.

Zuccoli, E. (1981). *From the Tone Eurythmy Work*. Dornach, Switzerland: Walter Press.

찾아보기

인명

내용

저자 소개

임용자(Yim Yong Ja)

연세대학교 교육대학원 상담교육학 석사
홍익대학교 대학원 상담심리학 박사
영국 페리더르 슈타이너 예술센터(Peredur Center for the Arts) 수학
미국 타말파 연구소(Tamalpa Institute) 표현예술치료사과정 졸업
한국상담학회 일반수련감독(제26호)
한국표현예술치료학회 수련감독(제1호)
국제공인 표현예술치료자(REAT 228호)
전 서울 충암초등학교 교사
SOMA춤예술치료연구소 소장
대전대학교 보건스포츠대학원 대우교수
한국표현예술치료학회 창립회장
현 한국표현예술치료학회 명예회장

칼 융의 만다라 이미지와 알아차림춤

Carl Jungian Mandala-Image & Dancing Awareness

2019년 10월 25일 1판 1쇄 인쇄
2019년 10월 30일 1판 1쇄 발행

지은이 • 임용자
펴낸이 • 김진환
펴낸곳 • ㈜ 학지사

04031 서울특별시 마포구 양화로 15길 20 마인드월드빌딩
대표전화 • 02-330-5114 팩스 • 02-324-2345
등록번호 • 제313-2006-000265호

홈페이지 • http://www.hakjisa.co.kr
페이스북 • https://www.facebook.com/hakjisa

ISBN 978-89-997-1961-5 93180

정가 18,000원

이 도서의 국립중앙도서관 출판시도서목록(CIP)은 서지정보유통지원시스템 홈페이지(http://seoji.nl.go.kr)와 국가자료공동목록시스템(http://www.nl.go.kr/kolisnet)에서 이용하실 수 있습니다.
(CIP 제어번호: CIP2019039850)